汽车专业技能型教育创新教材

汽车电控发动机
原理与维修图解教程

第2版

组　编　东莞市凌凯教学设备有限公司

主　编　谭本忠

参　编　胡　波　谭红平　谭秋平　张远军

　　　　张国林　李阳阳　李志杰　李　明

　　　　曾放生　宋祥贵　吴林勇　向建华

机械工业出版社

本书对汽车电控发动机原理与维修进行了系统的阐述，主要包括汽油机电控燃油喷射系统、空气供给系统、燃油供给系统、电喷系统、电控点火系统，以及柴油机电控燃油供给系统等内容。本书在系统介绍汽车电控发动机理论知识的同时，结合了大量图表和典型案例，使读者易学习、易理解、易掌握、易应用。

本书可作为中等职业院校和技工学校汽车维修等相关专业的教材，也可供汽车维修行业的人士和汽车工程技术人员参考阅读。

为方便教学，本套教材专门配备了PowerPoint(PPT)形式的配套教学课件，可供广大教师选用。在 http://www.cmpedu.com 网站上，注册后即可下载教材课件；或与机械工业出版社联系，编辑热线：010-88379349、010-88379735。

图书在版编目(CIP)数据

汽车电控发动机原理与维修图解教程／谭本忠主编.
—2版. —北京：机械工业出版社，2017.12(2025.1重印)
汽车专业技能型教育"十三五"创新教材
ISBN 978-7-111-58060-7

Ⅰ. ①汽… Ⅱ. ①谭… Ⅲ. ①汽车—电子控制—发动机-理论-教材②汽车—电子控制—发动机—车辆修理—教材 Ⅳ. ①U472.43

中国版本图书馆CIP数据核字(2017)第231229号

机械工业出版社(北京市百万庄大街22号 邮政编码100037)
策划编辑：杜凡如 孟 阳 责任编辑：杜凡如 孟 阳
责任校对：潘 蕊 封面设计：鞠 杨
责任印制：邸 敏
中煤(北京)印务有限公司印刷
2025年1月第2版第8次印刷
184mm×260mm·10.5印张·248千字
标准书号：ISBN 978-7-111-58060-7
定价：29.00元

电话服务 网络服务
客服电话：010-88361066 机 工 官 网：www.cmpbook.com
010-88379833 机 工 官 博：weibo.com/cmp1952
010-68326294 金 书 网：www.golden-book.com
封底无防伪标均为盗版 机工教育服务网：www.cmpedu.com

丛 书 序

当今正值国家大力推广职业教育之际，各地教育机构紧抓机遇，大胆革新，积极推行新的职业教育方法与思路。

本套创新教材根据职业需求和岗位要求而设置教学项目，同时将知识系统和技能系统化整为零，合而为一，使学员能做到学一样精一样，同时在细化深入的前提下掌握解决问题的途径和思路。

本套教材强化职业实践的实用性教学，对理论教学的要求是将抽象深奥的知识简单化、形象化和感性化，使学员能够轻松掌握，并联系实际，融入实践，同时在实践教学中结合理论认识，能将实践认知与经验总结为理论。这样，在学中做，在做中学，巩固知识，强化技能。

综合上述特点和要求，创新教材应该具有系统分块、知识点与技能点结合、理论描述简明、实践叙述符合职业规范、能直接感知并参照操作的特点。

很多汽车相关职业院校与职训中心在进行教学改革的同时也在进行教材更新，但大多数是在传统教学教材的基础上改编而来的，无法摆脱原有的形式和限制，编写出来的教材往往难以普及并发挥其实效。

我们综合汽车运用与维修、汽车检测与维护技术等专业课程设置的要求，同时考虑到职业需求和岗位的设置，将本套创新教材分为汽车机修技术、汽车电子技术、汽车故障诊断技术、汽车车身修复技术、汽车美容与装饰技术、汽车保养与维护技术六大块，为保证专业课程有理论和技术基础，同时设置了汽车机械基础、汽车电学基础、汽车维修专业英语以及汽车文化等四门基础课。各个专业分类下是核心与主干课程，如机修之下包括汽车发动机与汽车底盘，电子之下包括汽车电器、汽车空调、汽车发动机电控系统、汽车自动变速器、汽车安全舒适系统等。

这套教材作为学生课本，主要突出实图、实例及原理、检测、维修与案例四结合。配套开发的还有教学课件，我们力图通过这种方式使此套创新教材成为一种立体化的、学员易学、教师易教、效果独到的专门化教材。

编　者

目 录 *Contents*

第一章

概　　述

第一节　发动机电控系统的功能及分类

一、按控制功能分类

目前，汽车上广泛应用的是集中控制系统，应用在发动机上的子控制系统主要包括电控燃油喷射系统、电控点火系统和其他辅助控制系统，其功能如图1-1所示。

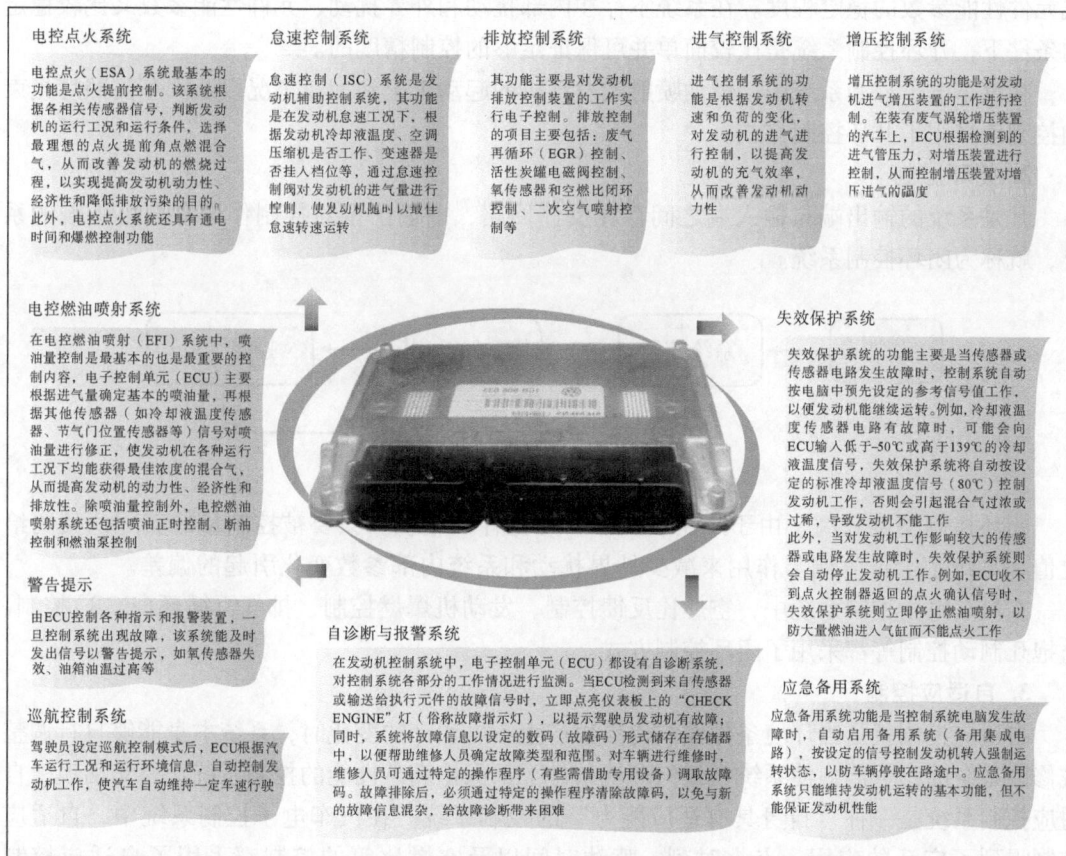

电控点火系统

电控点火（ESA）系统最基本的功能是点火提前控制。该系统根据各相关传感器信号，判断发动机的运行工况和运行条件，选择最理想的点火提前角点燃混合气，从而改善发动机的燃烧过程，以实现提高发动机动力性、经济性和降低排放污染的目的。此外，电控点火系统还具有通电时间和爆燃控制功能

急速控制系统

急速控制（ISC）系统是发动机辅助控制系统，其功能是在发动机急速工况下，根据发动机冷却液温度、空调压缩机是否工作、变速器是否挂入档位等，通过急速控制阀对发动机的进气量进行控制，使发动机随时以较佳急速转速运转

排放控制系统

其功能主要是对发动机排放控制装置的工作实行电子控制。排放控制的项目主要包括：废气再循环（EGR）控制、活性炭罐电磁阀控制、氧传感器和空燃比闭环控制、二次空气喷射控制等

进气控制系统

进气控制系统的功能是根据发动机转速和负荷的变化，对进气的进气门进行控制，以提高发动机的充气效率，从而改善发动机动力性

增压控制系统

增压控制系统的功能是对发动机进气增压装置的工作进行控制。在装有废气涡轮增压装置的汽车上，ECU根据检测到的进气管压力，对增压装置阀对增压装置对增压进气的温度

电控燃油喷射系统

在电控燃油喷射（EFI）系统中，喷油量控制是最基本的也是最重要的控制内容，电子控制单元（ECU）主要根据进气量确定基本的喷油量，再根据其他传感器（如冷却液温度传感器、节气门位置传感器等）信号对喷油量进行修正，使发动机在各种运行工况下可能获得最佳浓度的混合气，从而提高发动机的动力性、经济性和排放性。除喷油量控制外，电控燃油喷射系统还包括喷油正时控制、断油控制和燃油泵控制

警告提示

由ECU控制各种指示和报警装置，一旦起控制系统出现故障时，将系统值及时发出信号以警告提示，如氧传感器失效、油箱油温过高等

巡航控制系统

驾驶员设定巡航控制模式后，ECU根据汽车运行工况和运行环境信息，自动控制发动机工作，使汽车自动维持一定车速行驶

失效保护系统

失效保护系统的功能主要是当传感器或传感器电路发生故障时，控制系统自动按电脑中预先设定的参考信号值工作，以便发动机能继续运转。例如，冷却液温度传感器电路有故障时，可能会向ECU输入低于-50℃或高于139℃的冷却液温度信号，失效保护系统将自动按设定的标准冷却液温度信号（80℃）控制发动机工作，否则会引起混合气过浓或过稀，导致发动机不能工作

此外，当对发动机工作影响较大的传感器或电路发生故障时，失效保护系统则会自动停止发动机工作。例如，ECU收不到点火控制器返回的点火确认信号时，失效保护系统则立即停止燃油喷射，以防大量燃油进入气缸而不能点火工作

自诊断与报警系统

在发动机控制系统中，电子控制单元（ECU）都设有自诊断系统，对控制系统各部分的工作情况进行监测。当ECU检测到来自传感器或输送给执行元件的故障信号时，立即点亮仪表板上的"CHECK ENGINE"灯（俗称故障指示灯），以提示驾驶员发动机有故障；同时，系统将故障信息以设定的数码（故障码）形式储存在存储器中，以便帮助维修人员确定故障类型和范围。对车辆进行维修时，维修人员可通过特定的操作程序（有些需借助专用设备）调取故障码。故障排除后，必须通过特定的操作程序清除故障码，以免与新的故障信息混杂，给故障诊断带来困难

应急备用系统

应急备用系统功能是当控制系统电脑发生故障时，自动启用备用系统（备用集成电路），按设定的信号控制发动机转入强制运转状态，以防车辆停数在路途中。应急备用系统只能维持发动机运转的基本功能，但不能保证发动机性能

图1-1　电控单元的分类

除上述控制系统外，应用在发动机上的电控系统还有冷却风扇控制、配气正时控制、发电机控制等。应当说明的是，上述各控制系统在不同的汽车发动机上，只是或多或少地被采用。此外，随着汽车技术和电子技术的发展，发动机控制系统的功能必将日益增加。

二、按控制方式分类

1. 开环控制

在控制系统中，如果输出端与输入端之间不存在反馈回路，输出量对系统的控制作用没有影响，该系统就称为开环控制系统。

工作请求 → 系统控制 → 执行器动作 → 控制结果

在任何开环控制系统中，既不需要对输出量进行测量，也不需要将输出量反馈到系统输入端与输入量进行比较。对应于每一个输入量，相应的就有一种工作状态与之对应。因此，开环控制系统的精度主要取决于系统的校准精度、工作过程中保持校准值的程度以及系统组成元件性能参数的稳定程度。在系统不存在内部扰动和外界扰动、元件性能参数又比较稳定的条件下，开环控制系统是比较简单并可保证足够的控制精度的。

在汽车电子控制系统中，燃油喷射式发动机的起动工况和加速工况以及汽车前照灯光束的控制就采用了开环控制方式。

2. 闭环控制

凡是系统的输出端与输入端之间存在反馈回路，即输出量对控制作用有直接影响的系统，就称为闭环控制系统。

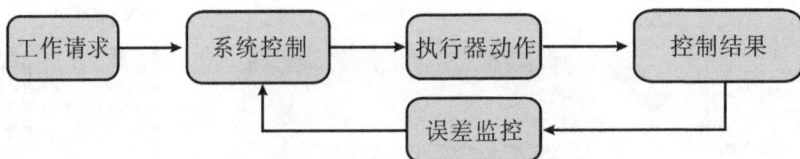

工作请求 → 系统控制 → 执行器动作 → 控制结果 → 误差监控 → 系统控制

闭环控制精度较高。由于采用了反馈，无论什么干扰，只要被控制量的实际值偏离给定值，系统都会产生调节作用来减少外界扰动和系统内部参数变化引起的偏差。

在汽车电子控制系统中，空燃比反馈控制、发动机爆燃控制、排气再循环（EGR）控制、防抱死制动控制等都采用了闭环控制方式。

3. 自适应控制

自适应控制就是当环境条件或结构参数产生不可预计的变化时，系统本身能够自行调整或修改系统的参数值，使系统在任何环境条件下都保持满意性能的控制系统。换句话说，自适应控制系统是一种"自身具有适应能力"的控制系统。在汽车电子控制系统中，自适应控制得到了广泛的应用，点火时刻、喷油时间以及空燃比等的控制都采用了自适应控制方式。

第二节 发动机电控系统的组成

一、组成示意图

捷达 ATK 发动机电控系统组成如图 1-2 所示。

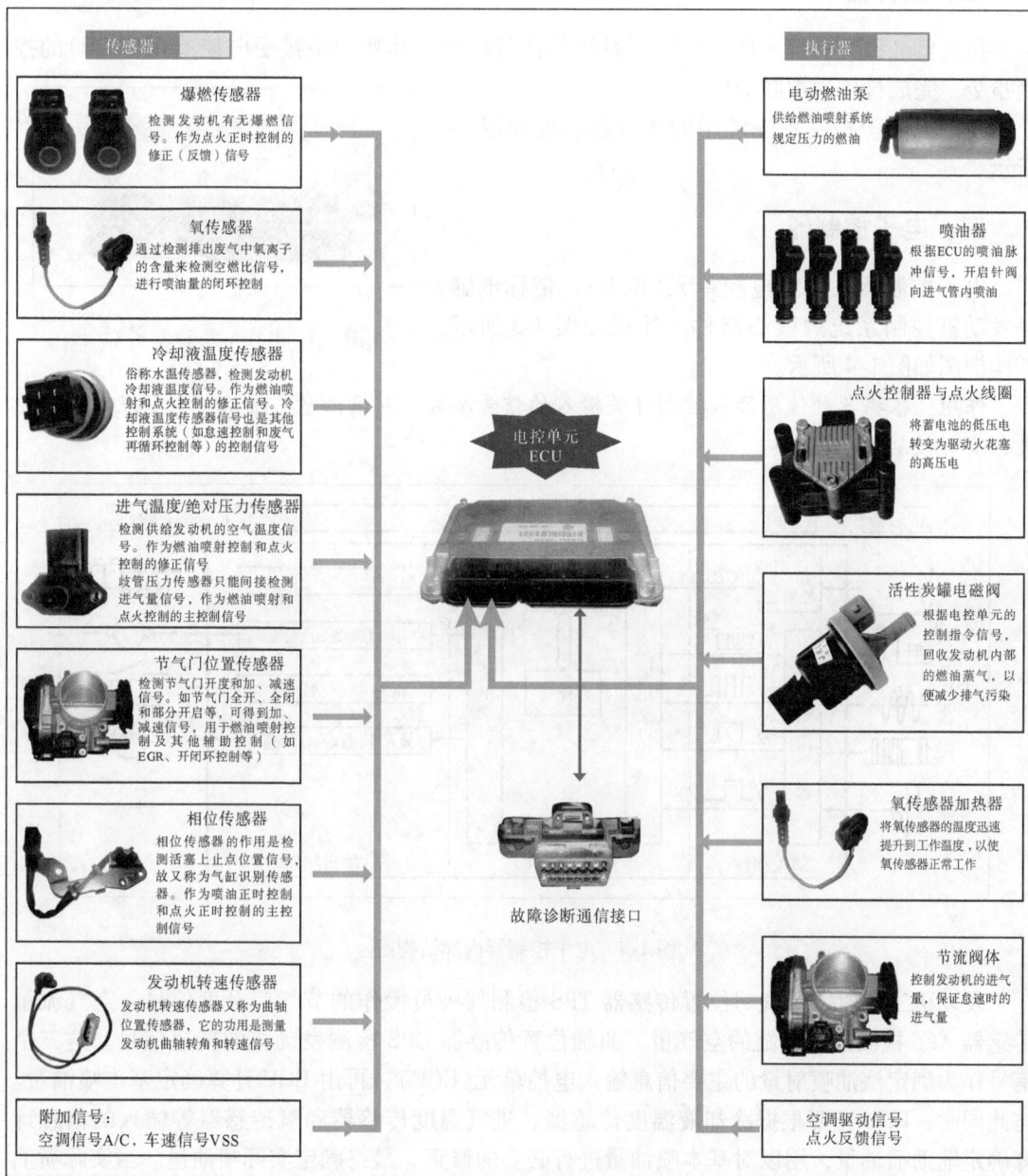

图 1-2 捷达 ATK 发动机电控系统组成

二、传感器

传感器是一种信号转换装置，安装在发动机的各个部位，其作用是检测发动机运行状态的各种电量参数、物理量和化学量等，并将这些参量转换成计算机能够识别的电量信号输入电控单元(ECU)。发动机电子控制系统常用的传感器与开关信号如图1-2所示。

三、执行器

执行器又称为执行元件，是控制系统的执行机构，其功用是接受电控单元(ECU)的控制指令，完成具体的控制动作。

发动机电子控制系统常用的执行器功能如图1-2所示。

图1-3　电控单元ECU外观图

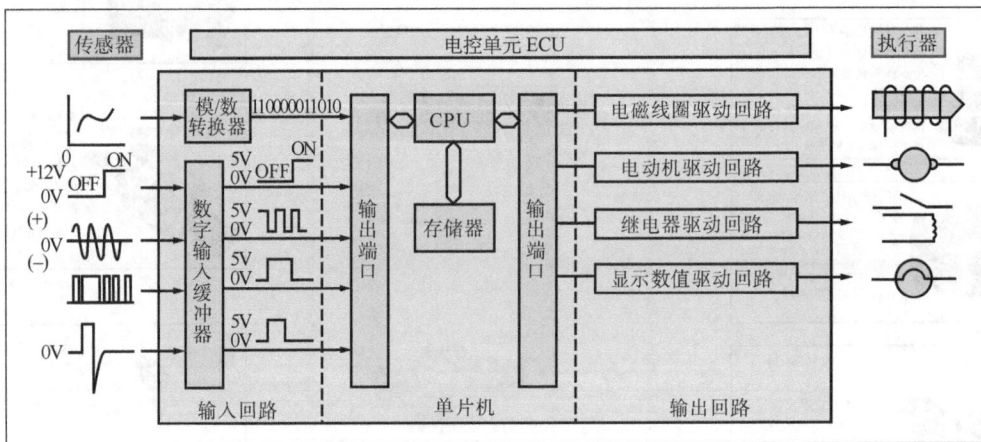

四、电子控制器

电子控制器又称为电控单元(ECU)，俗称电脑，是发动机控制系统的核心部件。外观如图1-3所示，结构框图如图1-4所示。

作用：根据各种传感器和控制开关输入的信号参数，对喷油量、喷油时刻和点火时刻等进行实时控制。

图1-4　电子控制器内部结构图

发动机工作时，节气门位置传感器TPS检测驾驶员操作的节气门开度信号，空气流量传感器AFS检测进入气缸的空气量，曲轴位置传感器CPS检测发动机的转速信号。这三个信号作为确定汽油喷射量的主要信息输入电控单元(ECU)，再由ECU计算确定基本喷油量。与此同时，ECU还要根据冷却液温度传感器、进气温度传感器和氧传感器等输入的信息计算确定辅助喷油量，用以对基本喷油量进行必要的修正，最终确定实际喷油量。当实际喷油量确定后，ECU再根据曲轴位置传感器输入的曲轴转速与转角信号、凸轮轴位置传感器输入的第一缸活塞上止点位置信号，确定最佳喷油时刻和最佳点火时刻，并向各执行器发出指令信号，控制喷油器、点火线圈、急速控制阀等动作。

第二章

汽油机电控燃油喷射系统

第一节 系 统 组 成

汽油机电控燃油喷射系统可分为空气供给系统和燃油供给系统两个主要部分。空气供给系统向发动机提供清洁的空气并根据发动机工况控制进气量，燃油供给系统供给发动机经过计量后的燃油。

一、空气供给系统

空气供给系统的功用是，为发动机提供清洁的空气并控制发动机正常工作时的进气量，如图2-1所示。

工作原理： 发动机工作时，空气经空气滤清器过滤后，通过空气流量计（L型）、节气门体进入进气总管，再通过进气歧管分配给各缸。节气门体中设有节气门，用以控制进入发动机的空气量，从而控制发动机的输出功率（负荷）。在节气门体的外部或内部设有与主进气道并联的旁通怠速进气通道，并由怠速控制阀控制怠速时的进气量。

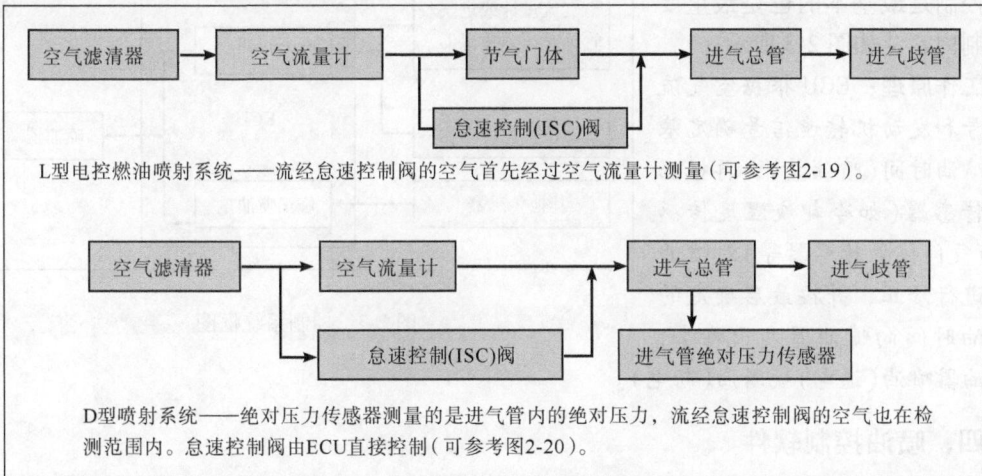

```
空气滤清器 → 空气流量计 → 节气门体 → 进气总管 → 进气歧管
                        怠速控制(ISC)阀
```

L型电控燃油喷射系统——流经怠速控制阀的空气首先经过空气流量计测量（可参考图2-19）。

```
空气滤清器 → 空气流量计 → 进气总管 → 进气歧管
                        怠速控制(ISC)阀    进气管绝对压力传感器
```

D型喷射系统——绝对压力传感器测量的是进气管内的绝对压力，流经怠速控制阀的空气也在检测范围内。怠速控制阀由ECU直接控制（可参考图2-20）。

图2-1 空气供给系统

二、燃油供给系统

燃油供给系统的功用是，供给喷油器一定压力的燃油，喷油器则根据电控单元指令喷油。

工作原理：电动燃油泵将汽油从燃油箱内吸出，经滤清器过滤后，由油压调节器调压，通过油管输送给喷油器，喷油器根据电控单元指令向进气管喷油。燃油泵供给的多余汽油经回油管流回燃油箱。燃油泵一般装在燃油箱内。喷油器由电控单元控制，有些发动机上还装有冷起动喷油器。冷起动喷油器安装在进气总管，仅在发动机低温起动时喷油，以改善发动机的低温起动性能。燃油供给系统的工作原理如图2-2所示。

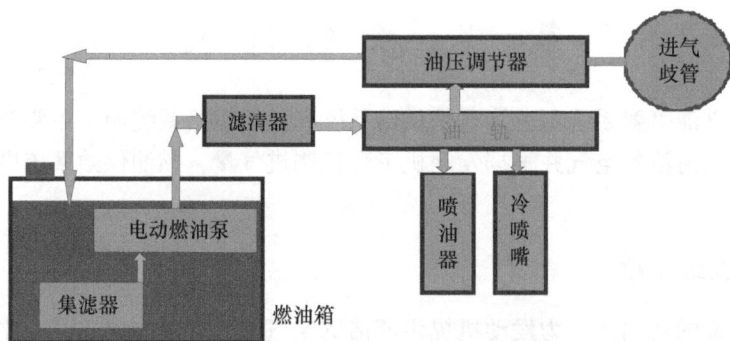

图 2-2　燃油供给系统工作原理示意图

三、控制系统

在电控燃油喷射系统中，喷油量控制是最基本的也是最重要的控制内容，如图2-3所示。

工作原理：ECU根据空气流量信号和发动机转速信号确定基本的喷油时间（喷油量），再根据其他传感器（如冷却液温度传感器、节气门位置传感器等）对喷油时间进行修正，并按最后确定的总喷油时间向喷油器发出指令，使喷油器喷油（通电）或断油（断电）。

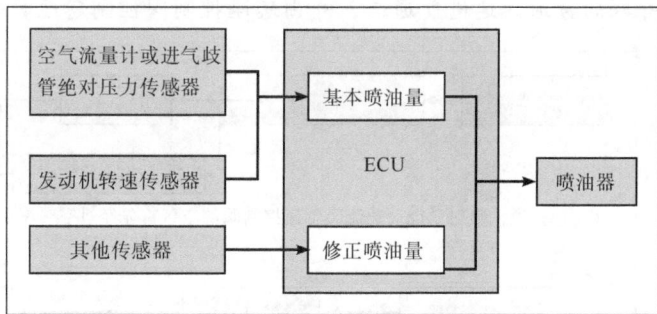

图 2-3　控制系统框图

四、喷油控制软件

电子控制燃油喷射式发动机的喷油控制采用实时控制，其控制精度高、运算速度快，因此一般都采用汇编语言编程。为了便于程序编制与调试，一般采用模块化结构，将程序分成若干个子程序进行编制与调试。喷油控制软件的流程主要由主程序、自检程序、故障报警子程序、起动子程序和怠速子程序等组成，如图2-4所示。

主程序的主要作用：监测并判定发动机工作状态，计算或从喷油脉谱图中查询确定空燃比 A/F、喷油时间、喷油提前时间(喷油提前角)，并发出喷油指令、控制喷油器开始喷油和结束喷油。

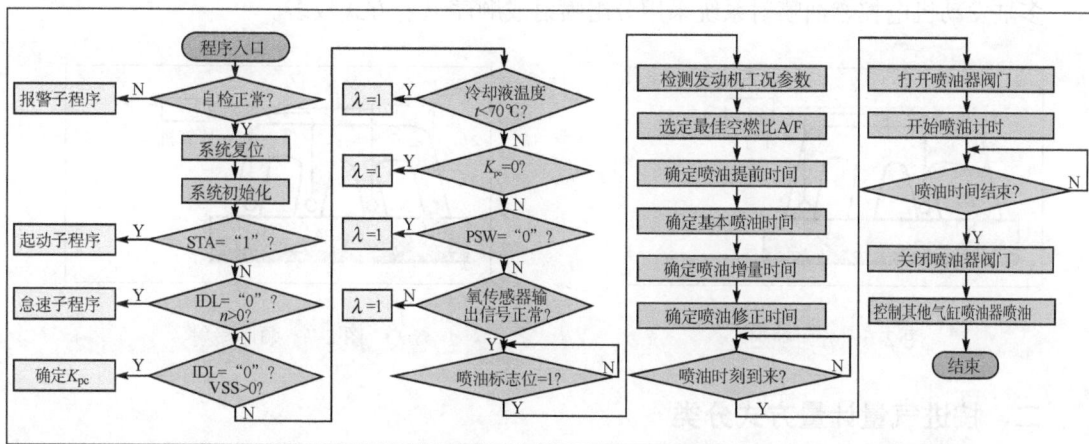

图 2-4　喷油控制软件流程图

第二节　电控燃油喷射系统的分类

一、按喷射方式分类

1. 连续喷射方式

指在发动机运转期间，汽油连续不断地喷射在进气道内，且大部分汽油是在进气门关闭时喷射的，因此大部分汽油在进气道内蒸发。除 K 型机械式、KE 型机电组合式汽油喷射系统外，电控燃油喷射系统一般不采用此种喷射方式。

2. 间歇喷射方式

指在发动机运转期间，将汽油间歇地喷入进气道内。在目前广泛采用间歇喷射方式的多点电控燃油喷射系统中，按各缸喷油器的喷射顺序又可分为同时喷射、分组喷射和顺序喷射。

（1）同时喷射　将各缸的喷油器并联，在发动机运转期间，所有喷油器由电控单元的同一个喷油指令控制，同时喷油、同时断油。采用同时喷射方式的电控燃油喷射系统，一般都是曲轴每转一圈各缸同时喷油一次，对每个气缸来说，每一次燃烧所需的供油量需要喷射两次，即曲轴每转一圈喷射1/2 的油量，如图 2-5 所示。

采用此种喷射方式，对各缸而言，喷油时刻不可能都是最佳的，其性能较差，一般用在部分缸数较少的汽油发动机上，如韩国大宇轿车上使用的四缸发动机电控多点燃油喷射系统等。

（2）分组喷射　指将各缸的喷油器分成几组，同

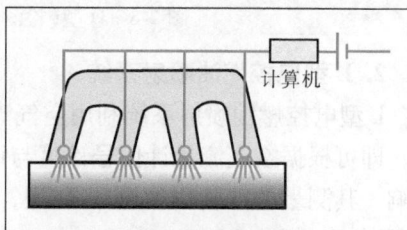

图 2-5　同时喷射

一组的喷油器同时喷油或断油，如图 2-6 所示。

（3）顺序喷射　指各喷油器由电控单元分别控制，按发动机各缸的工作顺序喷油，如图 2-7 所示。

多缸发动机电控燃油喷射系统采用分组喷射或顺序喷射方式较多。

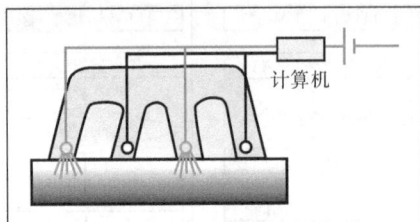

图 2-6　分组喷射

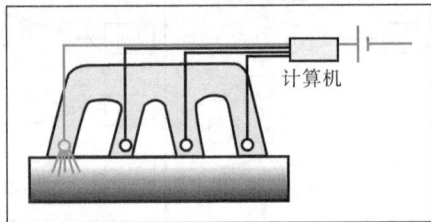

图 2-7　顺序喷射

二、按进气量计量方式分类

电控燃油喷射系统必须对进入气缸的空气量进行精确的计量，才能通过对喷油量的控制，实现混合气浓度的高精度控制。按进气量计量方式不同，电控燃油喷射系统可分为 D 型和 L 型。

1. D 型电控燃油喷射系统

其工作原理如图 2-8 所示。"D"是德语 Druck（压力）的第一个字母。D 型电控燃油喷射系统利用绝对压力传感器检测进气管内的绝对压力，电控单元根据进气管内的绝对压力和发动机转速推算出发动机的进气量，再根据进气量和发动机转速确定基本喷油量。

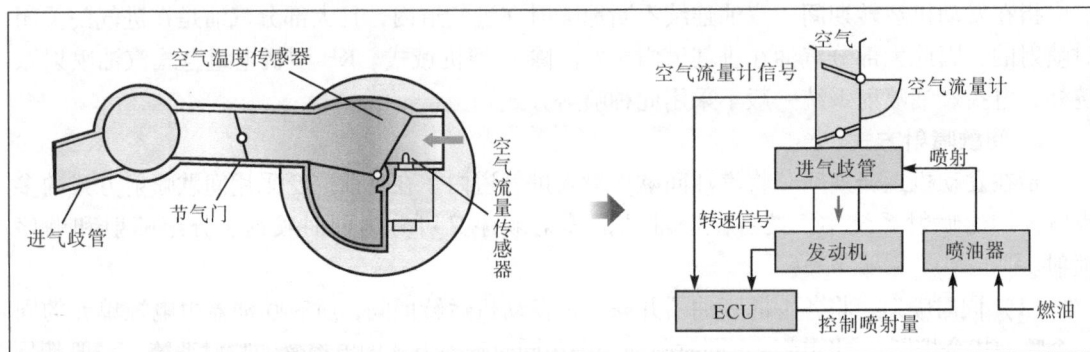

图 2-8　D 型（检测进气绝对压力）电控燃油喷射系统原理

2. L 型电控燃油喷射系统

L 型电控燃油喷射系统利用空气流量计直接测量发动机的进气量，电控单元不必进行推算，即可根据空气流量计信号计算与该空气量相应的喷油量。由于消除了推算进气的误差影响，其测量的准确程度高于 D 型，故对混合气浓度的控制更精确。其工作原理如图 2-9 所示。

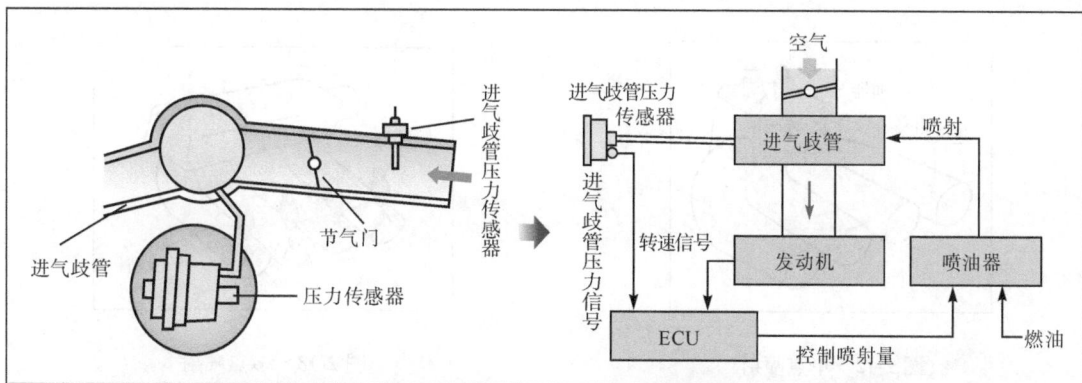

图 2-9　L 型(检测进气量)电控燃油喷射系统原理

三、按喷射位置分类

1. 缸内直接喷射

缸内直接喷射是将喷油器安装在气缸盖上，把燃油直接喷入气缸内，配合缸内的气体流动形成可燃混合气，容易实现分层燃烧和稀混合气燃烧，可进一步提高汽油发动机的经济性和排放性，如图 2-10 所示。

2. 进气管喷射

目前汽车上应用的电控燃油喷射系统一般都是进气管喷射式，按喷油器的数量不同，又可分为单点喷射(SPI)系统和多点喷射(MPI)系统，如图 2-11 所示。

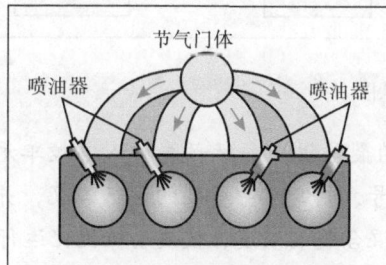

图 2-10　缸内直接喷射

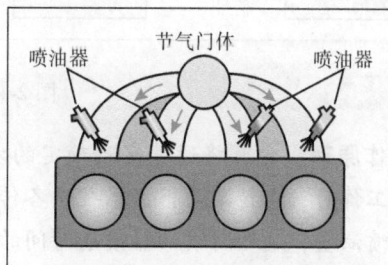

图 2-11　进气管喷射

(1) 单点喷射　在节气门上方装一个中央喷射装置，用 1~2 只喷油器集中喷射，如图 2-12 所示。汽油喷入进气流中，形成的可燃混合气由进气歧管分配到各气缸中。单点喷射又称为节气门体喷射(TBI)或中央喷射(CFI)。单点电控燃油喷射系统在每个气缸进气行程开始的时候喷油，采用的是顺序喷射方式，又称独立喷射方式。独立喷射可使燃油在进气管中滞留的时间最短，各缸得到燃油量尽可能一致。单点喷射系统与多点燃油喷射系统的控制原理相似，空气量可采用空气流量计直接计量，也可采用绝对压力传感器间接测量。

(2) 多点喷射　在每缸进气门处装有 1 只喷油器，由电控单元(ECU)控制喷油，因此多点喷射又称为多气门喷射，如图 2-13 所示。多点喷射系统的燃油分配均匀性好，进气管可按最大进气量来设计，而且无论发动机处于冷态还是热态，其过渡的响应及燃油经济性都是最佳的；但多点电控燃油喷射系统的控制系统比较复杂，成本较高，主要应用于对汽车性能要求较高的中、高级轿车上。

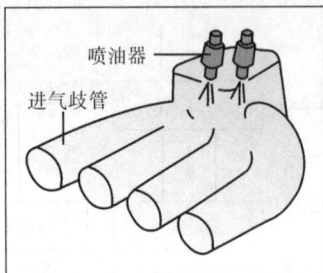

图 2-12 单点喷射

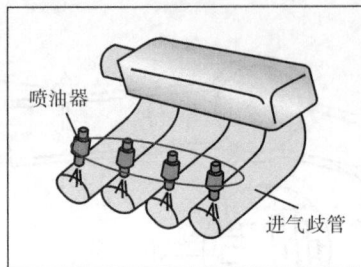

图 2-13 多点喷射

四、按有无反馈信号分类

1. 开环控制系统

开环控制系统按预先设定在电控单元中的控制规律工作，只受发动机运行工况参数变化的控制，简单易行，如图 2-14 所示。但其精度直接依赖于所设定的基准数据和喷油器调整标定的精度。喷油器及发动机的产品性能存在差异，或由于磨损等引起性能参数变化时，就不能使混合气准确地保持在预定的浓度（空燃比）上。因此，开环控制系统对发动机及控制系统各组成部分的精度要求高，抗干扰能力差，当使用工况超出预定范围时，不能实现最佳控制。

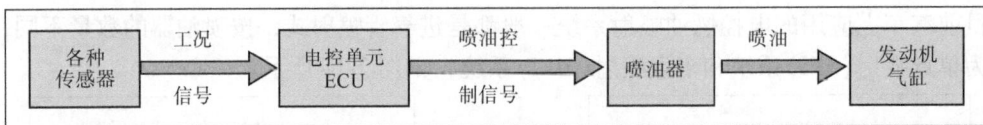

图 2-14 开环控制示意图

工作原理：它是将通过实验确定的发动机各工况的最佳供油参数预先存入电控单元，在发动机工作时，电控单元根据系统中各传感器的输入信号，判断自身所处的运行工况，并计算出最佳喷油量，通过对喷油器喷射时间的控制，来控制混合气的浓度，使发动机优化运行。

2. 闭环控制系统

闭环控制系统可达到较高的空燃比控制精度，并可消除因产品差异和磨损等引起的性能变化，工作稳定性好，抗干扰能力强，如图 2-15 所示。但是，为了使排气净化达到最佳效果，只能运行在理论空燃比 14.7 附近。对起动、暖机、加速、怠速、满负荷等特殊工况，仍需采用开环控制，使喷油器按预先设定的加浓混合气配比工作，以满足发动机特殊工况的工作要求。所以，目前普遍采用开环和闭环相结合的控制方案。

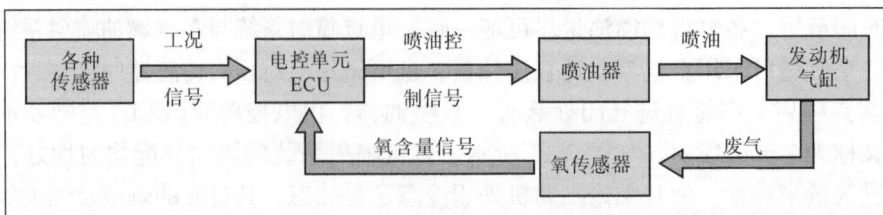

图 2-15 闭环控制示意图

工作原理：在该系统中，发动机排气管上加装了氧传感器，根据排气中含氧量的变化，判断实际进入气缸的混合气空燃比，再通过电控单元与设定的目标空燃比值进行比较，并根据误差修正喷油器喷油量，使空燃比保持在设定的目标值附近。

五、按功能分类

1. K-Jetronic 燃油喷射系统

1976 年德国博世公司成功研制出 K-Jetronic 燃油喷射系统，1984 年德国大众公司捷达轿车采用 K-Jetronic 系统。此外，早期奔驰 190E、300E、560SEC 等也用这种喷射系统。

该系统用一个圆形的挡板作为空气流量传感器，在检测进气量大小的同时带动燃油分配器中的柱塞上下运动，进而改变计量槽孔的导通面积来控制燃油的喷射量。对混合气浓度的调整则是通过控制柱塞上方的燃油压力来实现的，其结构如图 2-16 所示。该系统中，发动机控制模块主要用于控制怠速，而不能控制燃油喷射。

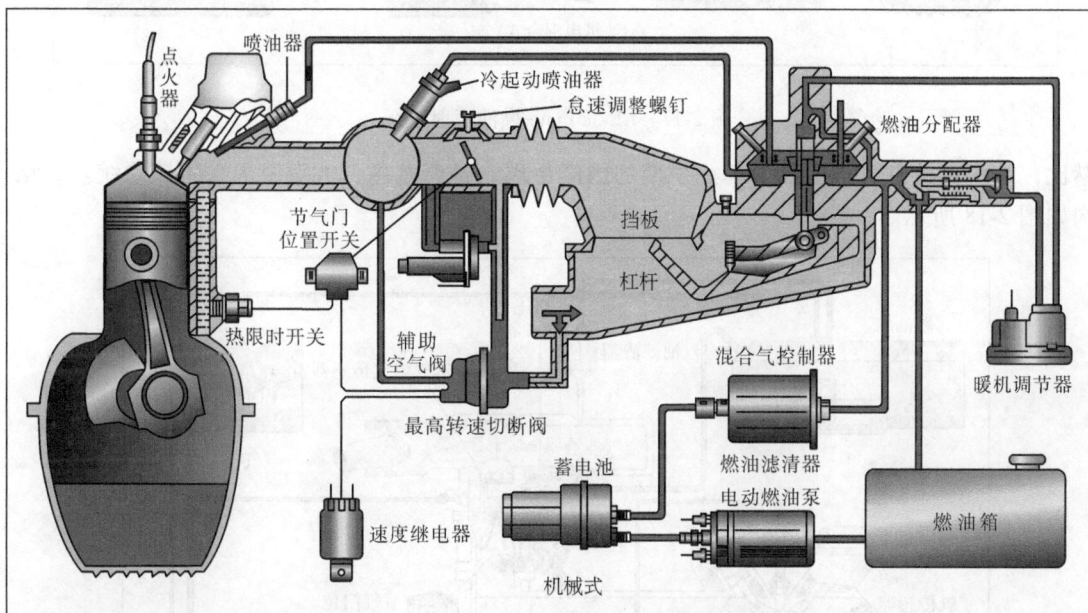

图 2-16　K-Jetronic 燃油喷射系统

2. KE-Jetronic 燃油喷射系统

该系统在 K 型基础上增加了电液式压差调节器（EHA）、节气门位置传感器（TPS）、冷却液温度传感器（THW）、氧传感器等元件。这种燃油喷射系统主要由空气流量感知板的移动带动控制柱塞上下移动，通过改变计量槽孔的导通面积来改变燃油的喷射量，而对混合气浓度的修正，是由电控单元（ECU）根据这个传感器的信号去控制电液式压差调节器（EHA）的电流大小和流向，进而改变燃油分配器上下室的压差，根据各孔调节混合气的浓度。其结构如图 2-17 所示。

3. 单点燃油喷射系统

该系统在进气歧管原来安装化油器的部位安装了一个大功率电磁喷油器，集中进行燃油喷射。与多点燃油喷射相比，节气门体喷射系统用节气门的开启角度和发动机转速来控制空

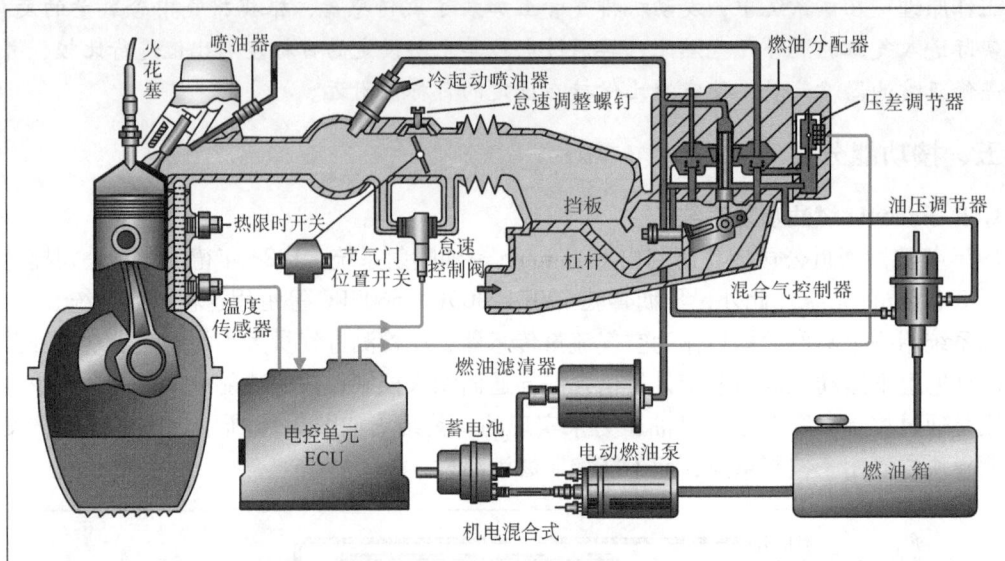

图 2-17　KE-Jetronic 燃油喷射系统

燃比，结构和控制方式更加简单。早期的国产奇瑞、日产蓝鸟、大宇王等采用该系统。其结构如图 2-18 所示。

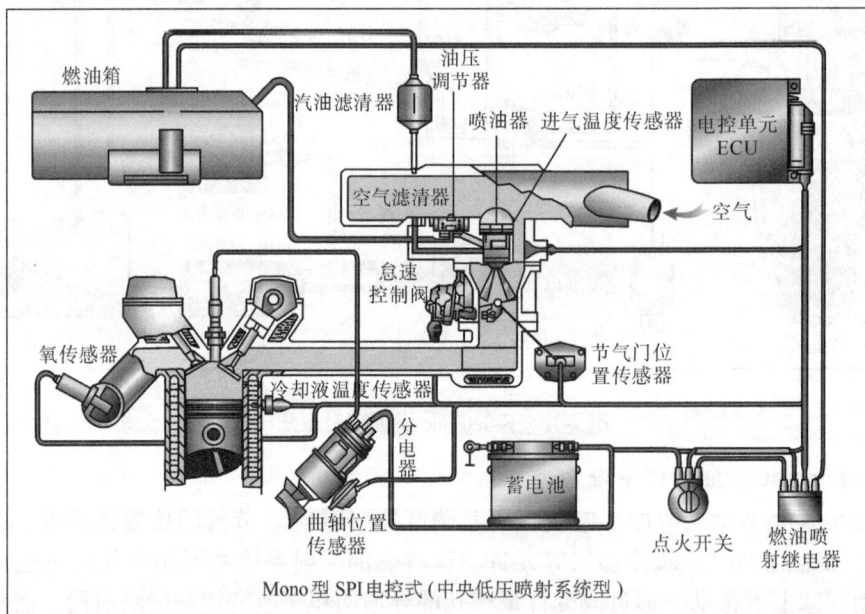

图 2-18　单点燃油喷射系统

4. L-Jetronic 电控燃油喷射系统

该系统由叶板式空气流量传感器（MAF）代替进气歧管绝对压力传感器（MAP）检测进气量来控制喷油器的喷油量。丰田佳美、丰田大霸王以及马自达 MPV 多用途汽车采用此系统。其结构如图 2-19 所示。

博世 L 型 MPI 电控式 (叶板式)

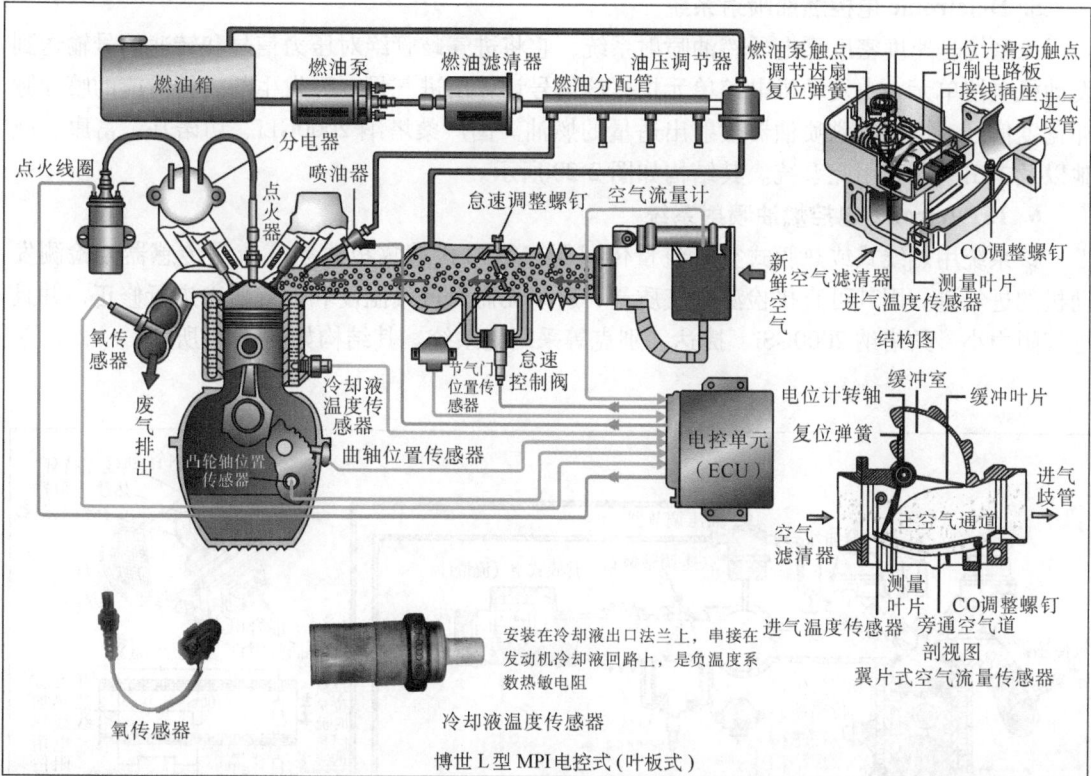

图 2-19　L-Jetronic 电控燃油喷射系统

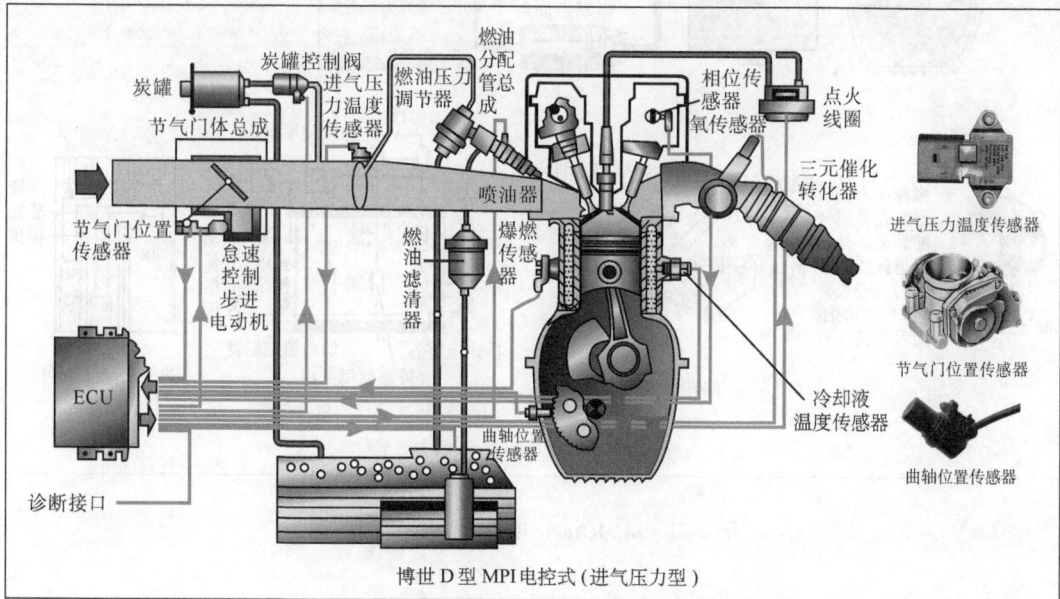

博世 D 型 MPI 电控式 (进气压力型)

图 2-20　D-Jetronic 电控燃油喷射系统

5. D-Jetronic 电控燃油喷射系统

该系统是速度密度型电子燃油喷射系统，它将进气歧管绝对压力信号和转速信号输送到发动机电控单元，由发动机电控单元根据该信号计算出进气量，再发生与之相对应的喷油脉冲宽度信号，控制电磁喷油器喷射出适量的燃油。国产桑塔纳 2000GLi、切诺基、富康、威驰以及丰田皇冠采用此系统。其结构如图 2-20 所示。

6. LH-Jetronic 电控燃油喷射系统

该系统用热线式或热膜式空气流量传感器（MAF）代替翼板式空气流量传感器来检测发动机的进气量。因其可直接检测进气质量，所以无需对进气温度和大气压力进行修正，并且进气阻力小。桑塔纳 2000GSi、捷达、别克等采用此系统。其结构如图 2-21 所示。

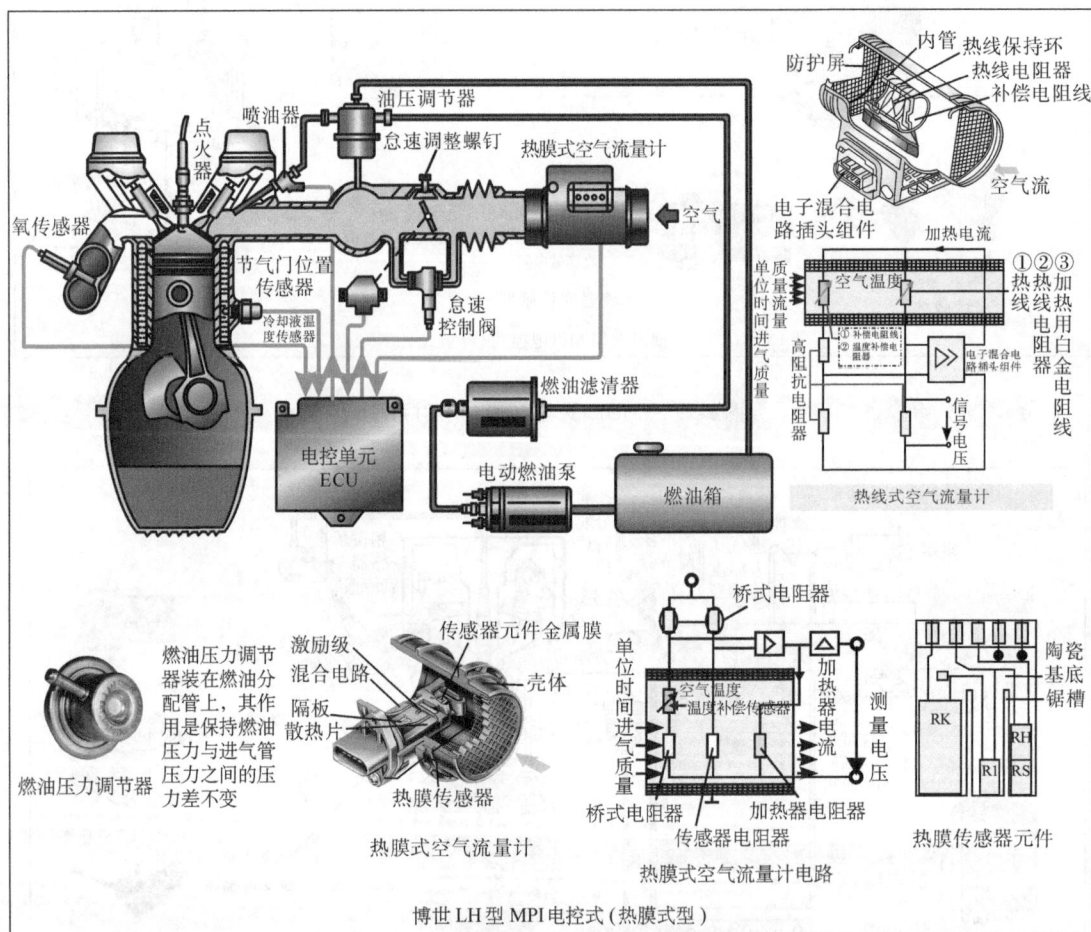

图 2-21　LH-Jetronic 电控燃油喷射系统

第三章

汽油机空气供给系统

空气供给系统是向汽油机提供与发动机负荷相适应的、清洁的空气，同时对流入发动机气缸的空气质量进行直接或间接计量，使它们在系统中与喷油器喷出的汽油形成空燃比符合要求的可燃混合气。

空气供给系统的组成如图3-1所示。提供发动机工作所需的新鲜空气，同时把进气量的多少以电信号的形式告知电控单元(ECU)，作为喷油的主要依据。

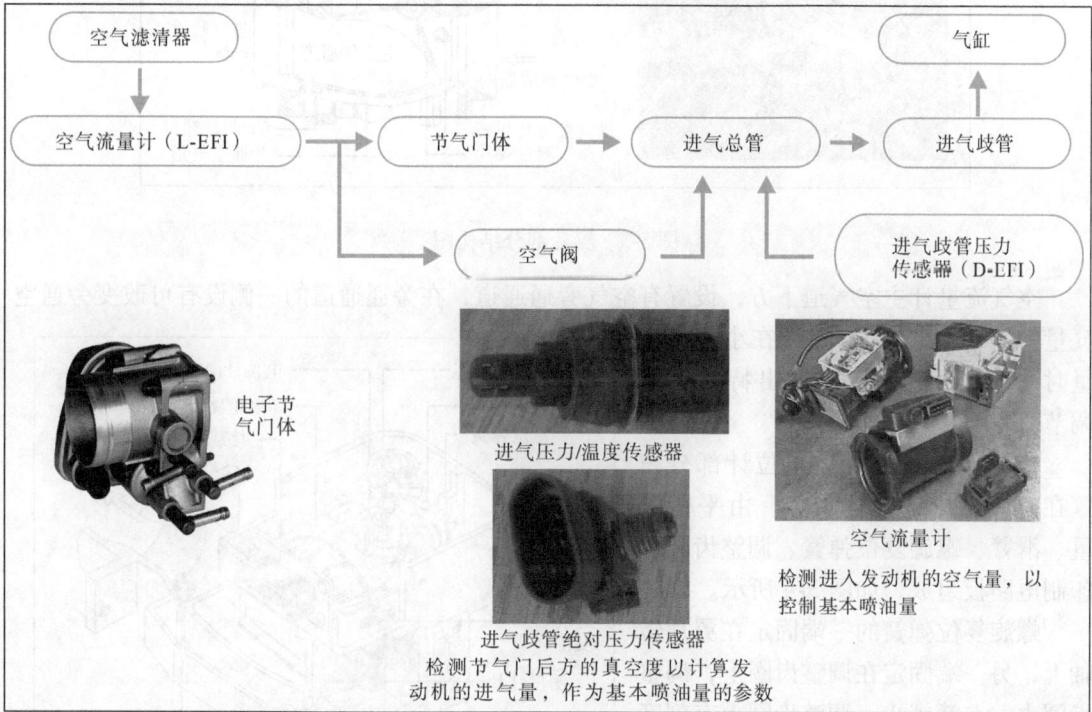

空气滤清器 → 空气流量计（L-EFI） → 节气门体 → 进气总管 → 进气歧管 → 气缸

空气流量计（L-EFI） → 空气阀 → 进气总管

进气歧管压力传感器（D-EFI）

电子节气门体

进气压力/温度传感器

进气歧管绝对压力传感器
检测节气门后方的真空度以计算发动机的进气量，作为基本喷油量的参数

空气流量计
检测进入发动机的空气量，以控制基本喷油量

图 3-1　空气供给系统的组成

第一节　空气流量计

空气流量计一般安装于空气滤清器后的进气管道中，如图3-2所示。

在电子控制汽油喷射发动机中使用的空气流量计主要有翼片式空气流量计、卡门旋涡式空气流量计、热线式空气流量计和热膜式空气流量计。

1. 翼片式空气流量计

（1）翼片部分 翼片部分的构造如图3-3所示。其由两者铸成一体的测量翼片和缓冲翼片、安装在空气流量计壳体上的翼片转轴、安装在转轴一端的螺旋复位弹簧（安装在电位计部分内）、空气旁通通道等构成。

测量翼片随空气流量的变化，在主空气通道内偏转，同时缓冲翼片在缓冲室内偏转。缓冲室内的空气阻力对缓冲翼片起阻尼作用，当发动机吸入的空气量急剧变化和气流脉动时，能够减小测量翼片的脉动，以保证输出信号平稳。当复位弹簧的弹力与吸入的空气气流对测量翼片的推力平衡时，翼片即处于某一稳定位置。

图 3-2 空气流量计安装位置

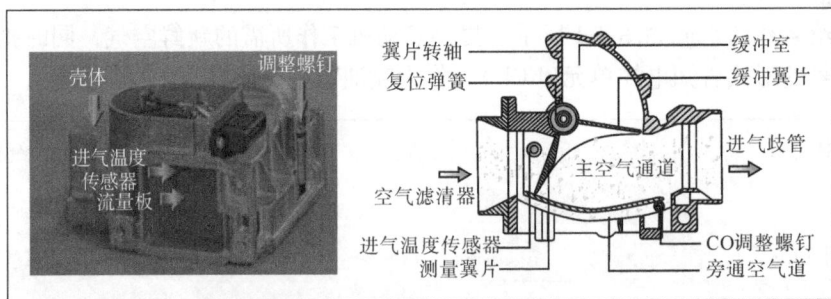

图 3-3 翼片部分结构图

空气流量计主空气道下方，设置有空气旁通通道，在旁通通道的一侧设有可改变旁通空气量的 CO 调整螺钉，以便在小空气流量时，对空气流量计的输出特性进行调节。

（2）电位计部分 电位计部分布置在空气流量计壳体上方，由平衡配重、滑臂、螺旋复位弹簧、调整齿圈和印制电路板组成，如图3-4所示。

螺旋复位弹簧的一端固定在翼片转轴上，另一端固定在调整齿圈上，调整齿圈由一卡簧锁止。调整齿圈上有刻度标记，改变调整齿圈的固定位置，可以调整弹簧的预紧力，以便在使用中调整空气流量计的输出特性。翼片转轴上端固装着平衡配重和滑臂，随测量翼片一

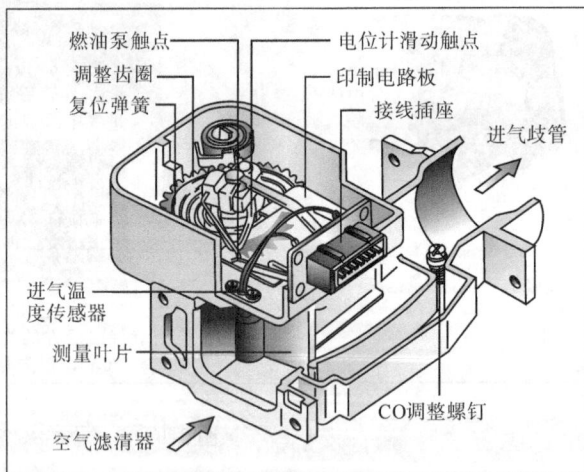

图 3-4 电位计部分结构图

起转动，滑臂与印制电路上的镀膜电阻接触，并在其上滑动。印制电路板采用陶瓷基镀膜工艺制成。

（3）工作原理 当吸入发动机的空气流过传感器主进气道时，传感器翼片就会受到空

气气流压力产生的推力力矩和复位弹簧弹力力矩的作用。当空气流量增大时，气流压力对翼片产生的推力力矩增大，推力力矩克服弹力力矩使翼片偏转角度增大，直到推力力矩与复位弹簧力矩平衡。进气量越大，翼片偏转角度也就越大。因为翼片总成和电位计的滑臂均固定在转轴上，所以在翼片偏转的同时，滑臂也随之偏转。

当空气流量增大时，端子 4 与 6 之间的电阻值减小，两端子之间输出的信号电压 U_s 降低。当空气流量减小时，气流压力对翼片产生的推力力矩减小，推力力矩克服弹力力矩使翼片偏转的角度减小，端子 4 与 6 之间的电阻值增大，两端子之间输出的信号电压 U_s 升高。工作原理如图 3-5 所示。

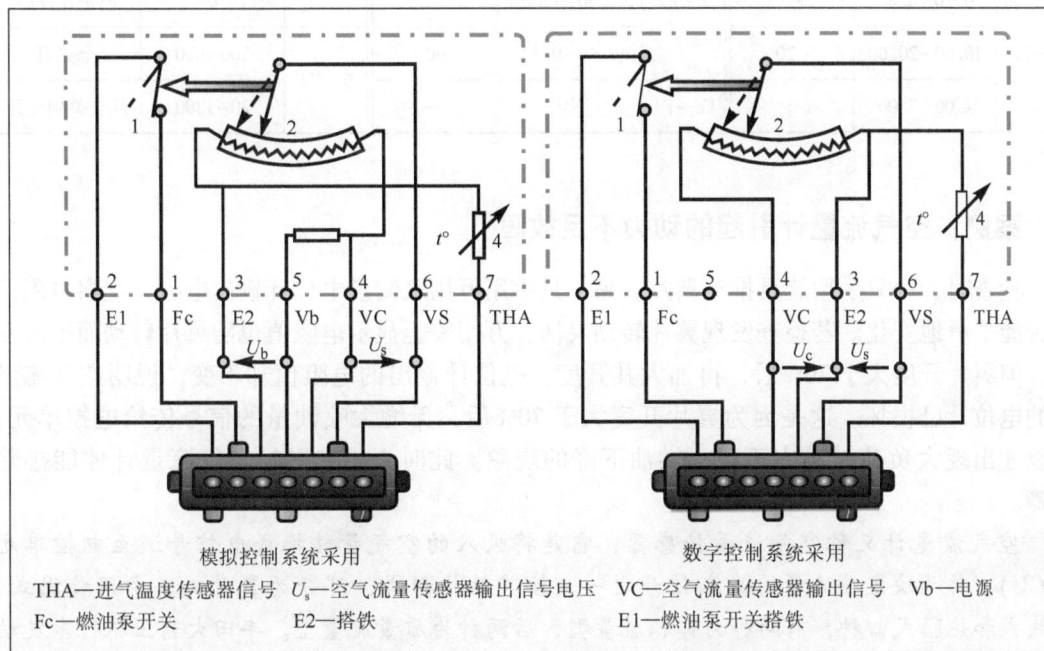

模拟控制系统采用   数字控制系统采用

THA—进气温度传感器信号 U_s—空气流量传感器输出信号电压   VC—空气流量传感器输出信号   Vb—电源
Fc—燃油泵开关   E2—搭铁   E1—燃油泵开关搭铁

图 3-5 翼片式空气流量计工作原理图

（4）检测

1）检查叶片工作状态及回位弹簧弹力，如果弹力减小，应拨动电位计内调整齿圈的齿以增大回位弹簧弹力，每次只能调一或两个齿。

2）检查翼片初始位置，即进气量与翼片位置是否匹配，如发动机加速响应时间长、动力不足、不能起动等，即应调整弹簧预紧力。

3）检测 ECU 侧端子 5、4、6 和 7 与端子 E2 间的电压。使点火开关置于"ON"，测量端子 5 与 E2 端子间的电压应为 13.5V，端子 4 与 E2 端子间电压应为 10V，测量时轻推计量板，它的值几乎不变。测量端子 6 与 E2 端子间的电压时，不但要读取流量计全关和全开的电压，而且要让计量板从全关状态慢慢开启，直到全开，检查电压上升情况。全闭时为 2.5V，全开时为 8V。

4）检测空气流量计的电阻。点火开关置于"OFF"，拔下空气流量计插接器，测量端子 5 与 E2 之间的电阻约为 400Ω，端子 4 与 E2 间的电阻约为 300Ω；测量端子 6 与 E2 之间电阻时，应将计量板从关闭位置缓慢打开，阻值应逐渐增大，关闭时为 50Ω，全开时 200Ω

为正常；测量端子 7 与 E2 之间的电阻（即进气温度传感器的阻值），其阻值随车型和温度的不同而不同；检查燃油泵开关，计量板（翼板）稍开，Fc 和 E1 之间的电阻应为 0Ω，即触点处于"ON"状态，当计量板全关闭时阻值为 ∞。

丰田 PREVIA 翼片式传感器检测数据如表 3-1 所示。

表 3-1　翼片式空气流量传感器各端子间的电阻（丰田 PREVIA）

端子	标准电阻/kΩ	温度/℃	端子	标准电阻/kΩ	温度/℃	端子	标准电阻/kΩ	测量条件
6—E2	0.20~0.60	—		2.00~3.00	20	Fc—E1	∞	测量片全关闭
	0.20~0.60	—	7—E2	0.90~1.30	20		0	测量片开启
4—E2	10.00~20.00	-20		0.40~0.70	60	6—E2	200~600	全关闭
	4.00~7.00	0	Fc—E1	不定			20~1200	从全关到全开

案例：空气流量计引起的动力不足故障

检查时，一只手用旋具推动翼片，另一只手用万用表测量电位计输出电阻，观察电阻值是否能平滑地变化。若检查发现翼片转动灵活，万用表上显示电阻值也随翼片转动而平滑变化，但翼片开度大于 70% 后，再加大其开度，电位计输出的电阻值却不变，说明空气流量计的电位计已损坏。这是因为翼片开度大于 70% 后，无增大喷油量的信号传给电控单元，所以才出现大负荷时动力不足、供油下降的现象。此时，只有更换空气流量计才能排除故障。

空气流量计又称空气流量传感器，它是将吸入的空气量转换成电信号送至电控单元（ECU），作为决定喷油量的基本信号之一。按其结构形式，可分为翼片式、卡门旋涡式、热线式和热膜式四种，前两种为体积流量型，后两种为质量流量型。丰田大霸王旅行车发动机，采用较广泛应用的翼片式空气流量计，图 3-4 所示为其结构示意图。

2. 卡门涡旋式空气流量计

卡门涡旋式空气流量计主要由设置在空气通道中央的锥状卡门涡旋发生器和相应的涡旋检测装置等组成。当空气流过卡门涡旋发生器时，在其后部将会不断产生卡门涡旋。在单位时间内产生的卡门涡旋的个数（即发生频率）与气流的速度有关，只要测出卡门涡旋的发生频率，即可知道空气流量的大小。卡门涡旋式空气流量计的构造如图 3-6 所示。

检测卡门涡旋频率有两种方法：反光镜检测法和超声波检测法。

（1）反光镜检测法　反光镜检测法的涡旋检测装置由反光镜、发光二极管和光敏晶体管、板弹簧等组成，如图 3-7 所示。

当空气流过卡门涡旋发生器时，受交替产生的卡门涡旋的影响，发生器两侧压力也交替发生变化。用导压孔把涡旋发生器两侧的压力引到薄金属制成的反光镜背面，受发生器两侧交替变化压力的作用，反光镜将产生与涡旋发生频率相同的偏转振动，如图 3-8 所示。在反光镜产生偏转振动的同时，发光二极管投射到反光镜上的反射光束的方向也以相同的频率变化。当发射光束发射到光敏晶体管上时，光敏晶体管输出高电平，反之则为低电平。对应连续产生的卡门涡旋，光敏晶体管输出与之对应的脉冲数，通过对光敏晶体管发出的电脉冲计

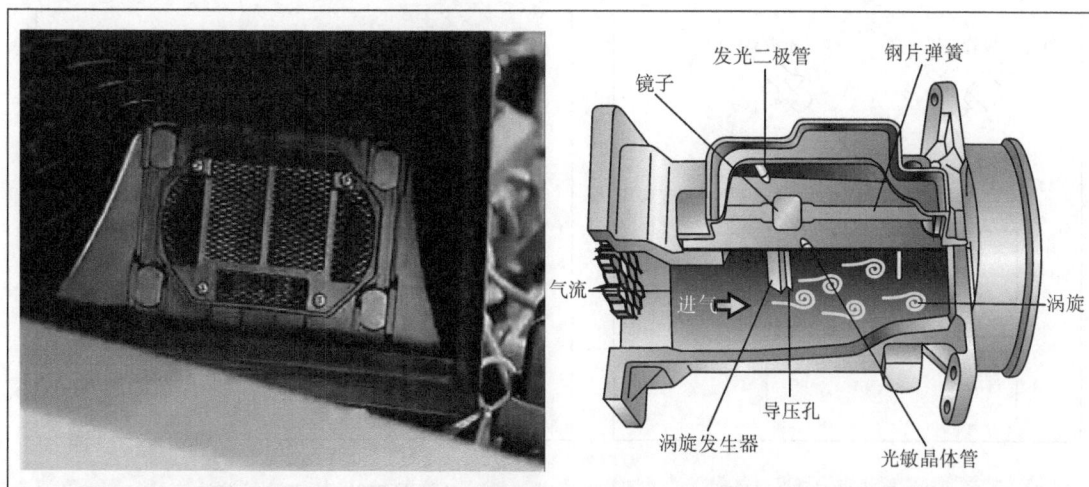

图 3-6 卡门涡旋式空气流量计结构图

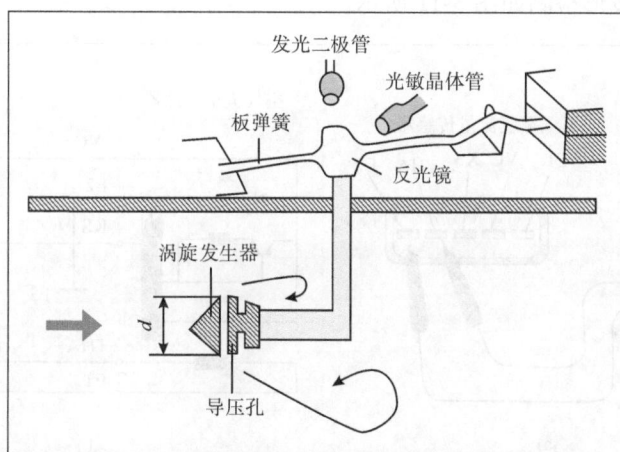

图 3-7 反光镜检测法

数，即可算出涡旋的发生频率，进而算出空气的流速和体积流量。

（2）超声波检测法 超声波检测法的检测装置由超声波信号发生器、超声波接收器等组成。它是利用卡门涡旋的存在，会使通道横截面空气密度发生变化这一现象来测量涡旋的发生频率。超声波信号发生器安装在空气流动的垂直方向，在它的对面安装超声波接收器，如图 3-9 所示。

发动机运行时，超声波信号发生器不断地向接收器发出一定频率的超声波。当超声波通过发动机进气气流到达接收器时，因受卡门涡旋引起的空气密度变化的影响，超声波频率的相位将发生变化，接收器测出这一相位变化，利用放大器把它们整形为矩形波，根据矩形波的脉冲频率，即可计算出卡门涡旋的发生频率。

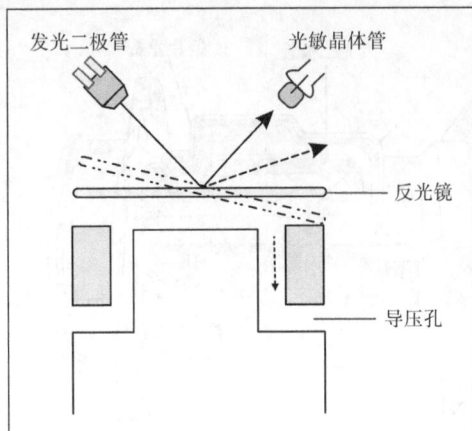

图 3-8 反光镜检测法原理

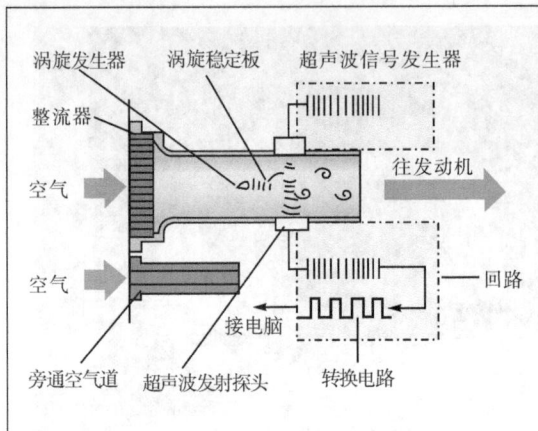

图 3-9 超声波检测法

（3）检测 以雷克萨斯 LS400 为例。

卡门涡旋式空气流量的检测项目有电阻检测和波形检测。电阻检测如图 3-10 所示，其数据参数见表 3-2。波形检测如图 3-11 所示。

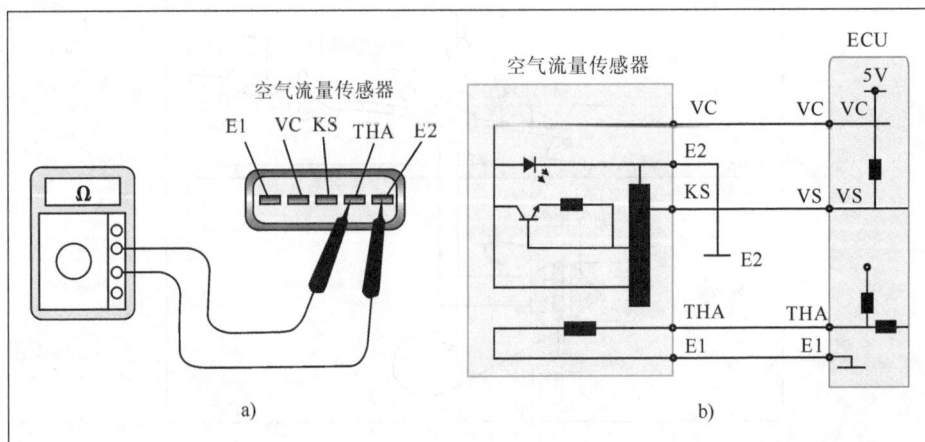

图 3-10 雷克萨斯 LS400 卡门涡旋式空气流量传感器与 ECU 的连接电路

a）测量示意图 b）电路图

表 3-2 卡门涡旋式空气流量传感器各端子间的电阻/电压（丰田雷克萨斯 LS400）

端子	标准电阻/kΩ	温度/℃	端子	标准电压/V	条件
THA—E2	10.0~20.0	-20	THA—E2	0.5~3.4	怠速、进气温度20℃
	4.0~7.0	0			
	2.0~3.0	20	KS—E1	4.5~5.5	点火开关 ON
	0.9~1.3	40		2.0~4.0（脉冲形式）	怠速
	0.4~0.7	60	VC—E1	4.5~4.5	点火开关 ON

FREQ=69.4kHz avg
MAX=5.06 V
MIN=933mV

在加速时频率和占空比(脉宽)循环不变

5V

0V

急加速时卡门涡旋式空气流量计测试波形

CH1
2V/div DC
10ms/div

卡门涡旋式空气流量计根据发动机的空气流量而产生一个频率和占空比都变化的信号

卡门涡旋式空气流量计（急加速）

FREQ=2.77kHz
MAX=5.06V
MIN=0.00 V

当空气流量不变时输出频率也固定不变

5V

0V

CH1
2V/div DC
100ms/div

高频数字式空气流量计产生的是一个频率变化的信号，该信号的频率随着空气流量的增加而增加

空气流量计高频数字输出（怠速）

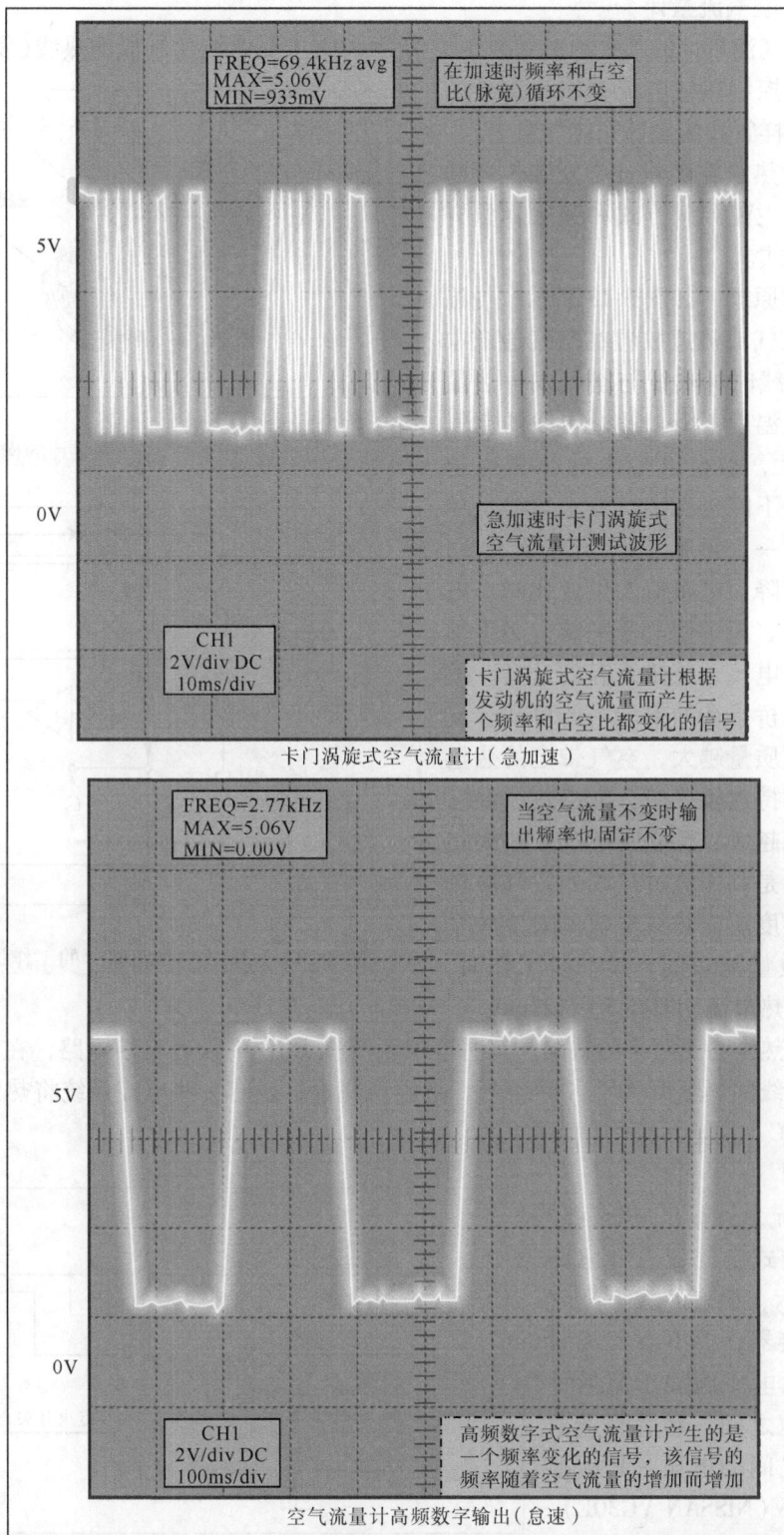

图 3-11　波形检测

3. 热线式空气流量计

热线式空气流量计的基本构造如图 3-12 所示。它主要由铂丝制成的热线(发热体)、温度补偿电阻、控制热线电流并输出信号的控制电路、采样管和流量计壳体等组成。

根据铂丝热线在流量计中安装位置的不同,又分为主流测量方式和旁通测量方式两种结构形式。

(1) 工作原理 如图 3-13 所示,当温度较低的进气气流流过放置在空气通道中温度较高的热线时,热线与空气发生热量交换,使热线温度下降。通过热线的空气质量流量越大,被空气带走的热量也越多,热线温度下降也越多。由于热线是单臂电桥电路的一个组成部分(即电阻 R_2),当热线温度下降、电阻值发生变化时,电桥出现不平衡。为了使电桥平衡,必须加大流过热线的电流,使热线温度升高,阻值恢复到使电桥平衡的值。由此可知,流过热线的空气质量越大,空气带走的热量也越多,为保持电桥平衡,维持热线温度所需的电流也越大,反之则越小。热线式空气流量计正是利用流过热线的空气质量与保持热线温度所需热线电流的对应关系测量空气的质量流量的。发动机工作时,热线所需的加热电流一般在 $50\sim120mA$。

图 3-12 热线式空气流量计的构造

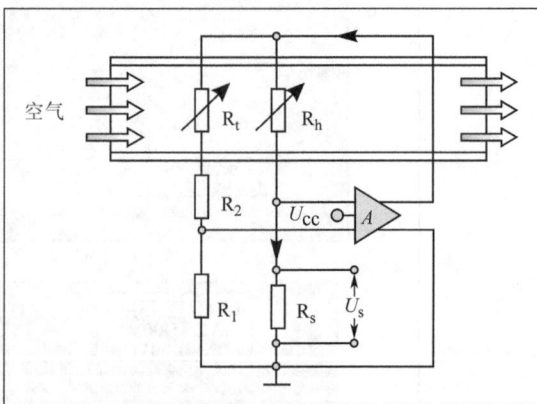

图 3-13 热线式空气流量计的工作原理图

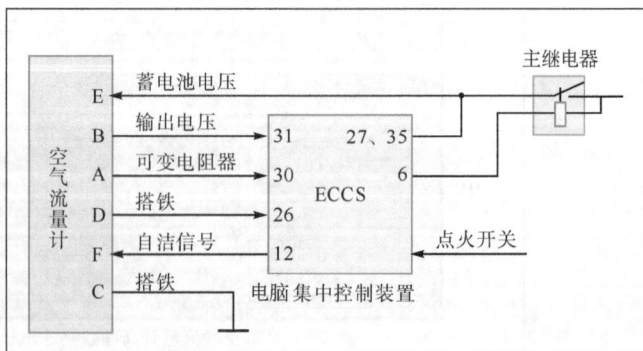

为了克服热线易受污染的缺陷,有些电控系统在 ECU 中设有自洁电路,在发动机熄火后,自动将热线加热至 1000℃,持续 1s,将尘埃烧掉;也有一些电控系统将热线的保持温度提高至 200℃,防止污染物玷污热线。

(2) 检测

1) 空气流量计输出电压信号的检查。热线式空气流量计电路如图 3-14 所示,检查时拔下空气流量计的插接器,拆下空气流量计。把蓄电池电压施加于流量计端子电源与地之间,然后测量输出端子与地之间的电压,其标准值为 $1.1\sim2.1V$(NISSAN VG30E)。若电压值不符,则需要更换空气流量计。

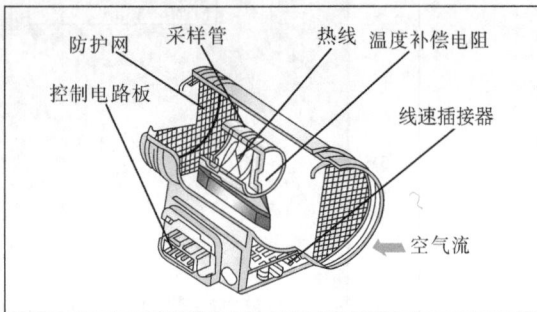

图 3-14 热线式空气流量计电路图

在进行上述检查后，从热线式空气流量计进气口吹风。与此同时，测量输出端子与地之间的信号电压，电压值应为 2.4V。

2）自洁功能检查。装好空气流量计及其插接器，起动发动机，并高速运转，然后使发动机熄火。当发动机熄火 5s 后，从空气流量计的进气口处可以观察到热线自动烧红 1s。如无此现象发生，需测自洁信号或更换空气流量计。

案例一：桑塔纳怠速不稳、排气管冒黑烟

1）**故障现象**：一辆桑塔纳 2000GSi 轿车，出现发动机怠速不稳，排气管冒黑烟，行驶有冲击和加速不良的故障现象。

2）**故障诊断与排除**：

① 根据故障现象，可判断故障原因为喷油量过多，混合气过浓，需检查发动机。

② 进行外部检查，发动机各部件齐全良好，线束插接器、导线及真空软管无松动、脱接、空气滤清器及进气管路无堵塞现象。

③ 用燃油压力表测量燃油系统压力，怠速时压力为 250kPa，拔下燃油压力调节器上的真空软管时压力为 300kPa，说明燃油系统压力正常。

④ 拆下 4 只喷油器，在清洗机上进行喷油试验，工作良好。

⑤ 拆下火花塞，发现火花塞的电极表面上有积炭，但跳火正常。

⑥ 拆下节气门体，检查时无发卡现象。将其清洁后装复，并用诊断仪进行了基本设定。

⑦ 经过以上检查调整后，故障未被排除。接着起动发动机，连接诊断仪，选择地址"01"，输入"02"功能，诊断仪显示"系统正常，无故障码"。

⑧ 选择"08"功能，读取测量数据块。怠速时，诊断仪显示空气流量质量为 5.4g/s，喷油脉宽为 3.4ms，氧传感器的信号电压在 0.73～1.0V 变化。用数字万用表测得空气流量传感器的 2 号端子、4 号端子的电压分别为 12V 和 5V。在怠速工况下，空气流量明显超过正常值(2.0～4.0g/s)，故空气流量传感器有问题。

⑨ 更换空气流量传感器后，发动机怠速平稳，加速有力，排气管不再冒黑烟。

桑塔纳 2000GSi 轿车采用的 AJR 发动机是根据空气流量信号、节气门传感器信号和曲轴转角信号来确定混合气空燃比和点火时间的。如果空气流量传感器的损坏使发动机 ECU 接收到比实际空气流量大的空气流量信号，发动机 ECU 就指令喷油器增加喷油量，造成实际喷油量过多，混合气过浓，从而引发了上述故障。该车的空气流量计连接电路图、空气流量计插头端子如图 3-15 所示。

案例二：速腾 1.8T 发动机无规律熄火

1）**故障现象**：一辆速腾 1.8T AT 轿车，自购买以来一直存在行驶中发动机突然熄火的现象，熄火前偶尔伴有加速无力现象，熄火后重新起动一切正常。故障发生频次 1～3 次/月。

2）**故障诊断与排除**：

① 由于该故障出现过多次，因而也多次进站维修，于是通过服务站调取了以前的维修记录，各次的故障记录如下。

a. 检测发动机 ECU 中存有 16486—空气流量计信号太小/偶发的故障，服务站为客户处

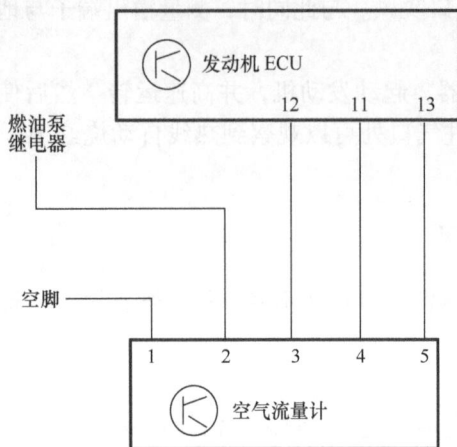

图 3-15 桑塔纳 2000GSi 空气流量计电路与端子图

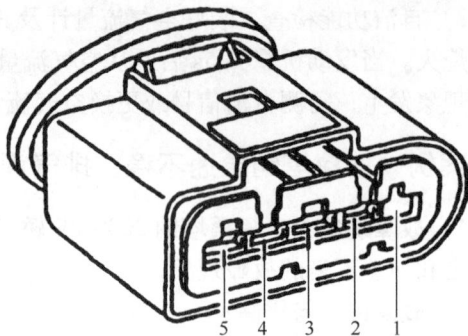

理车身搭铁。

　　b. 更换了汽油滤清器，试车，故障依旧。

　　c. 再次熄火后服务站为其升级了发动机 ECU，同时更换了发动机线束，并对空气流量计线束绞接，固定空气流量计插头。

　　d. 不同时期共清洗过节气门 4 次。

　　e. 更换过空气流量计。

　　② 根据以上故障现象发生的条件及故障码分析，该车的熄火原因属于瞬间混合气配比不正确导致混合气过稀或过浓出现的车辆熄火故障。进一步分析，可能性最大的即是空气流量计信号错误，由于该车曾经更换过空气流量计，所以整个工作重点都落在空气流量计线束上。服务站维修记录显示，该车曾经更换过发动机线束。经过仔细核对线束发现，空气流量计的线束插头根本不在发动机线束上，而是与车身线束集成在一起。维修前的空气流量计插头如图 3-16 所示。

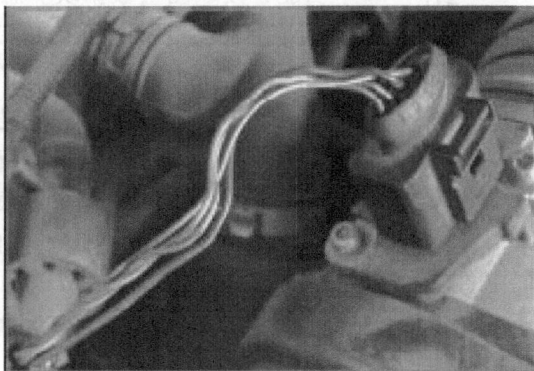

图 3-16 维修前的空气流量计线束插头

　　③ 对空气流量计插头端子进行维修处理，具体维修措施如下：拔下空气流量计插头，用退线工具退出原车空气流量计插头内的端子，并将几根导线错开剪短（便于接线及防止导线间短路），然后将直径为 1.0mm 的维修专用线束（带端子）插到插头内，并将两根信号线绞接在一起。

　　④ 利用退线工具维修线束插头后，该车几个月没有再现此故障。

　　线束虚接、腐蚀或受到干扰导致的信号瞬间传递错误，属于一类常见的故障。该车故障

的形成原因为，空气流量计信号在向发动机控制单元传递信号的过程中，因瞬间虚接或干扰等，导致发动机 ECU 得到了一个错误的空气流量计信号，然后发动机 ECU 根据这个错误的空气流量计信号计算喷油时间，从而导致混合气过稀或过浓，严重时出现发动机熄火的现象。此车空气流量计的电路连接如图 3-17 所示。

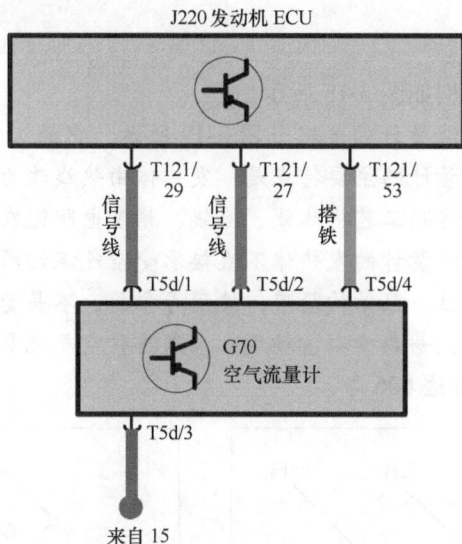

图 3-17　空气流量计的电路连接

案例三：现代伊兰特发动机空气流量计故障

1）**故障现象**：一辆现代伊兰特 1.6L 轿车出现了冒黑烟、怠速游车的故障，而且黑烟随加速而增多，油耗大。

2）**故障分析**：黑烟随加速而增多，油耗大，应该是喷油量偏多、混合气过浓造成的。

3）**故障诊断与排除**：

① 先读故障码，诊断盒在离合器右侧的熔丝盒下方，接上发光二极管(该车无 CHECK 灯)，读到 21 号故障码(冷却液温度传感器信号不良)。检查冷却液温度传感器的插头有油污，清洁油污后故障码可以清除，但故障依旧。

② 接上检测诊断仪，读取数据流，热车怠速的喷油时间为 8ms 左右(正常为 2～3ms)，空气流量计的输出信号频率在 80～120Hz(正常为 30～40Hz)快速变动，发动机转速在 700～1100r/min 变动，其他信号参数基本正常。

③ 从测量数据来看，很有可能是空气流量计信号不正常而引起喷油量异常，引起故障；也有可能是其他方面的原因造成发动机游车后，进气波动太大而引起空气流量计信号不正常，不过前者的可能性更大一些。

④ 为了进一步确定空气流量计是否良好，拆下空气滤清器，接通点火开关，用电吹风对着空气流量计吹气，在人为保证进气量稳定的情况下，空气流量计的信号仍然波动很大，说明空气流量计有故障。

⑤ 用信号模拟仪输出矩形波信号来代替空气流量计信号，当频率为 35Hz 时，喷油量为

2.6ms，发动机怠速运转平稳，不冒黑烟；将频率调到110Hz，喷油时间略微上升，发动机也运转平稳，不冒黑烟。因此可以断定该故障是由空气流量计引起的。

⑥ 将新的空气流量计换上，起动发动机，发动机运转正常，不冒黑烟。再次读取数据，正常怠速时喷油时间为2.6ms左右，空气流量计的输出信号为30Hz左右。至此，发动机故障排除。

4. 热膜式空气流量计

热膜式空气流量计的结构如图3-18所示。

工作原理：热膜式空气流量计的电路如图3-19所示。它的工作原理与热线式空气流量计基本相同。热膜式空气流量计的主要特点是：发热体由热线改为热膜，热膜为固定在薄的树脂膜上的金属铂，或者用厚膜工艺将热线、冷线、精密电阻镀在一块陶瓷片上，有效地降低了制造成本。热膜式空气流量计的发热体不直接承受空气流动所产生的作用力，从而提高了发热体的强度和工作可靠性，且结构简单，使用寿命长，不易受尘埃污染。这种流量计的主要缺点是空气流速不均匀，易影响测量精度。采用这种空气流量计的车型有上海大众的桑塔纳2000型时代超人、马自达626等。

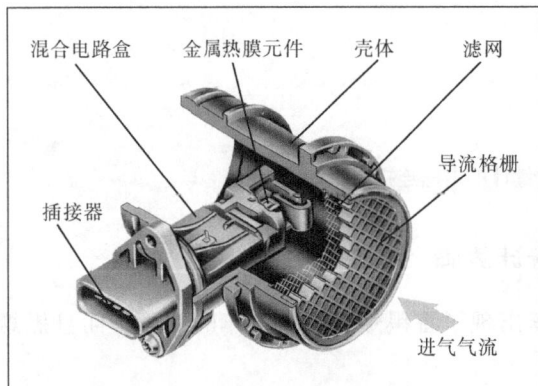

图3-18 热膜式空气流量计的结构

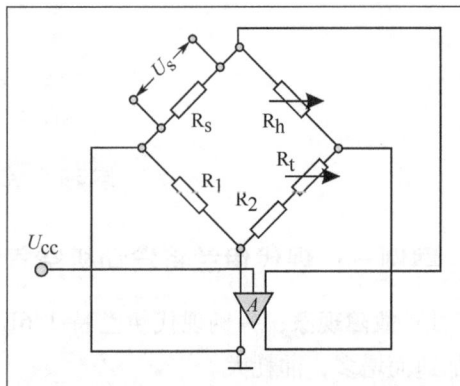

图3-19 热膜式空气流量计的电路

大多数国产大众系列乘用车都采用热膜式空气流量计。在使用中经常会出现因空气流量计性能衰减而导致发动机出现故障的现象，但发动机ECU并不储存有关空气流量计的故障码，这是因为空气流量计的性能并未完全丧失。

案例一：空气流量计输出的空气流量信号所反映的进气量低于实际进气量

1）**故障现象**：发动机怠速不稳，急加速时有"怞车"现象。

2）**检查与排除**：用V.A.G1551故障阅读仪读取数据流，这时发现发动机空气质量流量仅为1.4g/s，而正常应为2.0~4.0g/s。

造成该故障的原因主要有两个：

① 进气系统有泄漏。

② ECU接收到的空气流量信号反映的进气量低于其实际进气量。

经认真检查发现，进气系统无泄漏。拔下空气流量计线束侧插接器后，发现故障现象消失（此时发动机ECU仅用节气门位置传感器和曲轴位置传感器的信号来计算进气量，发动机

在故障保护模式下运转）。由此初步判断空气流量计有故障。检测空气流量计输出的信号电压，发现发动机怠速时，信号电压仅为 0.3~0.4V，而正常应为 0.8~1.2V。拆下空气流量计，发现其热膜处比较脏。用化油器清洗剂清洗热膜后再将空气流量计装复，故障排除。在发动机怠速时测得的信号电压和空气质量流量分别为 0.9V 和 2.5g/s。

3）故障分析：因空气流量计的热膜脏后，其散热不良，要维持热膜正常温度所需的电流下降，造成输入 ECU 的信号电压过低。ECU 误认为进气量小而减小供油量。在加速时 ECU 又断开了氧传感器闭环控制，从而导致混合气过稀，出现上述故障。

案例二：空气流量计输出的空气流量信号所反映的进气量高于实际进气量

1）检查与排除：用 V.A.G1551 故障阅读仪调取故障码，无故障码显示。按照故障现象，该故障原因应为混合气过浓。于是拔下氧传感器的线束侧插接器，故障现象依旧，说明故障原因不在氧传感器。这时，读取数据流，空气质量流量为 4.6g/s，明显高于正常值。**造成该故障的原因有两个：**

① 发动机负荷过大。

② ECU 接收到的空气流量信号所反映的进气量高于实际的进气量（这时发动机并无额外负荷）。

测量空气流量计的输出信号电压，在怠速时，其信号电压为 1.9V，高于其标准值（0.80~1.2V）。于是拆下空气流量计进行检查，发现其热膜有龟裂现象。更换空气流量计后，故障现象消失。这时测量表明，空气流量计的输出信号电压为 0.9V，空气质量流量为 2.3g/s。

2）**故障分析：**空气流量计的热膜表面发生龟裂后，其散热速度加快，要维持热膜正常温度所需的电流强度加大，造成输出的信号电压过高，ECU 接收到空气流量计进气量大的信号后就增加了喷油量，从而导致混合气过浓和发动机怠速不稳。

第二节　进气歧管绝对压力传感器

进气歧管绝对压力传感器一般装于发动机机室内，用一根真空管与进气歧管相接或直接装在节气门后方的进气歧管上，如图 3-20 所示。

在 D 型电控燃油喷射系统中，由进气歧管绝对压力传感器测量进气管压力，并将信号输入 ECU，作为燃油喷射和点火控制的主控制信号。

进气歧管绝对压力传感器的种类较多，按其检测原理可分为压敏电阻式、电容式、膜盒式、表面弹性波式等。在 D 型电控燃油喷射系统中应用最多的是压敏电阻式和电容式两种。

1. 压敏电阻式

如图 3-21 所示，压敏电阻式传感器由压力转换元件和对输出信号进行放大的混合集成电路等构成。

压力转换元件是利用半导体压阻效应制成的硅膜片。硅膜片为约 3mm 的正方形，其中部经光刻腐蚀形成直径约 2mm、厚约 50μm 的薄膜。在硅膜片表面规定位置有四个应变电阻，以单臂电桥方式连接，如图 3-22 所示。

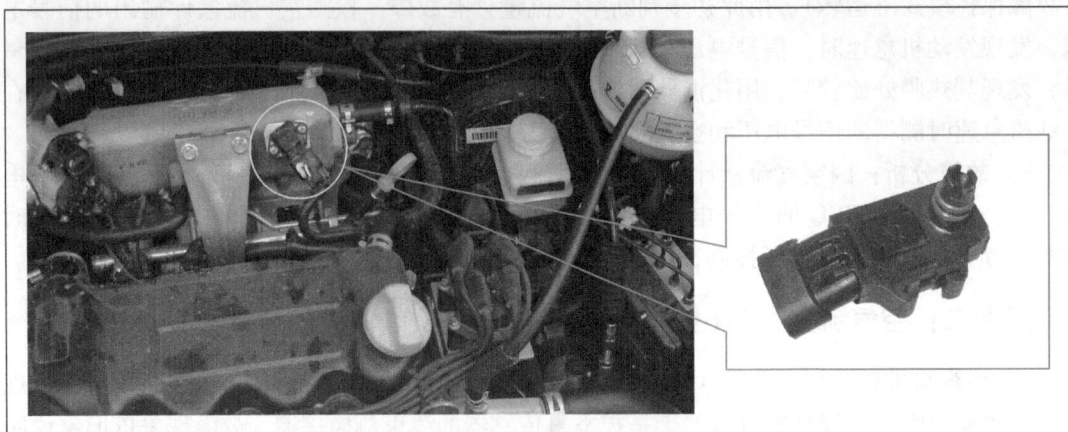

图 3-20　进气歧管绝对压力传感器位置图

　　硅膜片的一侧是真空室，另一侧导入进气歧管压力。进气歧管侧的绝对压力（即进气歧管压力）越高，硅膜片的变形越大，其变形与压力成正比，膜片上的应变电阻阻值的变化也与变形的变化成正比。这样就可利用单臂电桥将硅膜片的变形转换成电信号。由于压力转换元件输出的电信号很弱，所以需用混合集成电路进行放大后再输出。

　　压敏电阻式传感器在早期的电控汽油喷射系统中应用较为广泛，如博世的 D-Jetronic 系统及丰田 HIACE 小

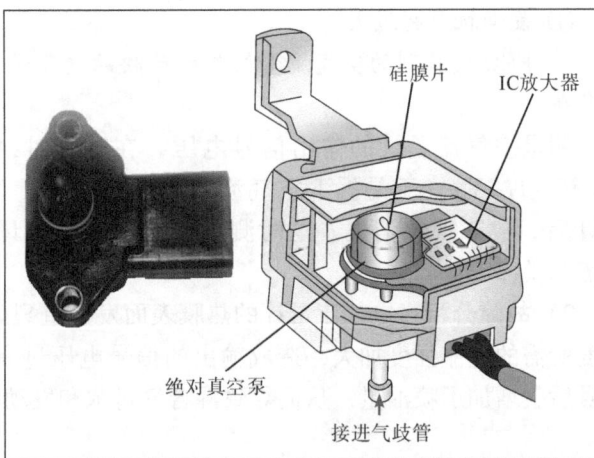

图 3-21　压敏电阻式进气歧管绝对压力传感器

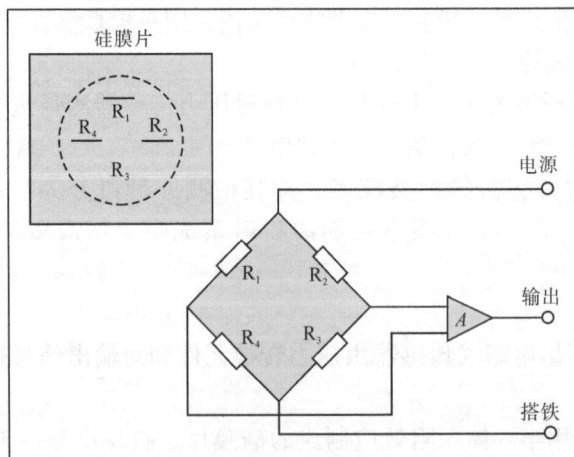

图 3-22　压敏电阻式压力传感器工作原理图

客车 2RZ-E 发动机和丰田皇冠 3.0 车的 2JZ-GE 发动机等。

2. 电容式

位于传感器壳体内腔的弹性膜片用金属制成，弹性膜片上、下两个凹玻璃的表面也均有

金属涂层，这样在弹性膜片与两个金属涂层之间形成两个串联的电容，如图 3-23 所示。

工作原理： 利用电容效应检测进气歧管绝对压力。发动机工作时，进气歧管内的空气压力作用于弹性膜片上，使弹性膜片产生位移，弹性膜片与两个金属涂层之间的距离发生变化，一个距离减小，而另一个距离增大，在弹性膜片与两个金属涂层之间形成的两个电容的电容量一个增加，另一个则减小。电容量的变化量与弹性膜片的位移成正比，而弹性膜片的位移取决于上、下两个空腔的气体压力，只要弹性膜片上部的空腔为绝对真

图 3-23　电容式进气歧管绝对压力传感器

空，下部空腔通进气歧管，则可通过检测电容量的变化来检测进气歧管的绝对压力。电容量的变化量再经过测量电路转换成电压信号输送给 ECU，测量电路可以是电容电桥电路或谐振电路等。

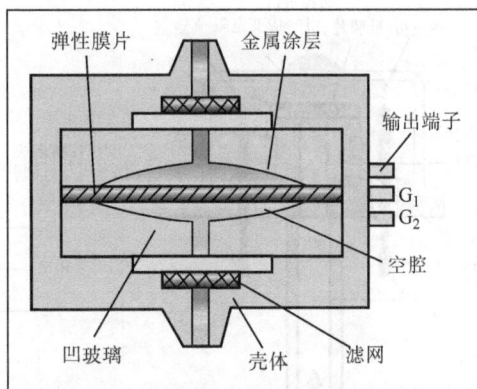

案例：轿车怠速冒黑烟

1）**故障现象：** 一款 2.2L 采用压力型电喷发动机的丰田佳美汽车，出现怠速时排气管大量冒黑烟而高速时工作正常的现象。接通故障自诊断系统后，故障灯报警，利用读码器读出的故障码是 26（即空燃比 A/F 过小，混合气过浓）。

2）**故障诊断与排除：**

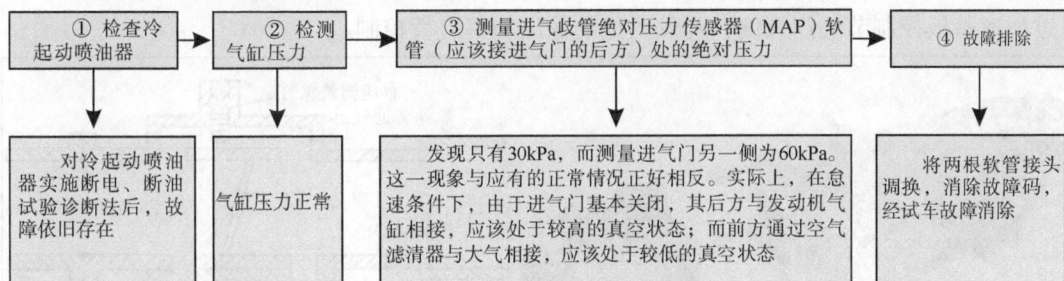

故障小结：

MAP 信号是决定喷油量的唯一依据，MAP 的软管接头与炭罐软管接头错接，使其错取了节气门前方的信号，导致喷油量加大，造成怠速冒黑烟；而高速时节气门前后的压力几乎相等，故工作正常。进气歧管绝对压力传感器结构与原理如图 3-24 所示。

原理简述：当发动机工作时，进气歧管内的部分空气经传感器进口和滤清器作用在硅膜片上，硅膜片就会产生变形，应变电阻的阻值就会发生变化，电桥输出电压随之变化。因为进气压力随进气流量的变化而变化，当节气门开度增大（即进气流量增大）时，空气流通截面增大，气流速度降低，进气压力升高，膜片的变形量增大，应变电阻的变化率增大，电桥输出的电压升高，经集成电路进行比例放大后，传感器输入电控单元（ECU）的信号电压升高。反之，当节气门开度由大变小（即进气流量减小）时，进气流通截面减小，气流速度升高，进气压力降低，膜片的变形量减小，应变电阻的变化率减小，电桥输出电压降低，经比例放大后，传感器输入ECU的信号电压降低。

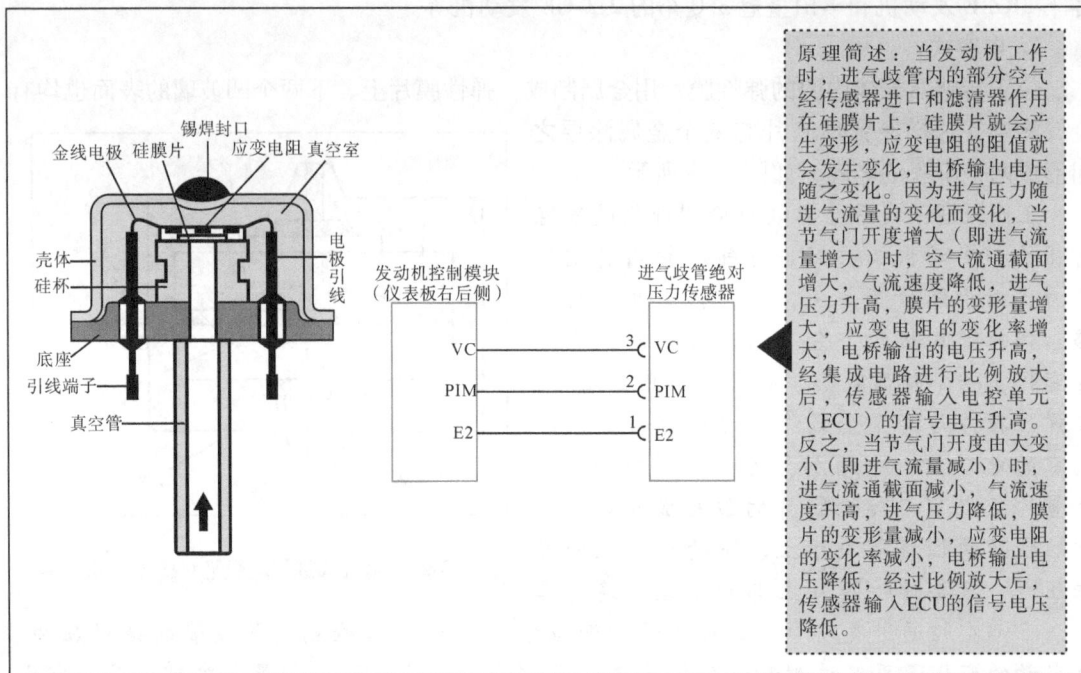

图 3-24　进气歧管绝对压力传感器结构与原理

第 三 节　节 气 门 体

1. 节气门体结构与原理

节气门体装在空气流量计和发动机进气总管之间的进气管上。它由节气门、怠速旁通气道、怠速调节螺钉、辅助空气阀等组成，如图 3-25 所示。节气门与加速踏板联动，驾驶员通过加速踏板控制节气门开度，对发动机的输出功率进行控制。

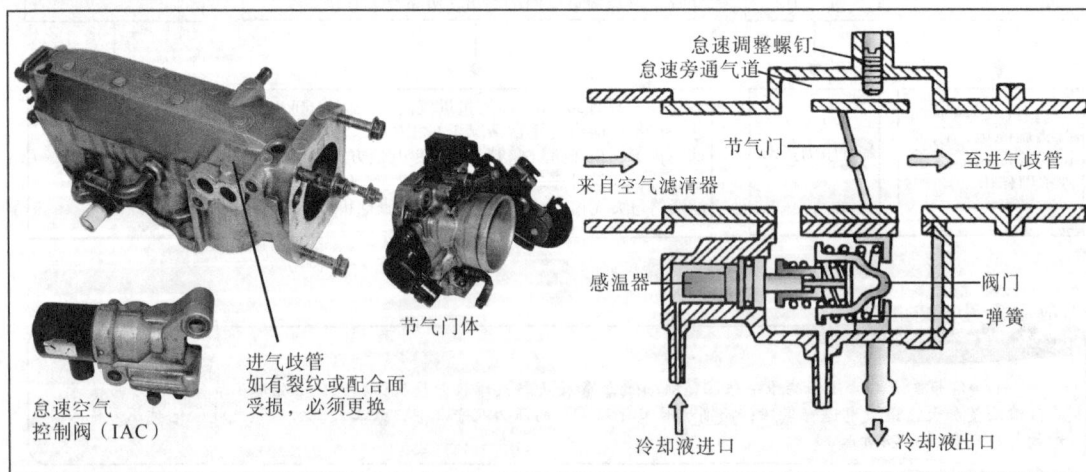

图 3-25　节气门体

（1）怠速旁通气道和怠速调整螺钉　发动机怠速时，节气门处于全关闭的位置，怠速运转所需要的空气经怠速空气旁通气道进入进气总管，在旁通气道中安装了能改变通道截面积的怠速空气调整螺钉，通过旋进或旋出怠速调整螺钉，调整发动机怠速转速。现在采用发动机集中管理系统的电控汽油机由专门的电控怠速系统对怠速进行控制，而不采用上述的怠速调整和控制方法。

（2）空气阀　发动机低温起动后，进入暖机运转时，发动机温度比较低，发动机内部的摩擦阻力较大，为了克服发动机的内部摩擦阻力，提高怠速转速，加快暖机过程，在发动机的进气系统中设置了辅助空气阀（也称高怠速控制），以增加暖机过程中所需的空气量。

发动机低温起动后，辅助空气阀打开，使空气绕过节气门，直接经过辅助空气阀进入进气总管。由于这些空气是从空气流量计下游引来的，所以通过辅助空气阀补充的空气也被空气流量计测出。由于空气量增加，ECU 使喷油器的喷油量增加，所以发动机怠速转速提高。

发动机完成暖机（即达到一定温度）后，通过辅助空气阀的空气被自动切断。此时，所需的空气由怠速空气旁通气道供给，发动机恢复到正常怠速工况。

2. 节气门的基本设置

（1）节气门基本设置的作用　仔细阅读数据流就会发现，当节气门变脏后，发动机在怠速时，节气门开度会增大。这是因为节流阀体变脏后，在相同的开度下，进气量会减少，将不足以维持发动机的额定转数，节气门（怠速控制阀）会增大；清洗节气门后，怠速时节气门的开度会减少。这说明电控单元具有学习功能，不但能够检查到元件参数的变化，还能够适应这种变化。

但是，电控单元要知道节气门的初始参数就需要基本设置。在未做基本设置之前，假如电控单元收到一个节气门怠速位置的电压信号，但并不知道其开启角度，这是因为电控单元还不知道节气门最小怠速位置、最大怠速位置等电压值基本参数。如果电控单元知道了节气门最小怠速位置和最大怠速位置，就知道了怠速节气门电位计的电压范围。如果电控单元知道了怠速节气门电位计的几个中间位置的电压值，就知道了怠速节气门电位计的特性。这样，当电控单元收到任一位置的信号电压时，就能判断出节气门的开度。

（2）需要进行基本设置的情况　出现以下情况影响电控单元与节流阀体协调工作的因素时，需进行基本设置。

1）在更换电控单元后，电控单元内还没有存储节流阀体的特性，需进行基本设置。

2）在电控单元断电后，电控单元存储器的记忆丢失，需进行基本设置。

3）更换节流阀体后，需进行基本设置。

4）更换或拆装进气道后，影响电控单元与节流阀体协调工作即对怠速的控制，需进行基本设置。

5）在清洗节流阀体后，怠速节气门电位计的特性虽然没有变化，但在相同的节气门开度下，进气量和怠速控制特性已发生变化，需进行基本设置。

对上述部件进行维修或更换后，如果不进行基本设置，电控单元与怠速控制元件的工作会出现不协调，表现就是怠速控制不精确、不稳定，怠速忽高忽低。但这种不良表现是暂时的，这是因为电控单元具有学习并自动适应的功能。只是这个学习与适应过程不如基本设置快速、准确。

有的车型对以上部件进行维修或更换后，不但要进行基本设置，还要清除原学习值。这与车型的软件有关。例如，捷达前卫轿车在清洗节气门后，如果只进行基本设置，发动机怠速转速会偏高，这是因为电控单元还记忆着怠速时原节气门的开度值。使用 V. A. G1551 的功能 10，性质通道 00，执行清除学习值功能后，发动机怠速恢复正常。

（3）基本设定条件　进行基本设定时需要满足以下条件：

1）故障存储器内没有故障。

2）蓄电池电压不低于 11.5V。

3）冷却液温度不低于 80℃。

4）不起动发动机。

5）关闭所有附件。

6）节气门应在怠速位置。

（4）基本设置的方法及步骤　进行节气门基本设置的方法与步骤如图 3-26 所示。进行基本设置时，节流阀体发出"哒、哒"的声音，可以看到节气门在抖动。这是节气门在节流阀体内怠速电动机的驱动下做如下动作：从初始位置关闭到最小位置，然后再从最小位置开启到最大位置，最后重新回到初始位置。此时，电控单元会把最大、最小及最大与最小之间的三等分位置记录下来。这样，电控单元就识别了节流阀体的特性。

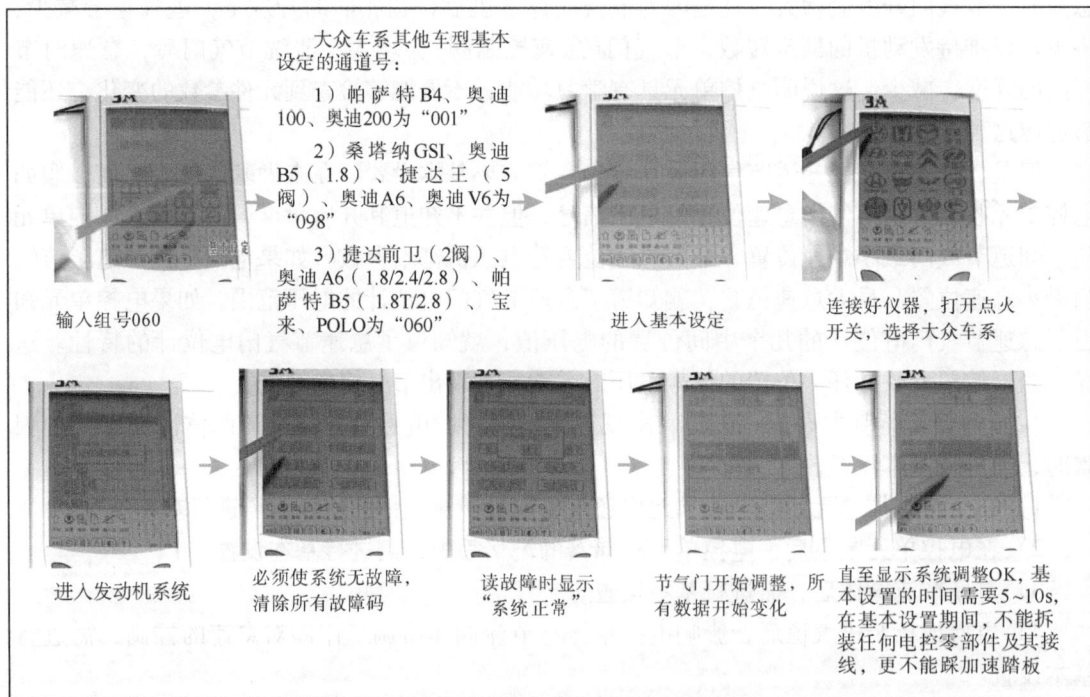

大众车系其他车型基本设定的通道号：

1）帕萨特 B4、奥迪100、奥迪200为"001"

2）桑塔纳 GSI、奥迪B5（1.8）、捷达王（5阀）、奥迪A6、奥迪V6为"098"

3）捷达前卫（2阀）、奥迪A6（1.8/2.4/2.8）、帕萨特 B5（1.8T/2.8）、宝来、POLO为"060"

输入组号060　　进入基本设定　　连接好仪器，打开点火开关，选择大众车系

进入发动机系统　　必须使系统无故障，清除所有故障码　　读故障时显示"系统正常"　　节气门开始调整，所有数据开始变化　　直至显示系统调整OK，基本设置的时间需要5~10s，在基本设置期间，不能拆装任何电控零部件及其接线，更不能踩加速踏板

图 3-26　节气门基本设置的方法与步骤

第四节　节气门位置传感器

节气门位置传感器检测节气门的开度及开度变化，此信号输入 ECU，用于控制燃油喷

射及其他辅助控制(如 EGR,开、闭环控制等)。节气门位置传感器安装在节气门体上,由节气门轴驱动,可分为触点式、线性式和综合式三种。

1. 触点式节气门位置传感器

触点式节气门位置传感器主要由一个滑动触点和两个固定触点组成,如图 3-27 所示。如滑动触点(TL)随节气门轴一起转动,滑动触点在节气门全关(怠速)时与怠速触点(IDL)闭合,而在节气门接近全开时与全开触点(PSW)闭合;节气门开度在中间位置时,滑动触点与两个固定触点均断开。ECU 根据触点的闭合情况确定发动机处于怠速、中等负荷或全负荷工况。

图 3-27　触点式节气门位置传感器

工作原理:与 ECU 之间有三个连接端子,ECU 通过滑动触点端子给传感器提供电源,两个固定触点端子给 ECU 输送节气门位置信号。在维修中,对触点式节气门位置传感器,可拆开传感器线束插接器,检查各端子之间的通断情况。检查滑动触点端子与怠速触点端子之间:节气门接近全关时应导通,节气门在其他位置时应不导通。检查滑动触点端子与全开触点端子之间:节气门中小开度时应不导通,节气门接近全开时应导通。如果不符合上述要求,说明传感器内部断路或绝缘不良,应更换节气门位置传感器。

2. 线性式节气门位置传感器

线性输出型节气门位置传感器的主要特点是,表示节气门开度的输出电压与节气门开度呈线性关系。该传感器的结构和电路如图 3-28 所示。它由两个与节气门联动的可动电刷触点、位于基板上的电阻体、壳体及引出线插座等构成。动触点在电阻体上滑动,利用电阻值的变化,输出与节气门开度相对应的电压值,根据此电压值,ECU 就可以知道节气门的开度。但实际上反映节气门开度的电阻体的电阻值总是存在一些偏差,这样将会影响节气门开度检测的准确性。为了能够准确地检测出对 ECU 确定控制方式和喷油修正具有重要影响的节气门全闭的位置,传感器另设一个怠速触点,该触点只有当节气门完全关闭时才被接通。

图 3-29 给出了线性输出型节气门位置传感器的输出特性,从图中可以看到传感器的输出电压随着节气门开度的增大而线性增大。

电阻的检测:检测时拔下线性输出式节气门位置传感器的插接器,用万用表检查传感器端子 VC 与 E2、VTA 与 E2 和 IDL 与 E2 之间的电阻。节气门全闭和全开时的电阻基准值,是判定节气门传感器好坏的依据。VTA 与 E2 间电阻与节气门开度成正比例。全闭时为 $0.34 \sim 6.3 \text{k}\Omega$,全开时为 $2.4 \sim 11.2 \text{k}\Omega$。VC 与 E2 间电阻为 $3.1 \sim 7.2 \text{k}\Omega$。而 IDL 与 E2 的导通情况,需根据在节气门调节螺钉与其止动杆间插入塞尺来确定,当插入 0.45mm 塞尺时,电阻在 $0.5 \text{k}\Omega$ 以下,插入 0.55mm 塞尺时电阻为 ∞。

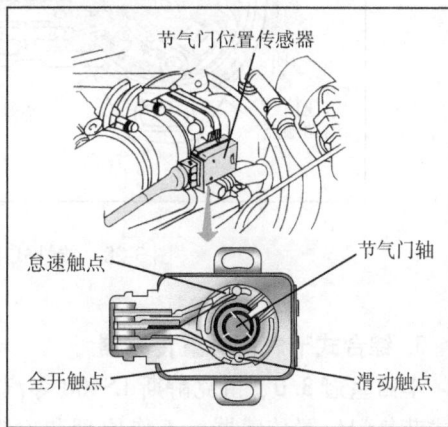

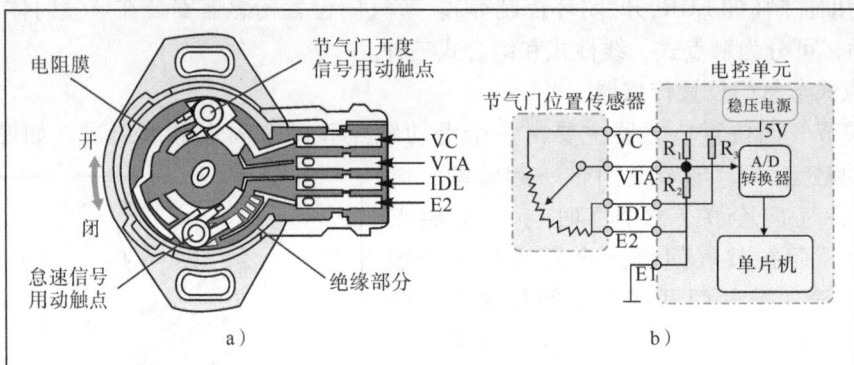

图 3-28 线性式节气门位置传感器结构和电路

a) 构造　b) 电路

3. 综合式节气门位置传感器

丰田皇冠 3.0、雷克萨斯 LS400 等汽车装用的是由一个电位计和一个急速触点组成的综合式节气门位置传感器，工作原理和检修方法参阅前两种节气门位置传感器，其电路如图 3-30 所示。

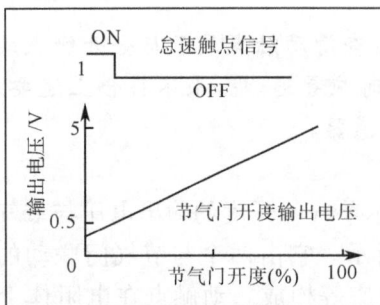

图 3-29 输出特性

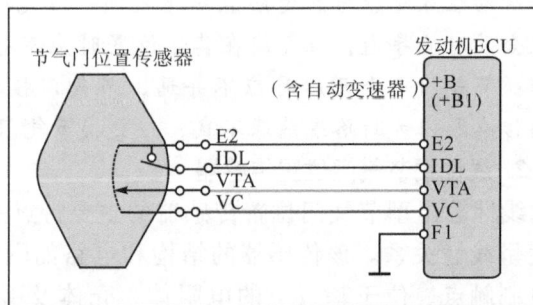

图 3-30 综合式节气门位置传感器电路

（1）用万用表检测节气门位置传感器

1）拔去节气门位置传感器的线束插接器。

2）用万用表在电位计式位置传感器线束插座上测量电位计总电阻（图 3-31 中 VC 端和 E 端之间的电阻）。如有断路、短路或阻值不符合标准，说明该传感器有故障。

3）测量电位计滑动触点的电阻（图 3-31 中 VT 端和 E 端之间的电阻），该电阻应能随节气门的开启或关闭而平滑地变化，否则说明该传感器有故障。

（2）用示波器检测节气门位置传感器

1）将示波器测头与电位计式位置传感器的信号输出端（图 3-31 中的 VT 端）连接。

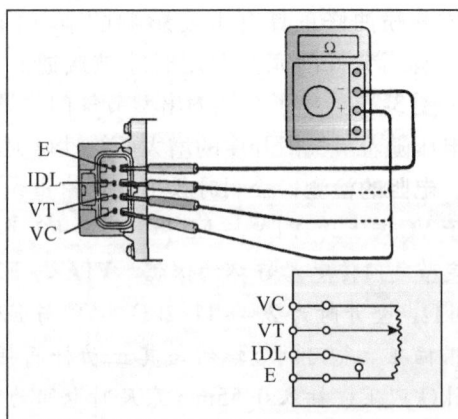

图 3-31 用万用表检测节气门位置传感器

2）打开汽车的点火开关或让发动机运转。

3）让节气门由关闭位置逐渐开启直至全开，同时观察示波器显示屏上的节气门位置传感器输出信号的波形。正常波形应为一连续、平滑的斜线（图 3-32a）。若测得的信号波形不平滑，有突变（图 3-32b），则说明该节气门位置传感器有故障。

图 3-32　节气门位置传感器波形

a）正常波形　b）有故障的波形

案例一：3.0L 轿车在 D 位时发动机怠速不良

1）**故障现象：** 一辆丰田皇冠 3.0L 轿车发动机检查灯亮，暖机后，在 N 位时，发动机转速为 750r/min 时运行稳定；但是在 D 位时，发动机转速在 500~600r/min 时运行不稳定，偶尔像失火的样子；转速降到 400r/min，其他工况都正常。

2）**故障诊断与排除：**

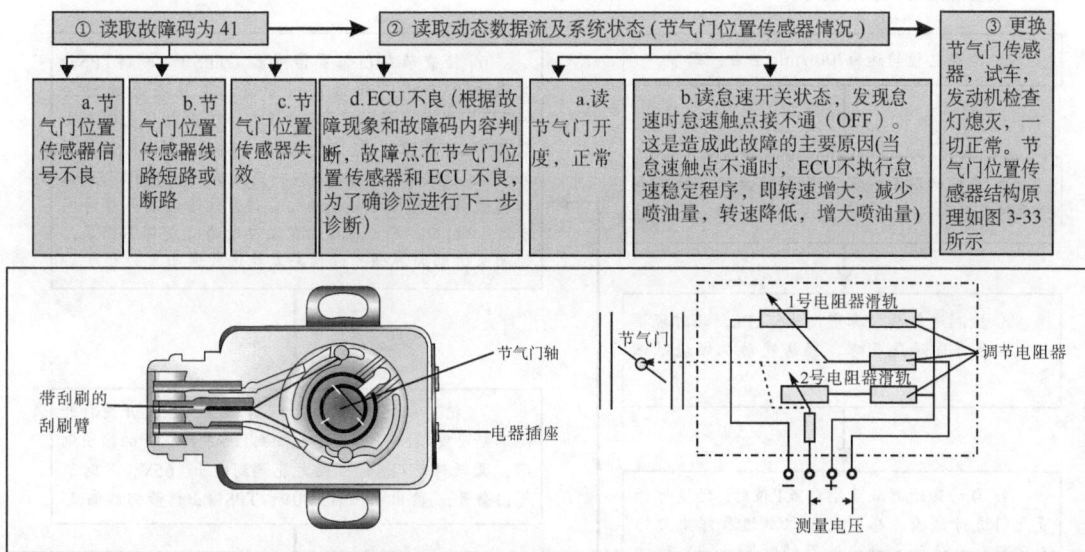

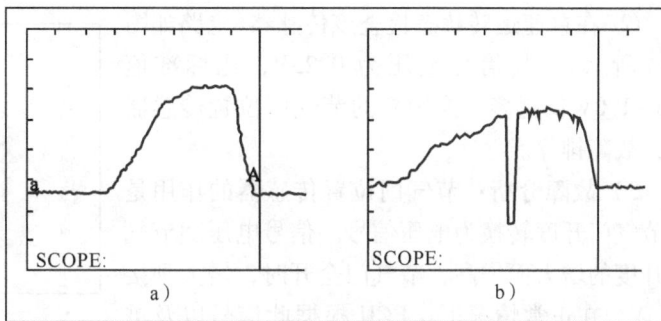

图 3-33　节气门位置传感器结构原理图

案例二：节气门位置传感器工作不良，引起加速踏板加速无效，进气管回火"放炮"故障

1）**故障现象：** 一辆通用鲁米娜（LUMINA）子弹头汽车（3.1L 电控汽油喷射 V6 发动机），当车速达到 60~70km/h 时，踩加速踏板加速无效，进气管回火"放炮"，车速时快时慢。

2）**故障排除：**

① 用解码仪调取故障码，显示故障码为 22，节气门位置传感器信号电压过低。

② 在怠速运转状态检查该传感器（电路如图3-34所示），其信号电压为0.25V，比标准值0.5~1.0V低得多，换用新的节气门位置传感器后，故障排除。

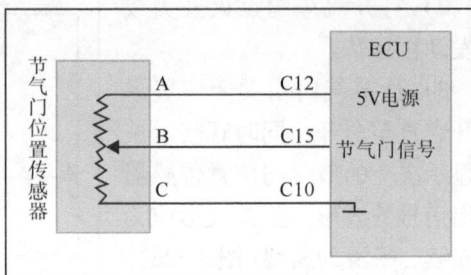

3）**故障分析**：节气门位置传感器的作用是将节气门开度转换为电压信号。信号电压随节气门开度的增大而增高，节气门全开时，增大到接近5V。在正常情况下，ECU根据此信号以及进气歧管绝对压力传感器的信号及时调整喷油量，以满足发动机各种工况的需要。当节气门信号电

图3-34 节气门位置传感器电路图

压较正常值偏低时，ECU控制的喷油量也就偏少，由于此时进入气缸的空气仍然是正常状态下的量，混合气过稀，所以出现上述故障现象。

案例三：加速无力

1）**故障现象**：一辆丰田佳美轿车，搭载1MZ-FE V6发动机和A-541型自动变速器。驾驶员反映该车加速无力，将加速踏板踩到底，最高车速只能达到120km/h左右。

2）**故障诊断与排除**：

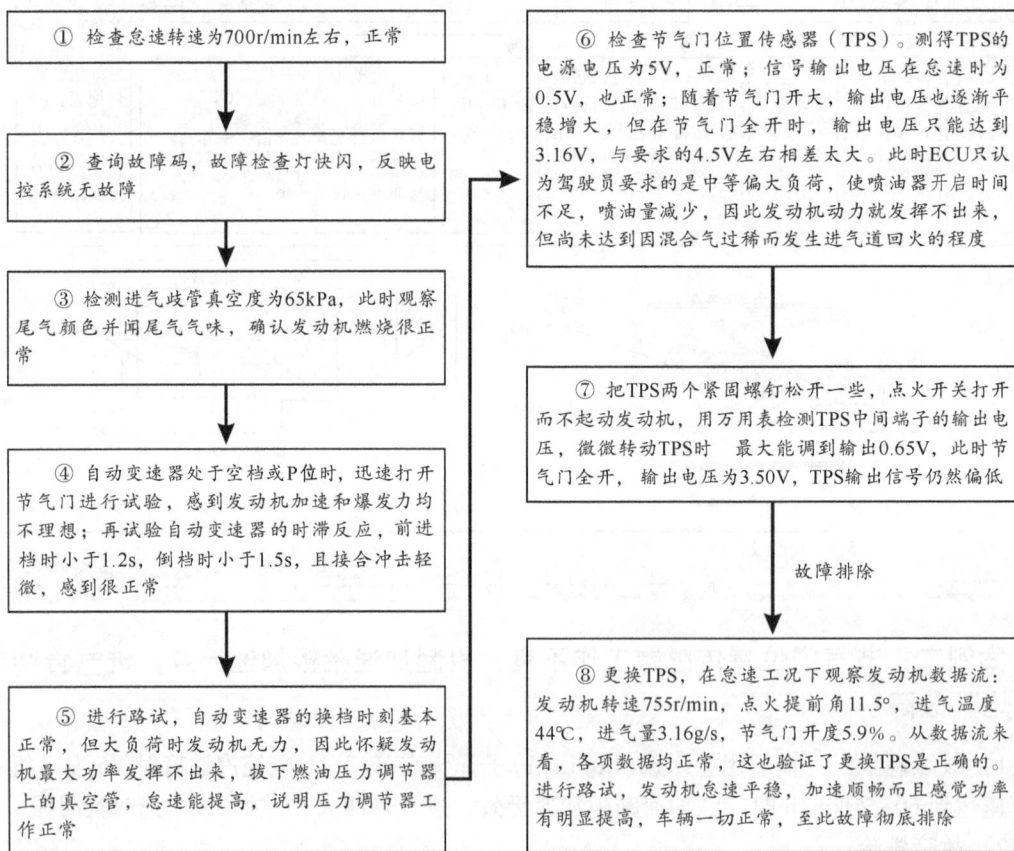

① 检查怠速转速为700r/min左右，正常

② 查询故障码，故障检查灯快闪，反映电控系统无故障

③ 检测进气歧管真空度为65kPa，此时观察尾气颜色并闻尾气气味，确认发动机燃烧很正常

④ 自动变速器处于空档或P位时，迅速打开节气门进行试验，感到发动机加速和爆发力均不理想；再试验自动变速器的时滞反应，前进档时小于1.2s，倒档时小于1.5s，且接合冲击轻微，感到很正常

⑤ 进行路试，自动变速器的换档时刻基本正常，但大负荷时发动机无力，因此怀疑发动机最大功率发挥不出来，拔下燃油压力调节器上的真空管，怠速能提高，说明压力调节器工作正常

⑥ 检查节气门位置传感器（TPS）。测得TPS的电源电压为5V，正常；信号输出电压在怠速时为0.5V，也正常；随着节气门开大，输出电压也逐渐平稳增大，但在节气门全开时，输出电压只能达到3.16V，与要求的4.5V左右相差太大。此时ECU只认为驾驶员要求的是中等偏大负荷，使喷油器开启时间不足，喷油量减少，因此发动机动力就发挥不出来，但尚未达到因混合气过稀而发生进气道回火的程度

⑦ 把TPS两个紧固螺钉松开一些，点火开关打开而不起动发动机，用万用表检测TPS中间端子的输出电压，微微转动TPS时 最大能调到输出0.65V，此时节气门全开，输出电压为3.50V，TPS输出信号仍然偏低

故障排除

⑧ 更换TPS，在怠速工况下观察发动机数据流：发动机转速755r/min，点火提前角11.5°，进气温度44℃，进气量3.16g/s，节气门开度5.9%。从数据流来看，各项数据均正常，这也验证了更换TPS是正确的。进行路试，发动机怠速平稳，加速顺畅而且感觉功率有明显提高，车辆一切正常，至此故障彻底排除

第四章

汽油机燃油供给系统

第一节　燃油供给系统的组成与原理

一、组成

　　汽车燃油供给系统的任务是储存、输送、清洁燃油，并根据发动机各种不同工况，将适量的燃油与空气混合，以供给气缸一定浓度和数量的可燃混合气。尽管现代汽车燃料供给系统均已采用电子燃油喷射系统，采用化油器燃油系统的汽车不再生产，但在我国的在用车辆中化油器系统仍有很多，因此，维修技术人员应当掌握化油器燃油系统的结构、工作原理及维修方法。化油器相关知识见本套丛书的《汽车发动机构造与维修图解教程》。

　　电控汽油机的燃油供给系统由燃油箱、电动燃油泵、燃油滤清器、燃油分配管、喷油器、燃油压力调节器等组成，如图 4-1 所示。对丁不同类型的电控汽油机，燃油供给系统的组成部件可能会有些差异，如有的电控汽油机还有冷起动喷油器、油压脉动缓冲器等部件，但总体构成上基本相似。

二、原理

　　以桑塔纳 2000GLi、桑塔纳 2000GSi、捷达 GTX 为例。

　　燃油供给系统的结构主要由燃油箱、电动燃油泵、燃油滤清器、燃油压力调节器、燃油分配管及喷油器等组成，如图 4-2 所示。

　　电动燃油泵将汽油从燃油箱里泵出，先经燃油滤清器过滤，再经燃油压力调节器调节油压，使油路中的油压高于进气管负压（300±20）kPa，最后经燃油分配管分配到各缸喷油器。喷油器根据 ECU 的指令将燃油适时喷在进气门附近。在德国原 Motronic 系统中，设计有冷起动喷油器。当冷车起动发动机时，冷起动喷油器按 ECU 发出的控制指令喷油，用以改善发动机的低温起动性能。桑塔纳 2000GLi、桑塔纳 2000GSi、捷达 GTX 等汽车引进的 Motronic 系统经过改进设计，取消了冷起动喷油器。

三、燃油供给系统燃油压力检测

　　燃油压力供给管路在车上的位置如图 4-3a 所示（左侧），燃油压力调节器在右侧，如图 4-3b 所示。

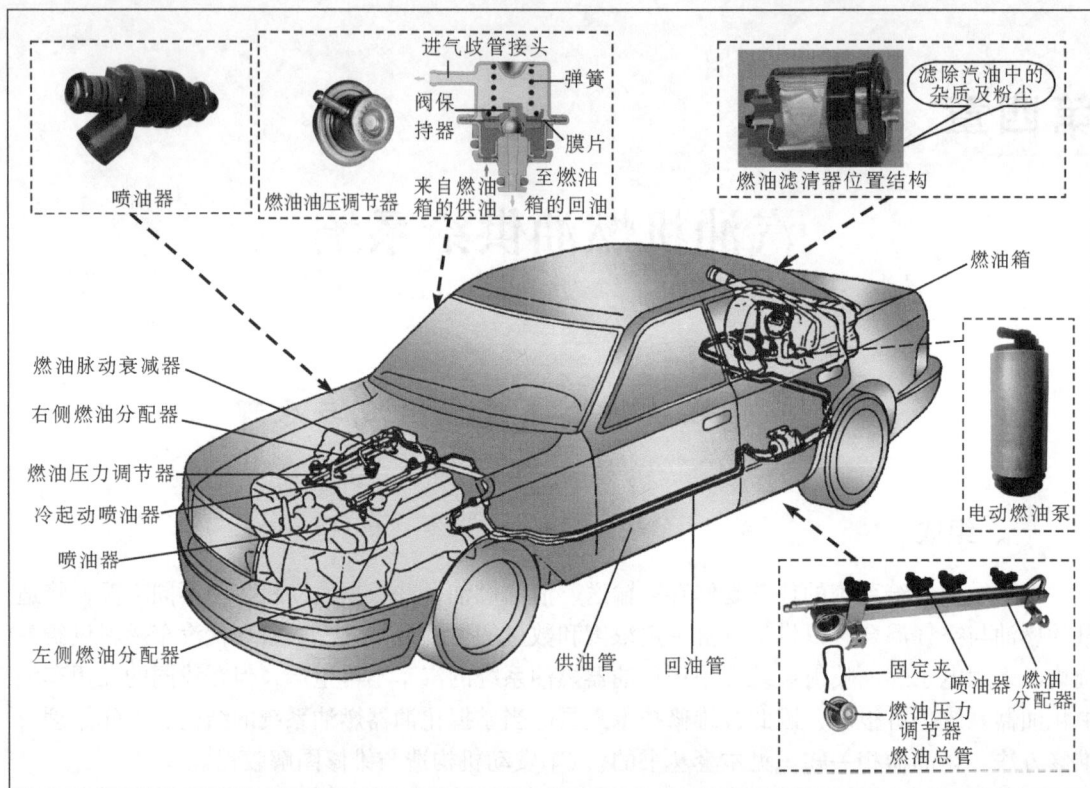

图 4-1　雷克萨斯 LS400 燃油供给系统的构成

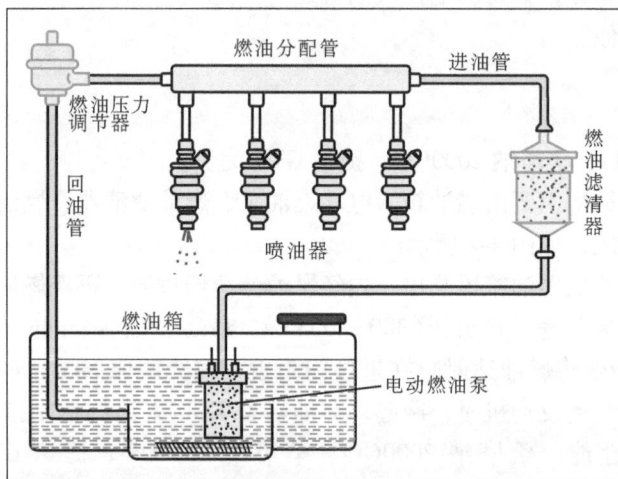

图 4-2　桑塔纳、捷达车燃油供给系统的结构原理

注意事项：

① 燃油压力的检测必须在通风良好的环境下操作。

② 在接燃油压力表之前最好拆下蓄电池负极和泄掉燃油压力，同时准备好灭火器。

③ 确保燃油压力表接好，试着车几秒钟检查压力表各接头有没有泄漏，如有泄漏应更

换接头重新接上燃油表，确定没有泄漏燃油的情况下才能检测燃油压力。

操作步骤及要点：

步骤 1：拆下输油管与燃油分配器的接头，用专用接头把燃油压力表连接到输油管上，如图 4-3c、d 所示。

步骤 2：打开点火开关，起动发动机，保持怠速状态，标准的燃油压力值在 380 ~ 420kPa，如图 4-3e 所示。

步骤 3：拔掉燃油压力调节器上的真空管，燃油压力值应上升到 450kPa，如图 4-3f、g 所示。

步骤 4：把燃油压力调节器上的真空管插回原处，燃油压力值马上下降到 420kPa。

步骤 5：关闭发动机 10min 后，燃油的保持压力为 300kPa，如图 4-3h 所示（热机为 300kPa，冷机为 220kPa）。

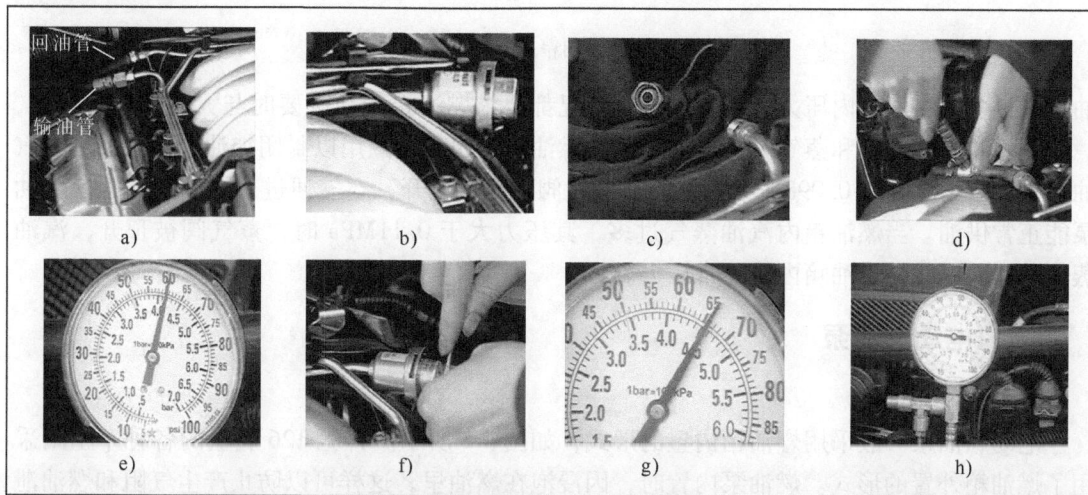

图 4-3　奥迪 A6 燃油压力的检测

a）燃油供给管路　b）燃油压力调节器　c）拆下输油管接头　d）接上压力表
e）测得燃油压力值为 420kPa　f）拔下真空管　g）测得燃油压力值为 450kPa　h）关闭发动机热机时的燃油压力

第二节　燃油供给系统的主要部件

电喷燃油供给系统通常由燃油箱、电动燃油泵、燃油滤清器、燃油压力调节器、喷油器和燃油管等组成。

一、燃油箱

燃油箱的作用是储存燃油，其安装位置如图 4-4 所示。燃油箱一般设计为简单的方形或圆柱体形状，但轿车燃油箱为了适应整车外观造型及车架的需要往往设计为比较复杂的形状。燃油箱体一般采用薄钢板冲压焊接而成，为了提高强度，表面往往冲压成加强肋形式。燃油箱体上设有加油口和加油管，管内装有用金属网制成的滤网。为了防止汽车振动带来的燃油振荡，箱内装有隔板。燃油箱顶面装有输油管及油面传感器。

在密闭的燃油箱中，当汽油输出而油面降低时，箱内将产生一定的真空度，真空度过大时，汽油将不能被燃油泵吸出而影响发动机的正常工作；另外，在外界温度高的情况下，汽

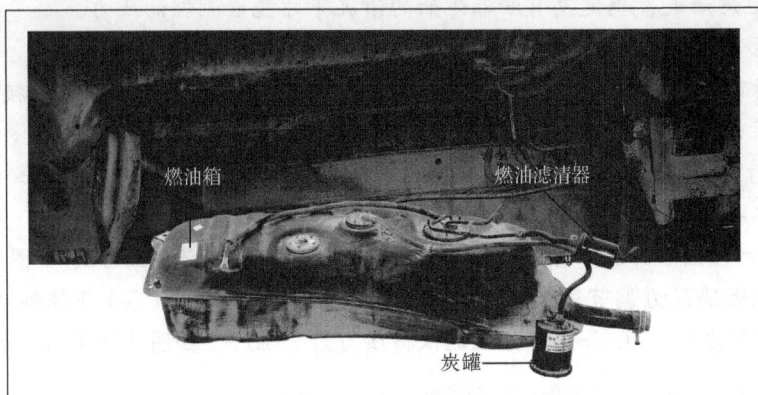

图 4-4　燃油箱的安装位置

油蒸气过多，将使箱内压力过大。这两种情况都要求燃油箱能在必要时与大气相通。为此，一般采用装有空气阀和蒸气阀的燃油箱盖。燃油箱盖内有垫圈用以封闭加油管口。当箱内汽油减少，压力降低到 0.098MPa 以下时，空气阀被大气压开，空气便进入燃油箱内，使燃油泵能正常供油。当燃油箱内汽油蒸气过多，其压力大于 0.11MPa 时，蒸气阀被顶开，汽油蒸气泄出，以保持燃油箱内的正常压力。

二、电动燃油泵

1. 安装位置

电动燃油泵一般采用燃油箱内置的形式，如图 4-5 所示。奔驰 126 底盘的各种车型则采用了燃油箱外置的形式。燃油泵内置时，因浸泡在燃油里，这样可以防止产生气阻和燃油泄漏，且噪声小。同时，可以用汽油进行冷却和润滑，延长其使用寿命。

2. 构造

电控燃油喷射系统中使用的电动燃油泵有内装式电动燃油泵和外装式电动燃油泵两种形式。

（1）内装式电动燃油泵　内装式电动燃油泵的结构如图 4-6 所示。电控燃油喷射发动机中使用的内装式电动燃油泵，其油泵大多采用叶片式的涡轮泵或侧槽泵。这种内装式电动

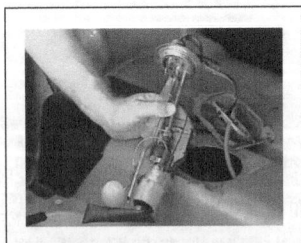

图 4-5　电动燃油泵的
安装位置

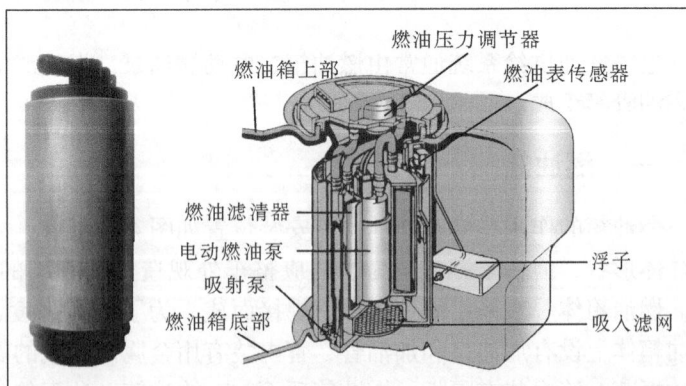

图 4-6　内装式电动燃油泵

燃油泵由电动机、涡轮泵（或侧槽泵）、单向阀、限压阀及滤网等部件组成。

工作原理：涡轮泵工作原理如图 4-7 所示。涡轮泵由涡轮及开有合适流道的前后泵壳组成。

涡轮泵由电动机驱动，当涡轮在电动机带动下旋转时，涡轮周围槽内的燃油与涡轮一起高速旋转，在涡轮外缘每一个叶片沟槽的前后，因液体的摩擦作用存在一个压力差，由很多叶片沟槽所产生的递升压力差使燃油的压力升高，升压后燃油通过电动机内部经单向阀从油泵出口排出。

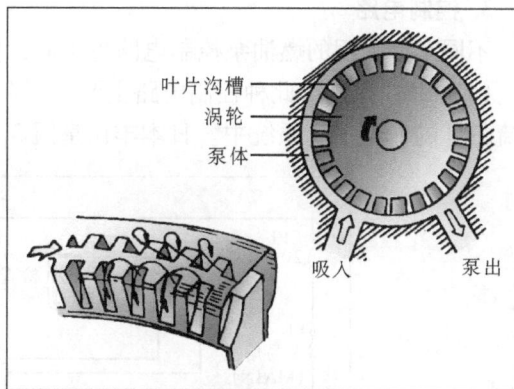

图 4-7　涡轮泵工作原理

（2）外装式电动燃油泵　外装式电动燃油泵常采用滚柱泵和齿轮泵。外装式电动燃油泵的构造与内装式电动燃油泵基本相同，即由电动机、滚柱泵或齿轮泵、单向阀、限压阀、滤网和阻尼稳压器等组成，如图 4-8 所示。外装式电动燃油泵可以安装在燃油管路中的任何位置上，故安装的自由度较大。

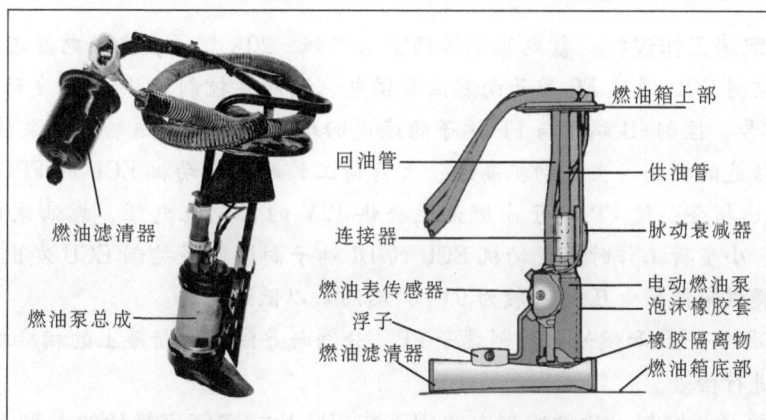

图 4-8　外装式电动燃油泵

工作原理：滚柱式转子泵主要由转子、与转子偏心的定子（即泵体）以及在转子和定子之间起密封作用的滚柱等组成，如图 4-9 所示。

滚柱泵的转子由电动机驱动，当转子在电动机带动下旋转时，位于转子凹槽内的滚柱在离心力的作用下，压靠在定子的内表面上，两个相邻的滚柱之间形成一个封闭的空腔。在转子旋转过程中，这些空腔的容积随转子的转动产生变化，在容积由小变大一侧燃油被吸入，在容积由大变小一侧燃油被压出。

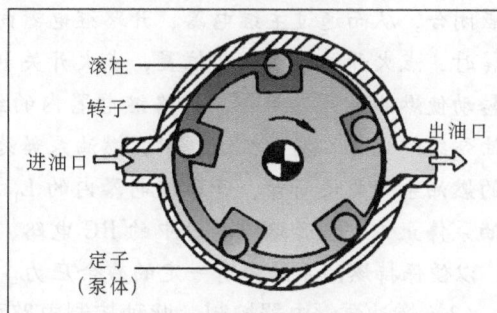

图 4-9　滚柱泵的工作原理

3. 控制电路

不同车型采用的燃油泵控制电路也不同，但主要分为以下三种类型。

（1）ECU 控制　此种控制电路主要应用在装用 D 型 EFI 和装用热线式或卡门涡旋式空气流量计的 L 型 EFI 系统中。日本丰田皇冠 3.0 汽车燃油泵的控制电路如图 4-10 所示。

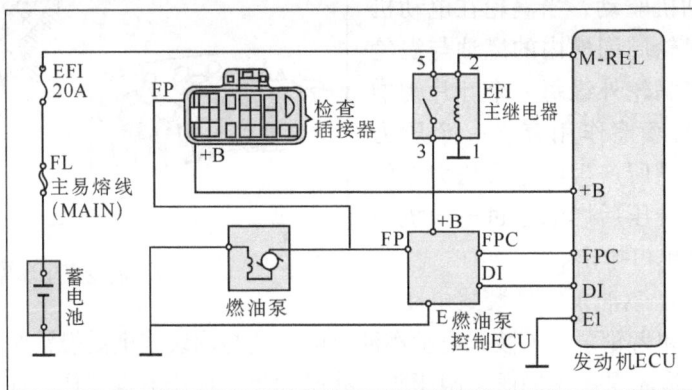

图 4-10　ECU 控制的燃油泵控制电路（丰田皇冠 3.0）

ECU 控制电路工作过程：蓄电池电源经主易熔线、20A 熔丝、主继电器进入 ECU 的 +B 端子，燃油泵控制 ECU 通过 FP 端子向燃油泵供电。燃油泵控制 ECU 根据发动机 ECU 端子 FPC 和 DI 的信号，控制 +B 端子与 FP 端子的连通回路，以改变输送给燃油泵的电压，从而实现对燃油泵转速的控制。当发动机高速、大负荷工作时，发动机 ECU 的 FPC 端子向燃油泵控制 ECU 发出指令，使 FP 端子向燃油泵提供 12V 的蓄电池电压，燃油泵以高速运转。当发动机低速、小负荷工作时，发动机 ECU 的 DI 端子向燃油泵控制 ECU 发出指令，使 FP 端子向燃油泵提供较低的电压（一般为 9V），燃油泵以低速运转。

ECU 的电源端子 +B 和燃油泵控制端子 FP，分别与导线和诊断座上的相应端子相连，以便于对燃油泵进行检查。

（2）燃油泵开关控制　此种控制电路用于装用叶片式空气流量计的 L 型 EFI 系统。日本丰田雷克萨斯 ES300 轿车燃油泵控制电路如图 4-11 所示。

燃油泵开关控制电路工作过程：发动机起动时，点火开关 ST 端子与电源接通，起动机继电器线圈通电使其触点闭合，蓄电池经起动机继电器向开路继电器中的线圈 L_1 供电使其触点闭合，从而通过主继电器、开路继电器向燃油泵供电，燃油泵工作。发动机起动后正常运转时，点火开关处于点火位置，点火开关 IG 端子与电源接通，同时空气流量计内的测量板转动使燃油泵开关闭合，开路继电器内的线圈 L_2 通电，仍可保持开路继电器触点闭合，燃油泵继续工作。发动机运转中，燃油泵始终保持工作状态；但发动机停转时，空气流量计内的燃油泵开关便断开，开路继电器内的 L_1 和 L_2 线圈均不通电，其开关断开燃油泵电路，燃油泵停止工作。开路继电器中的 RC 电路，可使发动机熄火时，延长电动燃油泵工作 2~3s，以便保持燃油系统内有一定的残余压力。

（3）燃油泵继电器控制　此种控制电路可根据发动机转速和负荷的变化，通过燃油泵继电器改变燃油泵供电电路，从而控制燃油泵工作转速。日本丰田雷克萨斯 LS400 轿车燃油泵的控制电路如图 4-12 所示。

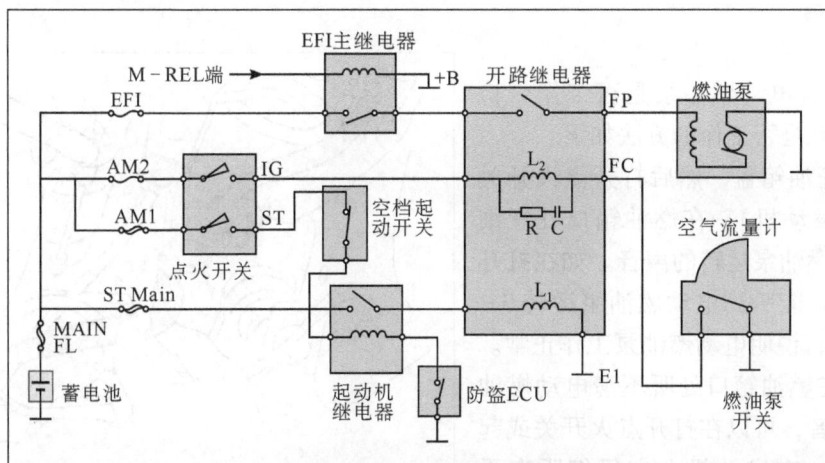

图 4-11　燃油泵开关控制的燃油泵控制电路(雷克萨斯 ES300)

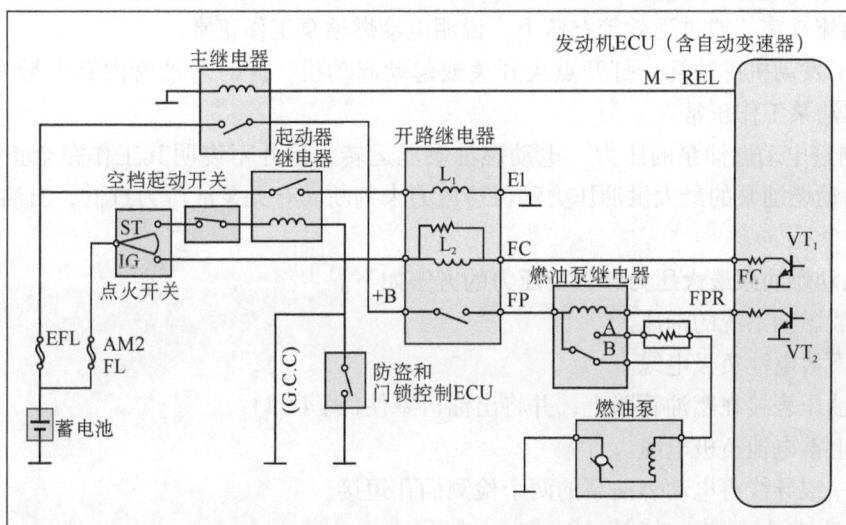

图 4-12　燃油泵继电器控制的燃油泵控制电路(雷克萨斯 LS400)

燃油泵继电器控制电路工作过程：与雷克萨斯 ES300 基本相同，点火开关接通后即通过主继电器将开路继电器的+B 端子与电源接通，起动时开路继电器中的 L_1 线圈通电，发动机正常运转时，ECU 中的晶体管 VT_1 导通，开路继电器中的 L_2 线圈通电，均使开路继电器触点闭合，燃油泵继电器 FP 端子与电源接通，燃油泵工作。发动机熄火后，ECU 中的晶体管 VT_1 截止，开路继电器内的 L_1 和 L_2 线圈均不通电，其开关断开燃油泵电路，燃油泵停止工作。

发动机 ECU 控制燃油泵继电器。发动机低速、中小负荷工作时，ECU 中的晶体管 VT_2 导通，燃油泵继电器线圈通电，使触点 A 闭合，由于将电阻串联到燃油泵电路中，所以燃油泵两端电压低于蓄电池电压，燃油泵低速运转。发动机高速、大负荷工作时，ECU 中的晶体管截止，燃油泵继电器触点 B 闭合，直接给燃油泵输送蓄电池电压，燃

油泵高速运转。

4. 检测

（1）检查电动燃油泵是否工作 检查电动燃油泵是否工作的方法如下。

1）打开油箱盖，然后打开点火开关（不要起动发动机），在燃油箱口处仔细听有无电动燃油泵运转的声音。如在打开点火开关后，能听到电动燃油泵运转3～5s后又停止，说明电动燃油泵工作正常。

2）若在燃油箱口处听不清电动燃油泵运转的声音，可以在打开点火开关或起动起动机后，在发动机上方仔细听有无"嘶嘶"的燃油流动声，也可以用手检查进油软管有无压力（图4-13）。如有"嘶嘶"的燃油流动声，或进油软管有压力，说明电动燃油泵工作正常。

图4-13 手动检查进油软管有无压力

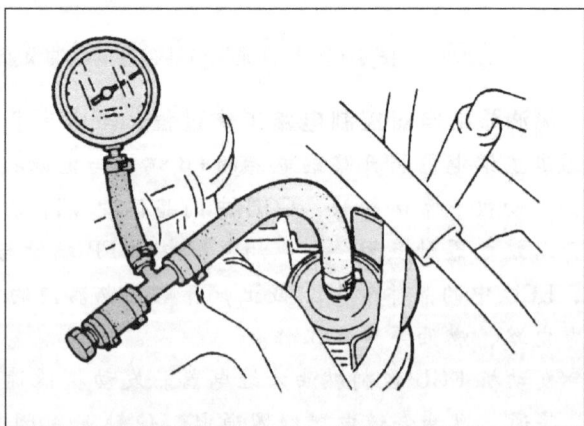

3）拆下发动机进油管，打开点火开关或起动起动机，此时若油管内有大量汽油流出，说明电动燃油泵工作正常。

（2）测量电动燃油泵的压力 电动燃油泵能运转，但并不说明其工作完全正常，还应通过测量电动燃油泵的最大供油压力和保持压力来判断其有无泵油压力过低、出油单向阀泄漏等故障。

测量电动燃油泵最大压力和保持压力的方法如下。

1）释放燃油系统的油压。

2）拆下蓄电池负极电缆。

3）将油压表接在燃油管路上，并将出油口塞住（图4-14）。

4）接上蓄电池负极电缆。

5）用一根导线将电动燃油泵的两个检测插孔短接。

6）打开点火开关，持续10s左右（不要起动发动机），使电动燃油泵工作，同时读出油压表的压力，该压力称为电动燃油泵的最大供油压力。它应当比发动机运转时的燃油压力高200～300kPa，通常可达490～640kPa。如不符合标准值，说明电动燃油泵性能不良，有可能导致电喷发动机动力不足等故障，应更换电动燃油泵。

7）关闭点火开关，5min后再观察油压表压力，此时的压力称为电动燃油泵的保持压力。其值应大于

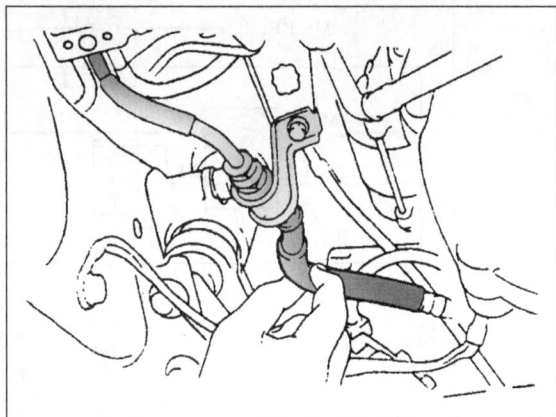

图4-14 在燃油管路上连接油压表并塞住油口

340kPa。如不符合标准值，说明电动燃油泵出油口处的单向阀有泄漏，此故障有可能导致电喷发动机起动困难，应更换电动燃油泵。

8）释放燃油系统的油压。

9）拆下蓄电池负极电缆。

10）拆下油压表。

11）接好燃油管道。

12）接上蓄电池负极电缆。

13）预置燃油系统的油压。

（3）电动燃油泵拆下后如何检查其是否正常

1）用万用表测量电动燃油泵两接线柱之间的电阻。如正常，应能导通，其电阻值应为2~3Ω。

2）将蓄电池电源短时间加在电动燃油泵两接线柱上。如正常，应能听到电动燃油泵转子高速转动的声音。

3）将电动燃油泵浸在燃油桶内，用专用导线连接蓄电池和电动燃油泵；接通电源后，电动燃油泵出油口应有大量高压燃油泵出。做此项检验时要注意安全，应在通风良好处进行；电动燃油泵接线要连接牢固；蓄电池要远离电动燃油泵；最好使用非可燃性的专用喷油嘴检验液代替汽油。

以上检验如有异常，应更换电动燃油泵。

案例一：以 70~80km/h 的速度行驶时，急加速时车辆抖动严重

1）**故障现象：**一辆广州本田雅阁 2.0L 汽车，以 70~80km/h 的速度行驶，急加速时车辆抖动严重；而缓慢加速时车速可慢慢提升，在无负荷时加速，发动机工作正常。

2）**故障排除：**试车后感觉好像是燃油系统供油不足，询问驾驶人燃油滤清器多长时间没更换了，驾驶人说约 2 万 km。一般情况下，燃油滤清器在行驶 2 万 km 时不需更换，于是决定先测试一下燃油压力。当拆下燃油脉动阻尼器时，发现流出的燃油中有杂质，怀疑燃油滤清器过脏。拆下燃油滤清器，经检查燃油滤清器堵塞得很严重，于是更换了滤清器，试车，一切正常，维修完工出厂。

该车行驶了约 1000km 后，又出现了故障。这次的故障现象是以 90~100km/h 的车速行驶，急加速时车辆抖动，而缓慢加速时车速可慢慢上升。分析又是燃油滤清器过脏。拆下燃油滤清器，从里面倒出少许杂质，但如此少量的杂质，不应对车辆造成这么大的影响。故障原因还应继续找下去。

拆下燃油泵，发现燃油泵滤网堵塞严重，再查看燃油箱，发现杂质和铁屑很多。将燃油箱彻底洗净，将燃油泵滤网、喷油器及燃油管路也清洗干净，更换燃油滤清器，再试车，故障排除。

3）**维修小节：**日常维护中，维修人员不仅要及时更换燃油滤清器，对燃油箱也应及时进行清洗。若不及时清洗，会对燃油泵的使用寿命产生影响，同时也易堵塞或损坏喷油器，造成许多故障。

案例二：发动机电动燃油泵损坏引起久置后难起动

1）**故障现象**：一辆捷达汽车，发动机刚停机后再起动能顺利着车，但放置一会儿后发动机不好起动，要起动3~4次才能着车。

2）**检修流程**：

根据故障现象怀疑燃油系统保持压力不足 → ① 用V.A.G1551检查发动机控制单元无故障码记忆

② 在发动机供油管路和燃油主管之间串接燃油压力表V.A.G1318，将其手柄拨到"接通"位置，然后起动发动机，测量燃油系统压力为260kPa，正常，发动机熄火后，系统压力立即降为0kPa

按技术要求，10min后的压力降最大为50kPa。电动燃油泵位于燃油箱内，在燃油泵上装有单向止回阀，其作用是在发动机熄火后，防止燃油系统的燃油泄漏回燃油箱内，以保持燃油系统有一定的压力，保证下次起动顺利进行

燃油供给系统是发动机五大系统之一，是向发动机提供燃油的系统。燃油供给系统可分为化油器式燃油供给系统和电子喷射式燃油供给系统，其中电子喷射式燃油供给系统又可分为单点电喷式和多点电喷式。捷达两阀电喷车采用的是多点式电子燃油喷射系统。捷达两阀电喷系统图如图4-15所示

③ 更换一个新燃油泵后，发动机起动性能良好，观察保持压力在发动机熄火10min后没有明显下降

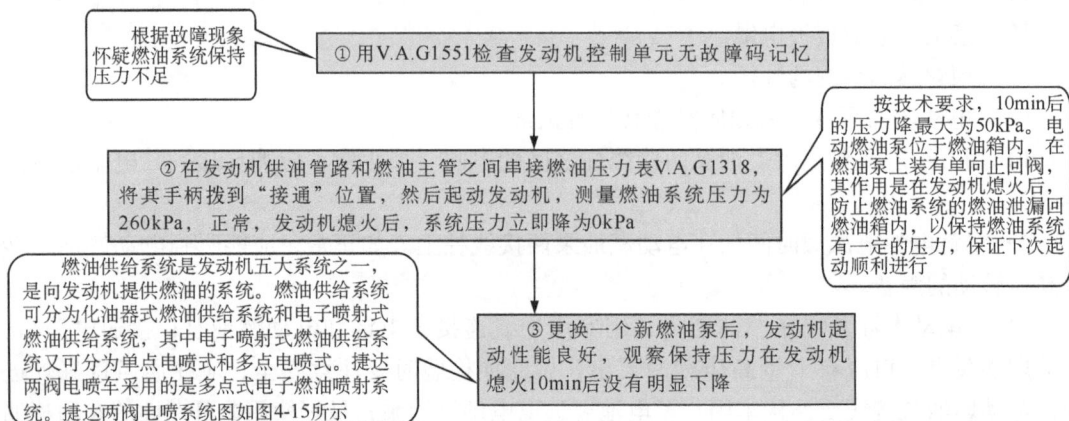

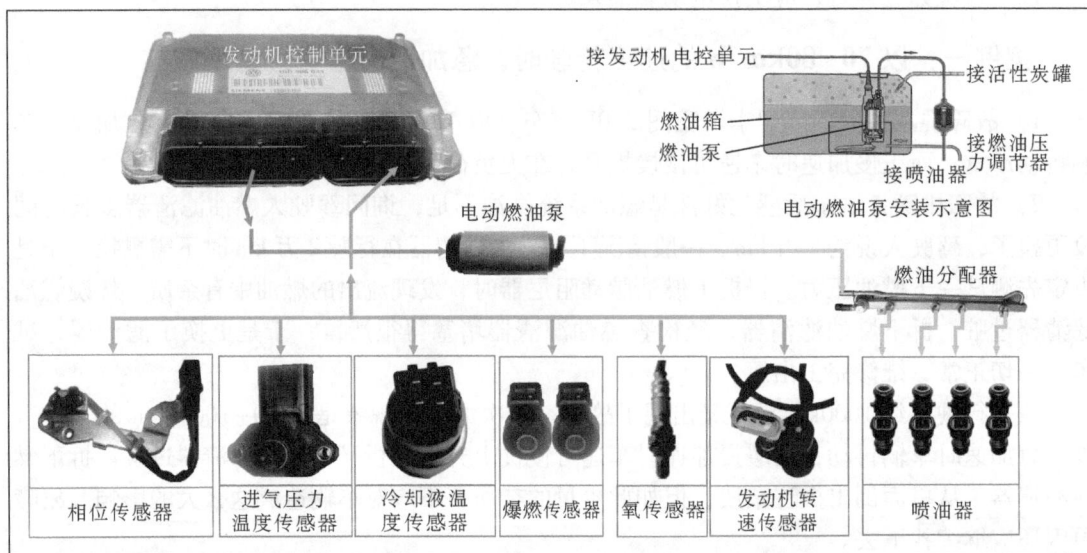

图4-15　捷达两阀电喷车喷油系统构成图

三、燃油滤清器

1. 种类

燃油滤清器外壳有塑料和金属两种，如图4-16所示。其滤芯有尼龙布、聚合粉末塑料和纸质滤芯、金属片隙缝式滤芯以及多孔陶瓷式滤芯等若干种。

金属外壳的燃油滤清器　　　　　　　　　塑料外壳的燃油滤清器

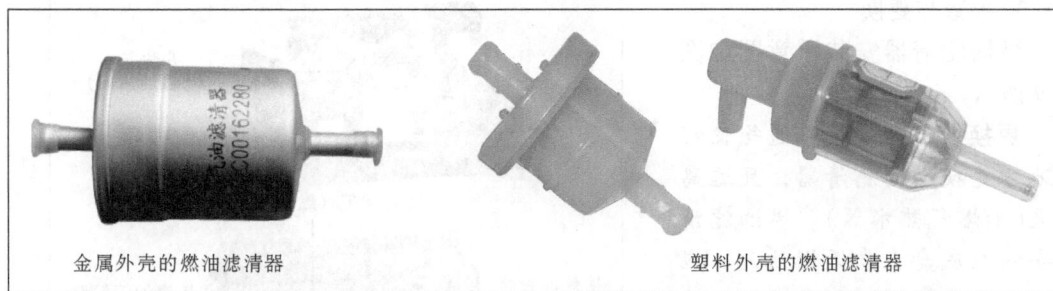

图 4-16　燃油滤清器

多孔陶瓷式滤芯能够清洗，可重复使用，多用于高级汽车；金属滤芯由于滤清质量差，已趋于淘汰；纸质滤芯滤清效果好，抗水性强，成本低。目前汽车的汽油滤清器多采用纸质滤芯，大部分汽油滤清器都是整体更换。

2. 安装位置及结构

燃油滤清器串在燃油泵和燃油箱之间的出油管路上，如图 4-17 所示。它的作用是在燃油进入燃油泵之前把含在油中的水分和氧化铁、粉尘等杂物除去，防止燃油系统堵塞，减少机械磨损，确保发动机稳定运行，提高可靠性。

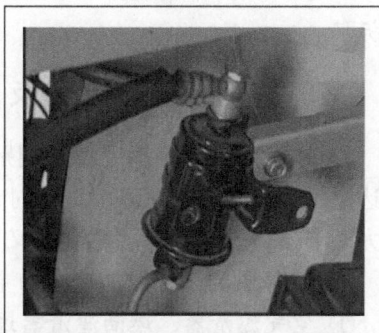

图 4-17　燃油滤清器安装位置

燃油滤清器必须定期更换（如帕萨特 B5 为 7500km），当燃油杂质含量大时，更换的里程间隔应相应缩短。燃油滤清器外壳上的箭头（或字母 IN）表示燃油的流进方向，如图 4-18 所示。安装燃油滤清器时，不允许倒装。

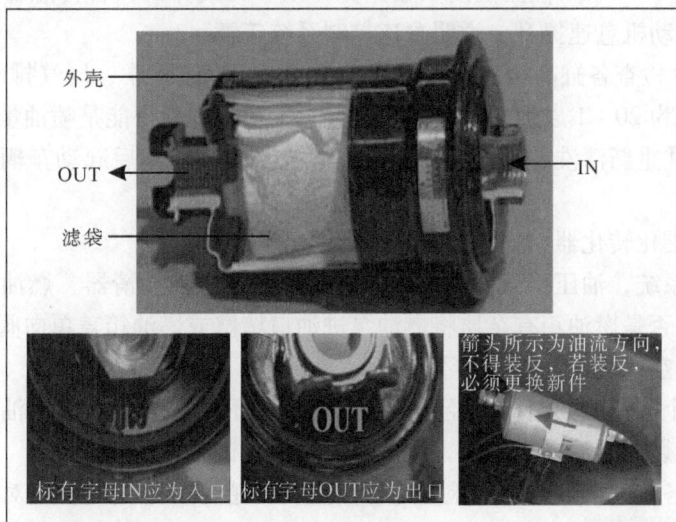

外壳

OUT　　　　　　　　　　IN

滤袋

箭头所示为油流方向，不得装反，若装反，必须更换新件

标有字母IN应为入口　标有字母OUT应为出口

图 4-18　燃油滤清器安装方向

3. 检查与更换

燃油滤清器安装示意图如图4-19所示。

更换警告： 必须在通气良好的地方更换燃油滤清器，且远离明火（如燃气热水器）。燃油滤清器安装在底盘上靠近燃油箱，应定期更换燃油滤清器（拔下燃油管路时应注意会有燃油流出）。安装时应注意燃油滤清器壳体上的安装标记。

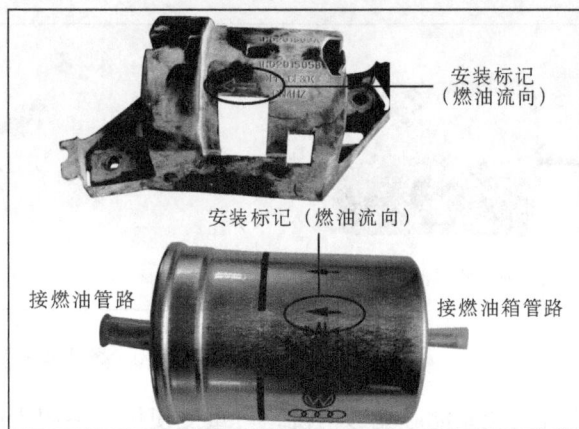

图 4-19　燃油滤清器安装示意图

案例一：燃油滤清器装反，引起加速无力

1）**故障现象：** 一辆上海通用别克新世纪轿车，在行驶时加速迟钝、无力，最高车速只能达到120km/h。车在以前维修时，曾清洗过喷油器，并更换了燃油滤清器、燃油泵、燃油压力调节器，问题没有解决。后又更换了全部火花塞、高压线及点火线圈，故障依旧。

2）**故障原因：** 导致加速无力主要有以下几个因素。

① 空气滤清器、燃油滤清器过脏。

② 喷油器针阀卡滞或阻塞，导致工作不良。

③ 使用劣质汽油。

④ 火花塞电极间隙过大或过小，导致点火不足。

⑤ 高压线磨损、老化等因素。

3）**故障排除：**

① 用SCANNER-M2500检测仪读取数据流，该车无故障码，各传感器数据正常，怠速时，打开空调，发动机怠速提升，说明怠速控制系统正常。

② 用SUN500检查各缸高压火强度，正常，点火动态波正常，尾气排放数据HC和CO含量偏低，空燃比为20∶1以上，混合气明显偏稀，初步判断可能是喷油量不足造成的。

③ 拆解检查并重新清洗各缸喷油器、怠速通道、节气门体后起动车辆，发动机动力仍不足。

④ 检查三元催化转化器，正常，排气通畅。

⑤ 检查燃油系统，油压稍微偏低，由于已经更换了燃油滤清器、燃油泵和燃油压力调节器，因而分析是否是燃油箱有杂质将燃油泵进油口堵塞或燃油箱盖单向阀损坏，导致工作时燃油箱内形成真空，使燃油泵泵油不良。

⑥ 更换了一个同车型油箱盖，经路试，动力仍然不足，于是拆下燃油箱，发现燃油箱内有少量杂质，但燃油泵滤网未堵塞，清洗燃油箱后再试车，故障依旧。

⑦ 重新检测各传感器数据流并检查冷却液温度传感器、进气歧管绝对压力传感器等均正常。至此，经仔细分析后判断，由于系统燃油油压不足，故障原因还是在油路上。

⑧ 由于燃油泵已更换新件，因而又检查进油管路上是否有挤压处，结果正常。

⑨ 检查燃油滤清器是否有堵塞，于是拆下原修理厂更换过的燃油滤清器，拆下后

发现燃油滤清器装反，重新装好燃油滤清器后路试，发动机动力充足，怠速有力，急加速也正常。

⑩ 路试完后重新用 SUN500 检测尾气排放，HC、CO、CO_2 和 O_2 数据皆正常，怠速和中速时空燃比（14.6～14.9）：1，尾气排放数据正常，至此故障排除。

4）故障分析：该车故障很明显是燃油滤清器有单向通畅的特点，方向装反，阻碍了燃油的流动，从而造成供油压力不足，所以导致了这一问题的复杂化。

案例二：燃油滤清器滤层脱落引起起步无力、加速回火故障

1）故障现象：一辆凯迪拉克 FLEETWOOD 乘用车（采用 V 形八缸 5.7L 发动机和 4L60-E 型自动变速器），起步无力，低速时提速缓慢，加速至 30km/h 后提速正常，且其发动机有时有回火现象。

2）故障诊断与排除：

① 根据故障现象，首先进行发动机失速试验，以判断故障是因发动机动力不足，还是自动变速器有故障而产生的。结果为，发动机的失速转速在 D 位时为 2800r/min，在 R 位时为 2900r/min，说明发动机动力尚好，问题出在自动变速器。

② 连接 OTC 故障检测仪，检测自动变速器系统，发现该系统有 59、82 和 84 号故障码，含义分别为 TFI Sensor CKT HI（自动变速器油温传感器电路信号电压高）、1-2 Shift SOL-CKT（1-2 档换档电磁阀电路故障）和 2-3Control SOL CKT（2-3 档油压控制电磁阀电路故障）。

③ 为排除历史故障码的干扰，在发动机运转时进行消码，但故障码无法消除。发现将点火开关断开，再旋转到"ON"位，故障码可以消掉；在起动发动机后 82 号和 84 号故障码再次出现，说明这两个故障码确实存在。

④ 再连接 OTC 故障检测仪进行路试，发现 1-2 档换档电磁阀一直处于"OFF"不变。该型自动变速器换档电磁阀工作状况（表 4-1）说明自动变速器无第 1 档和第 4 档。

表 4-1　4L60-E 型自动变速器换档电磁阀工作状况

档位	1-2 档换档电磁阀	2-3 档换档电磁阀	档位	1-2 档换档电磁阀	2-3 档换档电磁阀
1	ON	ON	3	OFF	OFF
2	OFF	ON	4	ON	OFF

⑤ 根据以上检查结果分析认为，换档电磁阀电路或自动变速器电控单元可能有故障。拆下阀体上的换档电磁阀后测量其电阻，正常。进行通电试验，该电磁阀工作正常。检查其电路时发现 1-2 档换档电磁阀电路有断路现象。焊接好该电路上的断路部位，安装好阀体后试车，该车低速时提速顺畅。

⑥ 对于驾驶人所反映的加速时有时有回火的现象，在试车的过程中未出现过。但为了查找故障原因，用 OTC 故障检测仪对该车的发动机系统进行检测，无故障码显示。查看数据流，也未发现异常情况。

⑦ 接上燃油压力表测量燃油系统压力，测得该系统的压力为 261kPa，正常值应为 283～325kPa，有些偏低，将燃油压力调节器上的真空管拔下，燃油压力也仅为 310kPa。

⑧ 拆下燃油滤清器进行检查，发现其内部的过滤层已经脱落，晃动起来有明显的"咕咚"声。看到此现象后立即更换了该燃油滤清器，试车，故障排除。

四、燃油压力调节器

1. 安装位置及构造

燃油压力调节器一般安装于进气歧管附近，如图4-20所示。

燃油压力调节器结构如图4-21所示，它由金属壳体、弹簧、膜片、阀等组成，一般安装在燃油分配管上。膜片将金属壳体的内腔分成两个腔室：一个是弹簧室，内装一个具有一定预紧力的螺旋弹簧，弹簧预紧力作用在膜片上，弹簧室通过软管引入进气歧管的负压；另一个是燃油室，通过两个管接头与燃油分配管及回油管相连。

2. 工作原理

发动机运转时，进气歧管的负压和弹簧预紧力共同作用在膜片上。燃油泵供给的燃油同时输送到喷油器和燃油压力调节器的燃油室，若油压低于预定值，球阀将回油孔关闭，燃油不再进一步流动。当油压超过预定值时，燃油压力推动膜片使阀向上移动，回油孔打开，燃油经回油管流回燃油箱，同时弹簧室的弹簧被进一步压缩。

图 4-20 燃油压力调节器安装位置

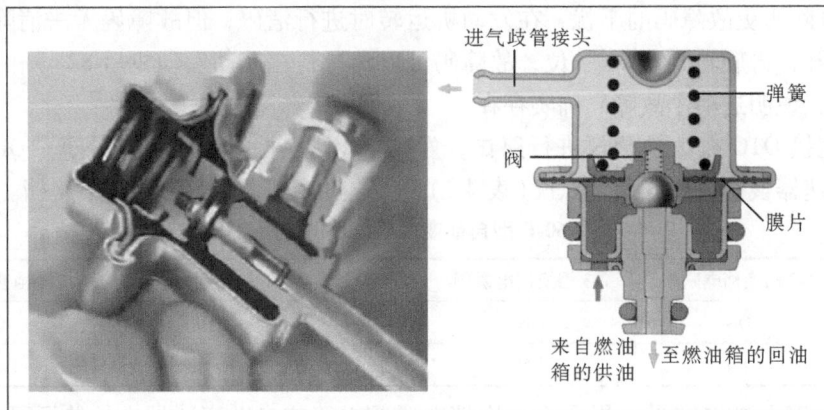

图 4-21 燃油压力调节器结构

一部分燃油经回油孔流回燃油箱，燃油分配管内的油压下降，膜片在弹簧力的作用下向下移动到原来位置，球阀将回油孔关闭，使燃油分配管内的油压不再下降。

作用在膜片上方的进气歧管负压用来调节燃油分配管内的压力。若弹簧的预紧力为0.25MPa，则进气歧管负压为零时，燃油分配管内的压力保持在0.25MPa。发动机在怠速工况时，进气歧管压力约为-0.054MPa，此时回油孔开启的燃油压力为0.196MPa。节气门全开时，进气歧管的压力约为-0.005MPa，这时回油孔开启的燃油压力变为0.245MPa，即节气门全开时的油压调整值自动调整为0.245MPa。燃油分配管内油压调整值随进气歧管压力而变化的情况如图4-22所示。电动燃油泵停止工作时，膜片在弹簧力的作用下，将回油孔关闭，使电动燃油泵与燃油压力调节器之间的油路内保持一定的残余压力。

3. 检测

（1）工作状况的检查

1）如图 4-23 所示，测量发动机运转时的燃油压力。怠速运转时的燃油压力应为 250kPa 左右。

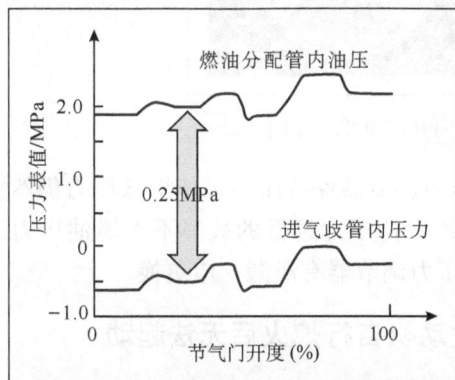

图 4-22　节气门开度与进气歧管及燃油分配管压力的关系

图 4-23　正常工作油压

2）如图 4-24 所示，拔下油压调节器真空软管，并检查燃油压力。此时的燃油压力应比怠速运转时的燃油压力高 50kPa 左右。如压力变化不符合要求，即说明燃油压力调节器工作不良，应更换。

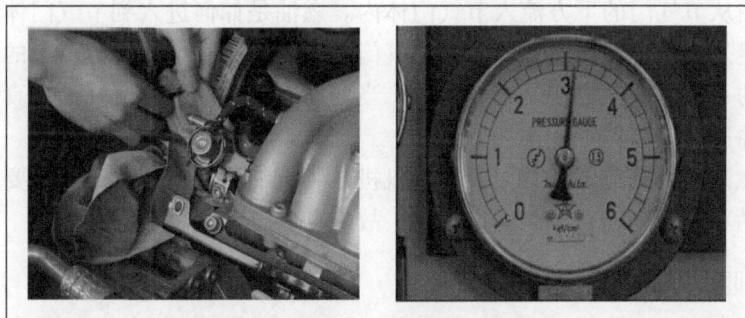

图 4-24　拔掉真空管后的油压

（2）保持压力的测量　当燃油系统保持压力不符合标准值（低于 147kPa）时，应作此项检查，以便找出故障原因。

检查方法：

1）将油压表接入燃油管路。

2）用一根短导线将电动燃油泵的两个检测插孔短接。

3）打开点火开关（旋至"ON"位置），并保持 10s，让电动燃油泵运转。

4）用包上软布的钳子将燃油压力调节器的回油管夹紧，油压应回升至 400kPa 以上，如图 4-25 所示。

5）关闭点火开关，拔去检测插孔上的短接导线。

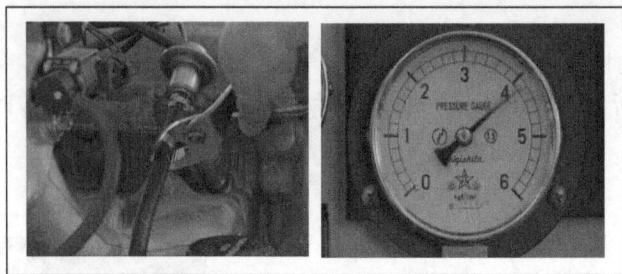

图 4-25 夹住回油管时油压回升至 400kPa 以上

6）5min 后观察燃油压力，该压力称为燃油压力调节器保持压力。如果该压力仍然低于燃油系统保持压力的标准（147kPa），说明燃油系统保持压力过低的故障不在燃油压力调节器；相反，若此时压力大于 147kPa，则说明燃油压力调节器有泄漏，应更换。

案例：燃油压力调节器膜片损坏，使发动机自行熄火后无法起动

1）**故障现象**：一辆采用 SFI 系统（顺序燃油喷射系统）电控发动机的凯迪拉克，发动机自行熄火后，无法起动。

2）**故障诊断与排除**：检查发动机机油和冷却液。机油尺指示机油充足，但机油内有强烈的汽油味。经检查，点火系统工作正常。因此，怀疑不能起动可能是燃油系统引起的，而且最有可能的故障部位是在燃油滤清器或燃油泵上，经检查这两个部件均正常。从节气门体上拆下空气滤清器软管，并拆下空气滤清器的滤芯，对空气滤清器滤芯和节气门体进行常规检查。发现燃油从节气门的下方流入节气门体内。燃油是如何进入到节气门体内的呢？细细想想，燃油一定是通过燃油压力调节器与节气门连通的一个真空软管流过来的。把该真空软管连接节气门的一端拆下并放进一个容器内，当转动发动机曲轴时，燃油从真空软管流入容器，这表明燃油压力调节器膜片损坏。

装上新的燃油压力调节器，并更换发动机机油和机油滤清器，再进行必要的维护后，发动机能顺利起动和正常运转，长时间试车后，故障彻底排除。

五、脉动阻尼减振器

当喷油器喷油或关闭时，油路中的油压会产生微小的波动。脉动阻尼减振器用来减弱燃油压力脉动及降低噪声。脉动阻尼减振器可安装在回油管或燃油分配管上。

脉动阻尼减振器由壳体、膜片、弹簧、调节螺钉等组成，如图 4-26 所示。膜片把阻尼减振器分隔成膜片室和燃油室两个部分。膜片室内有弹簧，将膜片压向燃油室，旋转调节螺钉可调整弹簧的预紧力。来自电动燃油泵的燃油经油道进入燃油室，油压通过膜片作用在弹簧上。当油压升高时，膜片向膜片室拱曲，燃油室容积增大，燃油脉动压力下降，同时弹簧被压缩。当燃油压力下降时，弹簧伸长，膜片向

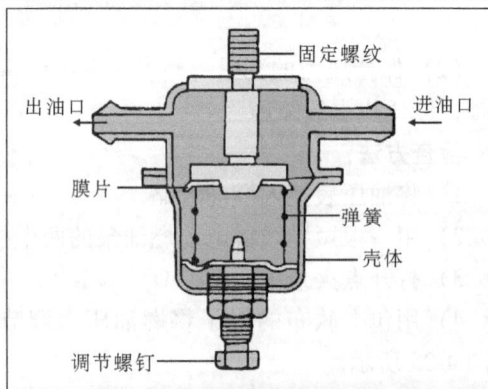

图 4-26 脉动阻尼减振器

燃油室拱曲，燃油室容积减小，油压上升。燃油室容积的变化吸收了油压脉动的能量，使燃油压力脉动迅速衰减，有效地降低了由压力波动产生的噪声。

六、喷油器

1. 多点喷射系统喷油器

（1）工作原理　不喷油时，回位弹簧通过衔铁使针阀紧压在阀座上，防止滴油。当电磁线圈通电时，产生电磁吸力，将衔铁吸起并带动针阀离开阀座，同时回位弹簧被压缩，燃油经过针阀并由轴针与喷口的环隙或喷孔中喷出。当电磁线圈断电时，电磁吸力消失，回位弹簧迅速使针阀关闭，喷油器停止喷油。在喷油器的结构和喷油压力一定时，喷油器的喷油量取决于针阀的开启时间，即电磁线圈的通电时间。回位弹簧弹力对针阀密封性和喷油器断油的干扰程度会产生影响。

（2）按结构分类　多点喷射系统中使用的电磁式喷油器形式较多，按其结构特点可分为轴针式喷油器和孔式喷油器。

1）轴针式喷油器。轴针式喷油器针阀的前端有一段轴针，喷油器关闭时轴针露出喷孔，其结构如图 4-27 所示。轴针式喷油器的主要特点是喷孔不易堵塞，但燃油的雾化质量稍逊于孔式喷油器，且针阀的质量较大，因此动态响应较差。

2）孔式喷油器。孔式喷油器针阀的前端没有轴针，故针阀不露出喷孔。孔式喷油器的喷孔数为 1 或 2 个。针阀头部为锥形或球形（也称球阀式喷油器），其结构如图 4-28 所示。孔式喷油器的特点是燃料雾化质量较好，且球阀式针阀的质量仅为轴针式针阀的一半，故响应速度快；不足之处是喷孔易堵塞。

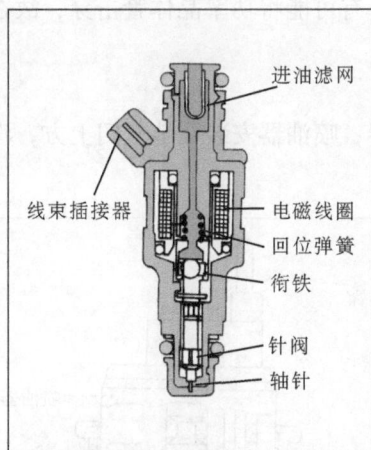

图 4-27　轴针式喷油器

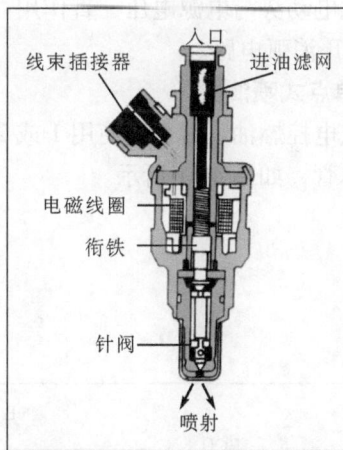

图 4-28　孔式喷油器

（3）按电磁线圈阻值分类　根据喷油器电磁线圈的阻值，可分为低阻喷油器和高阻喷油器。

1）低阻喷油器。低阻喷油器电磁线圈的匝数较少，电阻值为 $0.6 \sim 3\Omega$。由于减少了电磁线圈的匝数，所以线圈的电感小，动态响应特性好。

当采用电压驱动方式时，须在驱动回路中串入附加电阻，增加回路的阻抗，如图 4-29 所示。因为是低阻喷油器，电磁线圈的电阻很小，在相同的电压下，流过线圈的电流较大，可能导致电磁线圈发热损坏。在电路中串入附加电阻，可以起到减小电磁线圈电流，防止电

磁线圈过热损坏的作用。

当采用电流驱动方式时，喷油器直接与电源连接，ECU通过检测回路电磁线圈的通过电流进行控制，如图4-30所示。这种驱动方式的回路阻抗很小，功率晶体管 VT_1 刚开始导通时，喷油器电磁线圈的通过电流在极短的时间内迅速增大，针阀能以最快的速度升起，使喷油器具有良好的动态响应特性，缩短无效喷射时间(迟滞喷射时间)。当针阀升至全开位置时，电磁线圈中的通过电流达到最大的峰值电流 I_p (一般为4~8A)。

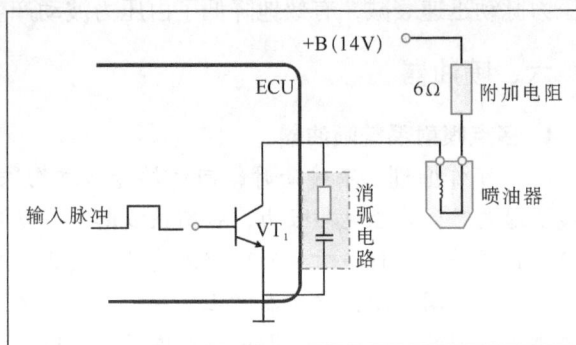

图4-29　低阻喷油器电压驱动电路

在电磁线圈通过电流迅速增大的同时，电流检测电阻的电压也在迅速增大。当图4-30中 A 点的电压达到设定值时(此时针阀恰好全开)，ECU控制大功率晶体管 VT_1 在喷油期间以20MHz的频率交替导通截止，使电磁线圈的通过电流下降至保持电流 I_n，保持电流的平均值一般为1~2A。该电流足以使针阀保持在全开位置，从而可防止线圈发热，减小电能无效损耗。

2) 高阻喷油器。高阻喷油器电磁线圈的电阻值(或内装附加电阻)为12~17Ω。高阻喷油器只能采用电压驱动方式，故驱动电路较简单，成本较低，但高阻喷油器无效喷射时间较长，响应特性较差。高阻喷油器的驱动电路与图4-29相似，只是在电路中不需要串联附加电阻。在电压驱动电路中，当大功率晶体管 VT_1 截止时，线圈两端可能产生很高的感应电动势，此电动势与电源电压一直作用在功率晶体管上，有可能将功率晶体管击穿，故在电路中设有CR消弧电路。

2. 单点式喷油器

单点电控燃油喷射系统使用1或2只电磁式喷油器，喷油器安装在节气门上方，汽油喷入进气总管，如图4-31所示。

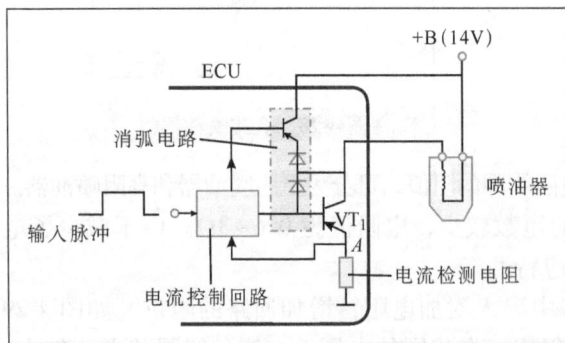

图4-30　低阻喷油器电流驱动电路

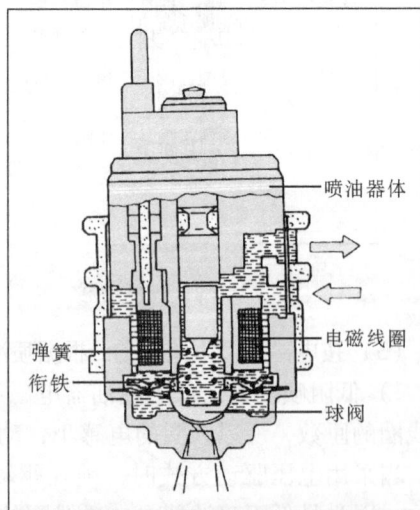

图4-31　单点电磁式喷油器

单点燃油喷射系统的喷油器一般都采用下部进油式，即进油口设在喷油器侧面，而不是在顶部，主要是可降低喷油器的高度，以便在节气门体内安装。

3. 按驱动方式分

喷油器的驱动方式可分为电流驱动和电压驱动两种方式。电流驱动方式只适用于低阻值喷油器，电压驱动方式对高阻值和低阻值喷油器均可使用。

（1）电流驱动方式　如图 4-32 所示，在采用电流驱动方式的喷油器控制电路中，不需附加电阻，低阻喷油器直接与蓄电池连接，通过 ECU 中的晶体管对流过喷油器线圈的电流进行控制。喷油器电流驱动电路如图 4-33 所示。

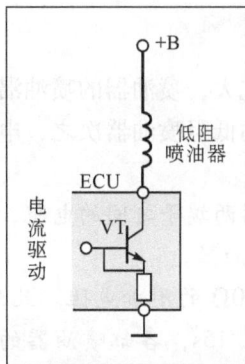

图 4-32　电流驱动方式

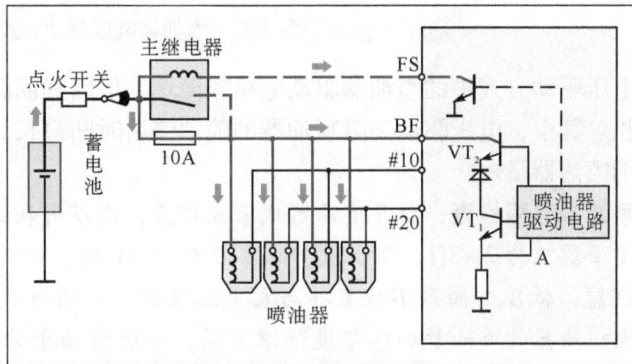

图 4-33　喷油器电流驱动电路

工作原理：蓄电池通过点火开关和主继电器（或熔丝）直接给喷油器和 ECU 供电，ECU 控制喷油器和主继电器线圈的搭铁回路。点火开关接通时，继电器触点闭合，ECU 中的喷油器驱动电路使晶体管 VT_1 导通，流过喷油器线圈的电流在 VT_1 发射极电阻上产生电压降；A 点的电压达到设定值时，喷油器驱动电路使 VT_1 截止。当蓄电池电压为 14V 时，流过喷油器线圈的峰值电流为 8A，喷油器针阀达到最大升程后，保持这一稳定、静止状态的电流为 2A；在此过程中，VT_1 以 20Hz 的频率导通或截止，即电压变化频率为 20Hz。

在喷油器电流驱动回路中，由于无附加电阻，回路的阻抗小，ECU 向喷油器发出指令时，流过喷油器线圈的电流迅速增加，电磁线圈产生的磁力使针阀开启快，喷油器喷油迟滞时间缩短，响应性更好。喷油器针阀的开启时刻总是比 ECU 向喷油器发出指令的时刻晚，此时间即称为喷油器喷油迟滞时间（或无效喷油时间）。此外，采用电流驱动方式，保持针阀开启使喷油器喷油时的电流较小，喷油器线圈不易发热，也可减少功率损耗。

（2）电压驱动方式　电压驱动式喷油器原理图如图 4-34 所示。

低阻喷油器采用电压驱动方式时，必须加入附加电阻。因为低阻喷油器线圈的匝数较少，加入附加电阻，可减小工作时流过线

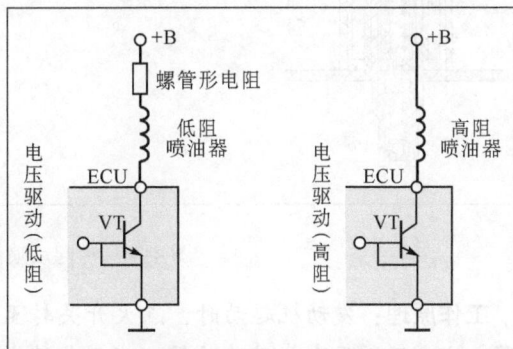

图 4-34　电压驱动方式

圈的电流，以防止线圈发热而损坏。

电阻与喷油器的连接方式有三种，如图 4-35 所示。

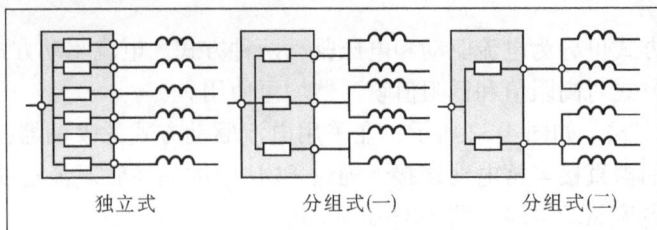

独立式　　　　分组式(一)　　　　分组式(二)

图 4-35　喷油器电压驱动方式

电压驱动方式中的喷油器驱动电路较简单，但因其回路中的阻抗大，喷油器的喷油滞后时间长。其中，电压驱动高阻喷油器的喷油滞后时间最长，电压驱动低阻喷油器次之，电流驱动的喷油器最短。

喷油器电阻检查： 拆开喷油器线束插接器，用万用表测量喷油器两端子之间的电阻，低阻值喷油器应为 $2\sim3\Omega$，高阻值喷油器应为 $13\sim16\Omega$，否则应更换喷油器。

注意： 低阻喷油器不能直接与蓄电池连接，必须串联一个 $8\sim10\Omega$ 的附加电阻。此外，各车型喷油器的喷油量和均匀度标准不同，一般喷油量为 $50\sim70mL/15s$，各缸喷油器的喷油量相差不超过 10%。

4. 冷起动喷油器及其控制电路

（1）冷起动喷油器　冷起动喷油器安装在进气总管上，其作用是在发动机冷起动时喷油，以加浓混合气，改善发动机的冷起动性能。

冷起动喷油器的结构与前述喷油器不同之处主要是采用紊流式喷孔，喷油时将燃油喷成螺旋雾状旋流，有利于燃油的雾化和蒸发。冷起动喷油器及其控制电路如图 4-36 所示。冷起动喷油器一般采用安装在冷却水套内的冷起动喷油器正时开关控制。

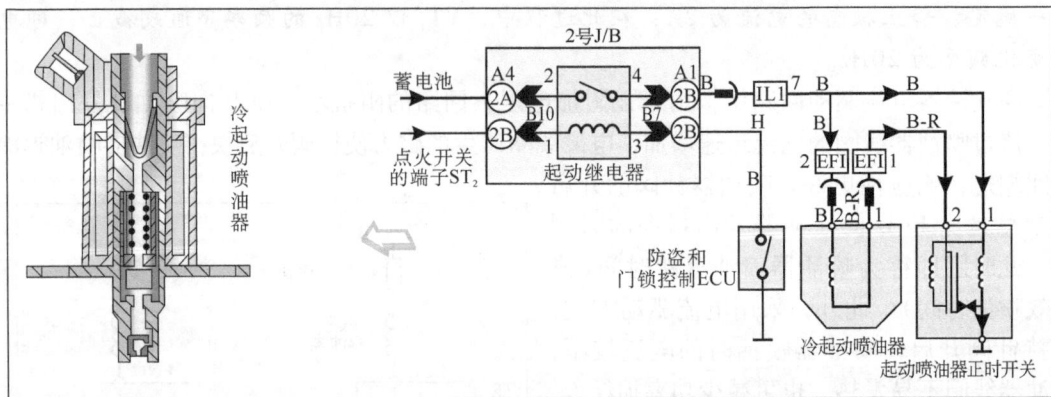

图 4-36　冷起动喷油器及其控制电路

工作原理： 发动机起动时，点火开关转至"ST"档，起动继电器线圈通电，触点闭合使蓄电池电压送至冷起动喷油器；发动机冷起动时，正时开关控制冷起动喷油器的搭铁回路，冷起动喷油器搭铁回路接通，冷起动喷油器喷油。发动机起动时，若冷却液温度较高，

则正时开关断开冷起动喷油器搭铁回路，冷起动喷油器不喷油。发动机起动后，起动继电器切断冷起动喷油器电源电路，冷起动喷油器停止喷油。

（2）冷起动喷油器的控制　冷起动喷油器的喷油时间可以由起动喷油器正时开关控制，也可以由 ECU 控制。

正时开关是一个温控开关，双金属片用不同膨胀系数的两种金属制成，受热变形时则会向膨胀系数较小的一侧弯曲，其下端有一活动触点。正时开关内的固定触点通过壳体直接搭铁。正时开关安装在气缸体一侧的冷却水道上，冷却液温度低时，双金属片没有变形，正时开关内的两触点闭合，接通冷起动喷油器搭铁回路；反之，冷却液温度高时，双金属片变形，使正时开关内的两触点断开，冷起动喷油器搭铁回路即被断开。正时开关内还装有一个加热线圈，线圈一端通过起动继电器供电，另一端则直接搭铁。这样发动机连续起动几次失败后，由于加热线圈通电时间长，双金属片被加热也会使触点断开，冷起动喷油器停止喷油，以免供油过多。发动机暖机后，原来常闭的触点应为常开状态。冷起动喷油器正时开关与冷起动控制电路如图 4-37 所示。

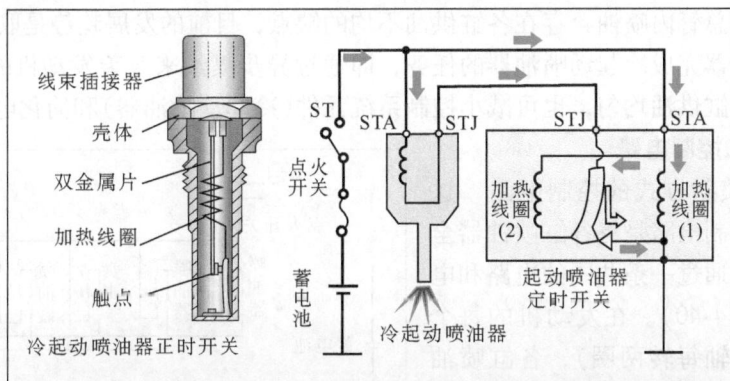

图 4-37　冷起动喷油器正时开关与控制电路

1）冷起动的控制原理：发动机冷机时，定时开关触点闭合。冷起动时，使点火开关处于 ST 位置，冷起动喷油器电磁线圈通电，电流经蓄电池、点火开关 ST、冷起动喷油器的 STA、电磁线圈、STJ 及定时开关的 STJ、双金属、触点和搭铁构成回路，冷起动喷油器喷油。与此同时，也有电流经开关的 STA 流经加热线圈（1）和加热线圈（2）。两加热线圈使双金属片受热，当其弯曲打开触点时，冷起动喷油器停喷。

2）冷起动后的工作原理：如图 4-38 所示，起动开关断开，点火开关由 ST 位置转至打开位置，冷起动喷油器停喷。与此同时，加热线圈（1）、（2）均断电，但此时发动机冷却液温度使双金属弯曲，触点保持断开，即发动机正常运转中，冷起动喷油器定时开关的触点保持常开状态。

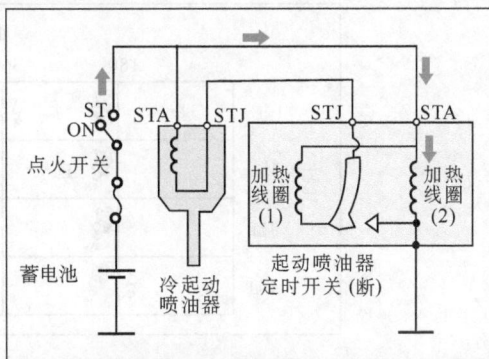

有些车型的冷起动喷油器搭铁回路由 ECU

图 4-38　冷起动后控制电路

和正时开关两者控制。这种协同控制原理如图4-39所示，任何一条搭铁回路接通时都可以使冷起动喷油器喷油，ECU的控制目的主要是修正冷起动喷油器的喷油量。

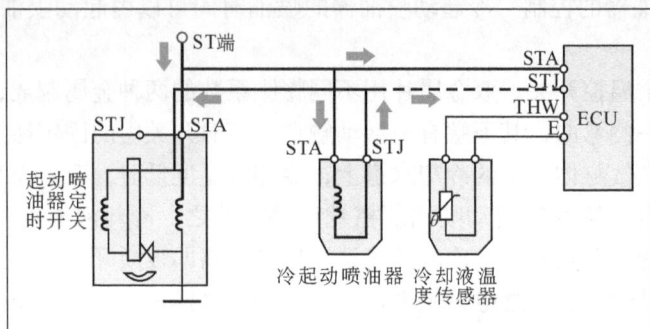

图4-39　ECU与正时开关协同控制电路

在发动机集中控制系统中，也可取消正时开关，由ECU控制冷起动喷油器。由于冷起动喷油器向进气总管内喷油，存在各缸供油不均的缺点，目前的发展趋势是取消冷起动喷油器，由各缸喷油器完成冷起动喷油器的任务，即通过异步喷油来改善发动机的冷起动性能，这样不仅可使各缸供油均匀，也可减小控制系统元件（冷起动喷油器）和简化电路。

5. 喷油器的控制电路

（1）同时喷射方式的控制电路　这种喷射方式的控制电路是将各缸喷油器全部并联在一起，通过一条共同的电路和电控单元连接（图4-40）。在发动机的每个工作循环中（曲轴每转两圈），各缸喷油器同时喷油一次或两次（图4-41）。

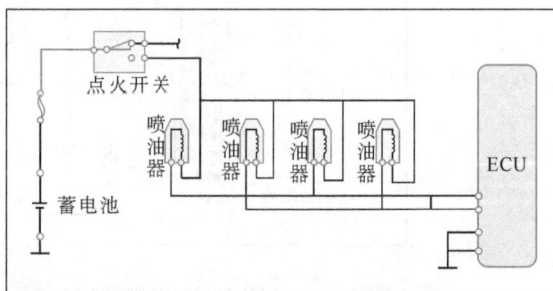

图4-40　同时喷射方式的控制电路图

采用这种控制方式可以简化电控单元中喷油的控制电路，降低成本。但由于各缸喷油时刻距进气行程开始的时间间隔差别太大，喷入的燃油在进气歧管内停留的时间不同，所以各缸混合气品质不一，影响了各缸工作的均匀性。采用这种喷射控制方式的车型主要是一些早期低档或经济型的轿车。

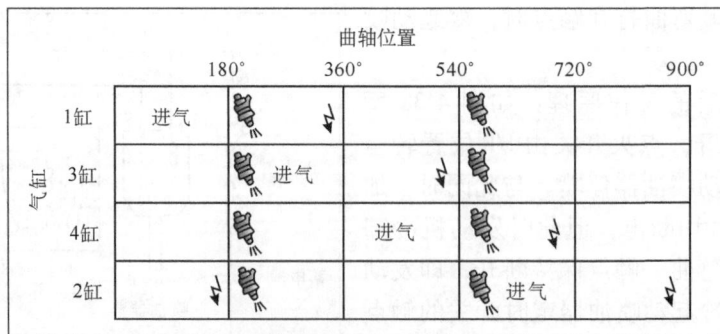

图4-41　同时喷油一次或两次示意图

（2）分组喷射方式的控制电路

这种喷射方式的控制电路是将多缸发动机的喷油器分成 2~3 组，每组有 2~4 个喷油器，分别通过一条电路和电控单元连接，如图 4-42 所示。在发动机每个工作循环中，各组喷油器各自同时喷油一次，如图 4-43 所示。在每组的几个喷油器中，有一个喷油器是在该缸正好处于进气行程上止点时喷油，其余喷油器是在各自的气缸接近进气行程开始的时刻喷油。这样既可简化控制电路，又可提高各缸混合气品质的一致性。目前大部分中档车型采用这种喷射方式。

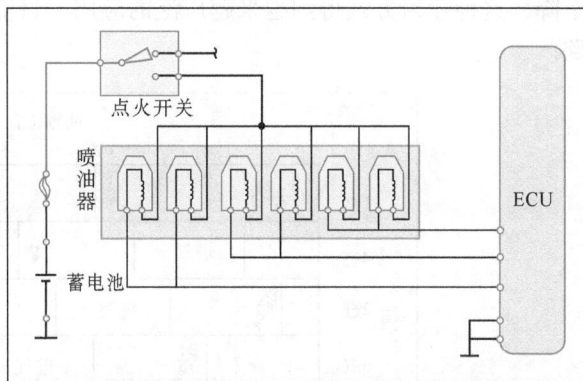

图 4-42　分组喷射方式的控制电路图

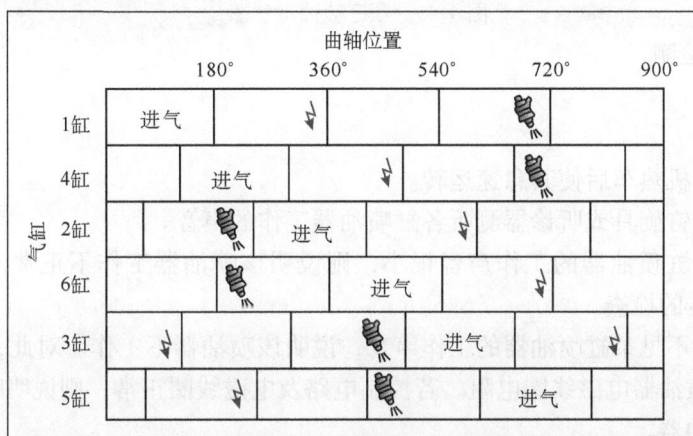

图 4-43　分组喷油一次示意图

（3）顺序喷射方式的控制电路

这种喷射方式的控制电路是将各缸喷油器分别由各自的电路和电控单元连接，如图 4-44 所示。电控单元分别控制各喷油器在各自的气缸接近进气行程开始的时刻喷油，如图 4-45 所示。由于电控单元每增加一条独立的喷油器控制电路，在电控单元内部就要相应增加一套喷油器控制电路，这样增加了电控单元控制程序的复杂性和制造成本。因此顺序喷射方式的控制电路最复杂，但各缸混合气品质最均匀。最近几年，由于电控单元的集成化程度越来越高，成本不

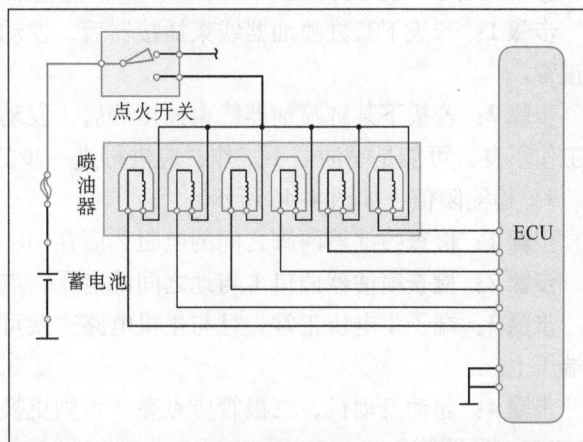

图 4-44　顺序喷射方式的控制电路图

断下降，这种喷射方式得到越来越广泛的应用。目前大部分中、高档轿车都是采用这种控制电路。

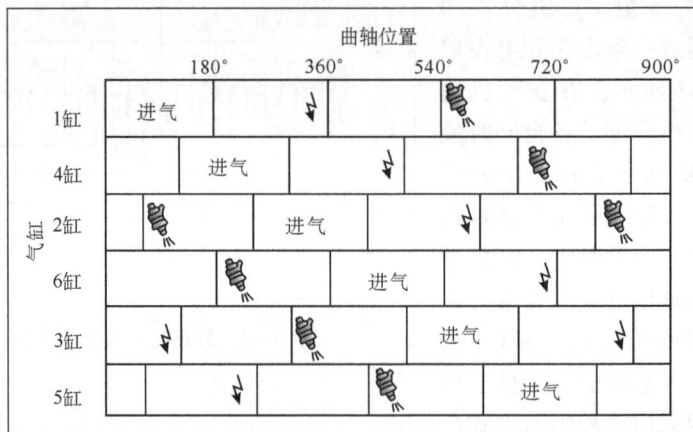

图 4-45　顺序喷油示意图

6. 喷油器的检测

（1）检查

1）测听。

步骤1：发动机热车后使其怠速运转。

步骤2：用螺钉旋具或听诊器测听各缸喷油器工作的声音。

步骤3：若某缸喷油器的工作声音很小，则说明该喷油器工作不正常，可能是针阀卡滞，应进行进一步的检查。

步骤4：若听不见某缸喷油器的工作声音，说明该喷油器不工作。对此，应检查喷油器控制电路或测量喷油器电磁线圈电阻。若控制电路及电磁线圈正常，则说明喷油器针阀完全卡死，应更换喷油器。

2）断缸检查。

① 发动机热车后使其怠速运转。

② 依次拔下各缸喷油器的线束插接器，使喷油器停止喷油，进行断缸检查。

步骤1：若拔下某缸喷油器线束插接器后，发动机转速有明显下降，则说明该喷油器工作正常。

步骤2：若拔下某缸喷油器线束插接器后，发动机转速无明显下降，则说明该缸不工作或工作不良，可能是喷油器不工作，应进行进一步的检查。

3）检测阻值：如图 4-46 所示。

步骤1：检查喷油器两脚之间的电阻，应在 $10 \sim 13\Omega$。

步骤2：检查喷油器插口1与地之间的电压，点火开关打开时应为蓄电池电压。

步骤3：端子1电压正常，且与主机电路连接可靠，将一个发光二极管接在喷油器插头两端子上。

步骤4：起动发动机，二极管应点亮，否则更换发动机电控单元。

（2）拆下清洗

1）在检测喷油器工作性能前，先进行喷油器超声波清洗。将喷油器放入超声波清洗池

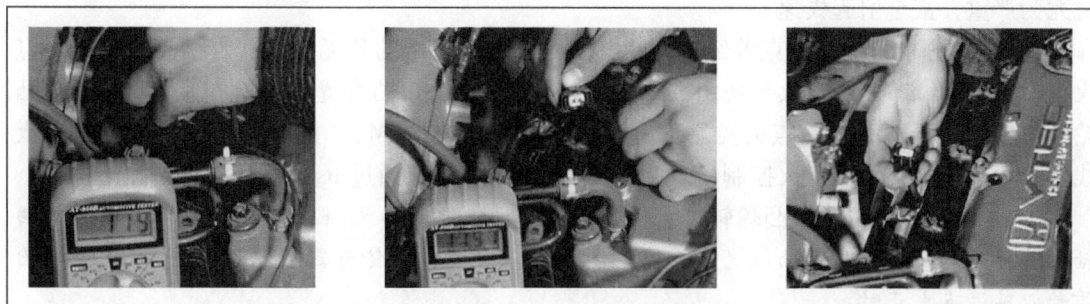

图 4-46　喷油器的检测

（图 4-47），在控制面板设定"超声波清洗"功能，进行超声波清洗（时间为 10min）。

2）喷油器工作性能的检测。

步骤 1：超声波清洗完后，关闭超声波电动机电源，将喷油器接在分油器支架偶件上，并设定检测时的压力、转速、脉冲、时间等工作范围，进行均匀测试（图 4-48）。该检测是测试喷油器相同工况下，喷油器油量是否一致或误差是否在规定范围内，否则应更换喷油器。

步骤 2：雾化测试。同上，在控制面板上设置压力、转速、脉冲、时间等工作范围，按"运行"键，观察每个喷油器喷油雾化是否良好，是否有直线射流现象，若雾化效果不好需更换。

步骤 3：密封性测试。在控制面板设定相关参数后，检测喷油器在 1min 之内至少漏油 1 滴，否则应更换。

步骤 4：喷油量测试。在控制面板上设定相关的参数，检测喷油器在设定时间内的喷油量是否一致，如相差太多，则应更换喷油器。

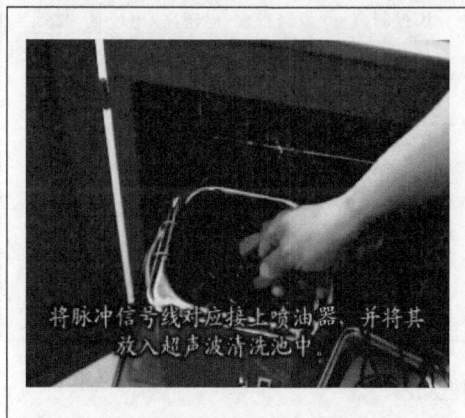

图 4-47　喷油器超声波清洗图

图 4-48　喷油器均匀测试图

案例一：喷油器阻塞引起车速有时不能立即提升

1）**故障现象：**一辆别克世纪轿车，在行驶时踩下加速踏板加速，车速有时不能立即提升，类似点火过迟。最近故障恶化，这种情况在任何情况下都可能发生，通常在低速变中速

时尤为严重，甚至引起失速。

2）**故障分析**：上海别克世纪车型的电子点火系统采用的是无分电器直接点火系统，点火正时是不可调节的。点火系统由以下几部分组成：2个曲轴位置传感器、爆燃传感器、凸轮轴位置传感器、ECM的点火控制部分、点火控制模块（ICM）、同一线圈盒里的3个点火线圈及相关的连接线。点火控制（IC）系统参照ECM的功能通过ICM直接控制点火正时。

① **发动机曲轴位置和凸轮轴位置传感器**。发动机控制单元（ECM）通过发动机的2个曲轴位置传感器及1个凸轮轴位置传感器控制点火正时。爆燃传感器监测爆燃并向ECM发出信号以延迟点火正时。

② **点火线圈**。装有3组独立的线圈，每组线圈同时给2个火花塞提供电火花（图4-49）。在维修时，也可分别更换3组独立的点火线圈。该车点火系统利用"剩余能量法"进行电火花分配。在安排点火顺序方面，每个气缸都有1个与之相对应的气缸，以便该气缸处于压缩行程时，相对应的气缸处在排气行程。当其相对应的气缸处在压缩行程时，则该气缸处在排气行程。对于V6发动机而言，可分为1、4缸，3、6缸和2、5缸3组。每组点火线圈的高压两端均同时跳火，即排气行程的1缸其高压电是从正（+）跳到负（-）；压缩行程1缸其高压电是从负（-）跳到正（+）。以1、4缸为例，当4缸处于排气行程时，1缸处于压缩行程，而4缸的火花塞点火所需的能量较低，剩余能量增强了1缸火花塞的点火能量。

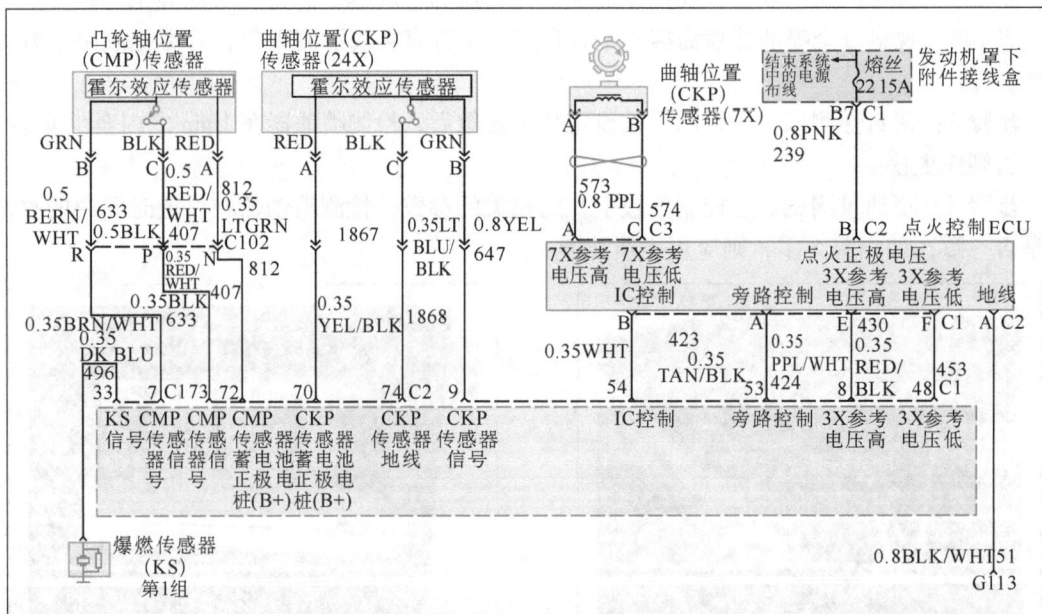

图4-49 点火控制电路图

③ **点火控制ECU**。当发动机的转速低于400r/min时，由ICM控制点火正时，为了有利于发动机的起动，点火提前角采用1个固定值，当ICM接收到带有曲轴信号的凸轮轴位置传感器的"同步脉冲"时，才使发动机提速；当起动状态一直维持到发动机的转速高于400r/min时，ECM会自动进入正常运转状态的点火控制，并通过向ICM发出信号来控制点火正时。

④ **ECM-IC模式**。ECM向ICM的旁通电路提供5V参考电压信号。当5V参考电压存在时，接通（也即切断）ICM的点火正时（IC）信号。ICM通过点火控制（IC）信号按规定的顺

序及时触发点火线圈，这就叫点火控制（IC）模式。在该模式中，如果探测到爆燃传感器发出的信号，ECM也延迟点火正时。

3）故障排除：由故障分析不难看出，该故障的真正原因并非是点火正时造成的。因此，可检修以下三方面：

① 燃油压力是否过低。

② 燃油计量不正确，氧传感器脏污或发生故障，喷油器堵塞或发生故障。

③ 排气系统是否有堵塞。

经上述检查，发现2、3缸喷油器堵塞，清洗装回，故障排除。

案例二：喷油器针阀发卡，导致发动机抖动、行驶动力不足

1）**故障现象**：一辆别克世纪轿车，怠速时发动机抖动严重，行驶时动力不足，且发动机指示灯有时发亮。

2）**故障原因**：

① 点火错乱。

② 燃油系统工作不良。

③ 喷油器工作不良。

3）**故障诊断与排除**：

① 用专用检测仪检测，调取故障码为P0300，其内容是发动机运行过程中，电控单元检测到有缺缸现象。

② 观察检测仪数据清单，发现个别缸缺缸数据值积累较多，确认此缸工作不良。

③ 检查此缸火花塞，并用示波器检测此缸跳火情况，均正常。

④ 检查喷油器及其电路，发现喷油器内部电磁阀芯轴卡住，导致喷油不正常。

⑤ 清洗喷油器后，故障排除。

4）**故障分析**：发动机控制电控单元通过检测曲轴位置传感器之间的相互变化，感知到发动机各缸工作情况，并通过计数的方法对各个气缸的缺火状况进行检测。单位时间内气缸的缺火计数值达到一定程度，发动机指示灯会发亮。

第五章

汽油机电喷系统的控制过程

第一节　燃油喷射控制系统的组成

一、组成示意图

各型汽车燃油喷射系统采用传感器和执行器的数量与形式各不相同，D型燃油喷射系统采用歧管压力式传感器（MAP，如桑塔纳2000GLi型、切诺基吉普车、夏利2000等），L型燃油喷射系统采用空气流量传感器（AFS，如桑塔纳2000GSi型、捷达AT型、捷达GTX型和红旗CA7220E型等）。其中，L型燃油喷射控制系统的组成如图5-1所示。

二、组成部件

1. 凸轮轴/曲轴位置传感器

凸轮轴位置传感器与曲轴位置传感器的结构和工作原理基本相同，而且通常安装在一起。由于车型不同，安装位置也不相同，通常都安装在曲轴、凸轮轴、飞轮或分电器处。也有些车型将凸轮轴位置传感器与曲轴位置传感器分开并安装在不同位置上。

凸轮轴/曲轴位置传感器可分为电磁式、霍尔式和光电式三种类型。

（1）电磁式凸轮轴/曲轴位置传感器　图5-2所示为早期的日本丰田皇冠3.0轿车电磁式凸轮轴/曲轴位置传感器，可分为上、下两部分。上部分为凸轮轴位置传感器，由带一个凸齿的G转子和两个感应线圈 G_1 和 G_2 组成，用以产生第一缸上止点基准信号（G信号）；下部分为曲轴位置传感器，由一个带24个凸齿的Ne转子和一个Ne感应线圈组成，用以产生曲轴转角信号（Ne信号）。

电磁式凸轮轴位置传感器和曲轴位置传感器都是利用电磁感应原理产生脉冲信号的。

电磁式凸轮轴/曲轴位置传感器工作过程： 发动机工作时，转子随分电器轴一起转动，当转子上的凸齿与感应线圈靠近时，引起通过线圈的磁通变化，便会在线圈两端产生感应电压，ECU即根据感应线圈产生的脉冲信号确定发动机转速和各缸工作位置。发动机工作时，曲轴每转两圈（分电器轴转一圈），G_1 和 G_2 感应线圈各产生一个脉冲信号，在设计和安装时，只要G转子的凸齿在第一缸位于上止点时与 G_1 或 G_2 感应线圈靠近，ECU即可根据 G_1 和 G_2 确定第一缸上止点位置，并以此为基准，根据曲轴转角（Ne信号）和各缸工作顺序确定其他各缸的工作位置。曲轴每转两圈，在Ne感应线圈中产生与Ne转子凸齿数量相等的脉冲信号（Ne信号），ECU根据单位时间内收到的

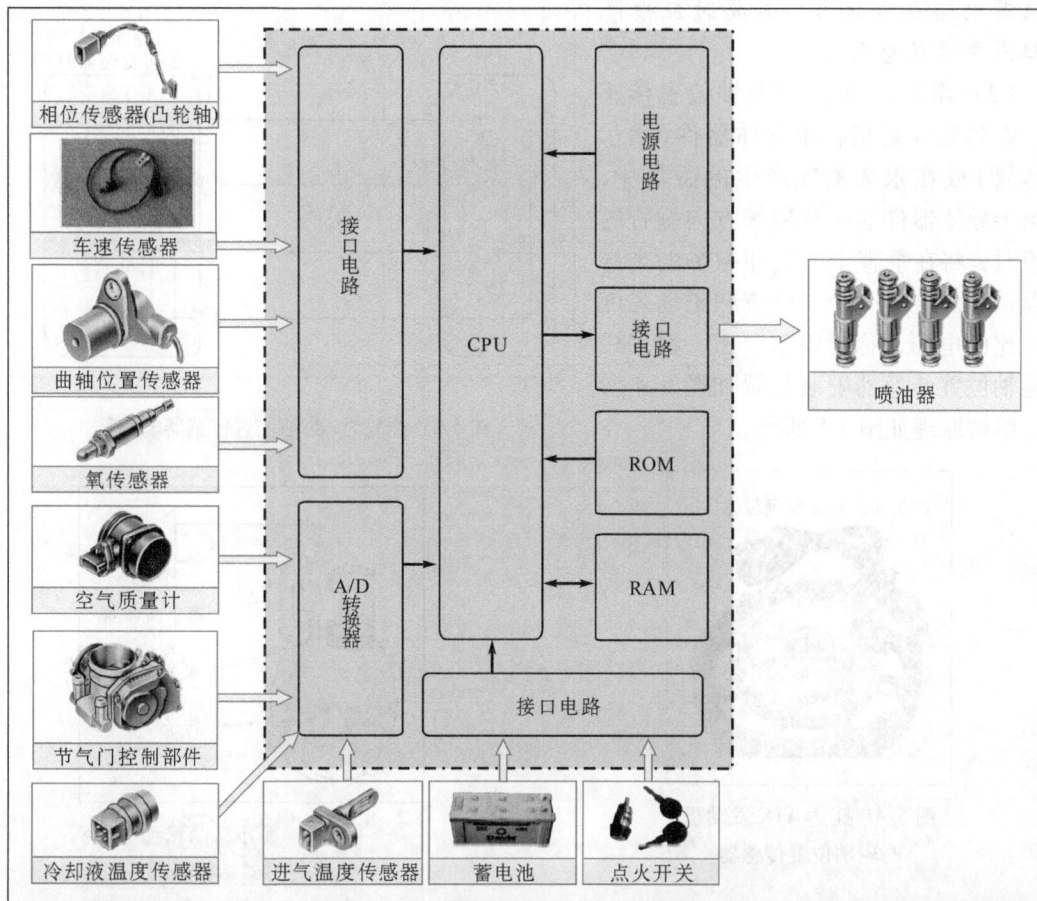

图 5-1　L 型燃油喷射控制系统的组成图

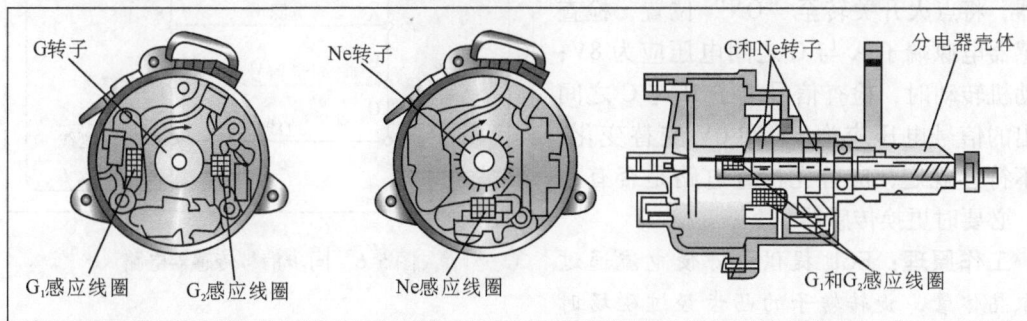

图 5-2　电磁式凸轮轴/曲轴位置传感器

Ne 信号确定发动机转速。

　　电磁式凸轮轴/曲轴位置传感器的维修：图 5-3 所示为日本丰田皇冠 3.0 轿车的凸轮轴/曲轴位置传感器电路图。在维修时，主要检查转子凸齿有无损伤，若有损伤应更换；检查感应线圈的电阻，冷态下的 G_1 和 G_2 感应线圈电阻应为 $125\sim200\Omega$，Ne 感应线圈电阻应为 $155\sim250\Omega$。也可在发动机工作时测量传感器的输出信号电压以判断传感

器及其电路是否正常，必要时应检修电路或更换传感器。

（2）霍尔式凸轮轴/曲轴位置传感器　霍尔效应是指将半导体器件（霍尔晶体管）放在永久磁铁产生的磁场中，并给半导体器件通一与磁场方向垂直的电流时，将在垂直于电流和磁场的半导体器件表面产生一个与电流和磁场强度成正比的电压，称为霍尔电压。霍尔式凸轮轴位置传感器安装位置如图5-4所示，结构原理如图5-5所示。

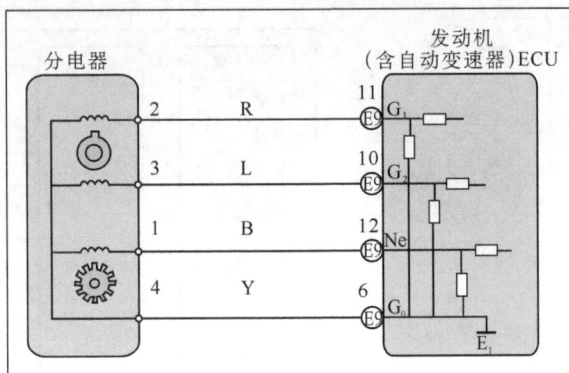

图5-3　凸轮轴/曲轴位置传感器电路图

图5-4　捷达ATK发动机
凸轮轴位置传感器

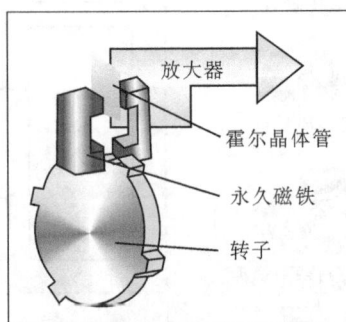

图5-5　霍尔式凸轮轴
位置传感器结构原理

北京切诺基汽车同步信号传感器电路如图5-6所示。维修时，拆开传感器线束插接器，将点火开关转至"ON"位置，检查传感器电源端子A与C之间电压应为8V；发动机转动时，检查信号端子B与C之间输出的信号电压应为5V和0V交替变化；若不符合规定，应首先检查电路是否有故障，必要时更换传感器。

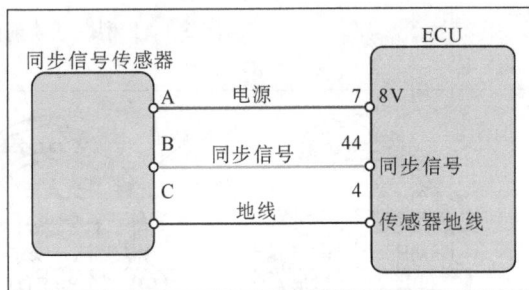

工作原理：ECU提供电源使电流通过霍尔晶体管，旋转转子的凸齿经过磁场时

图5-6　同步信号传感器电路

使磁场强度改变，霍尔晶体管产生的霍尔电压经放大后输送给ECU。ECU根据霍尔电压产生的时刻确定凸轮轴位置，根据霍尔电压产生的次数确定曲轴转角和发动机转速。

（3）光电式凸轮轴/曲轴位置传感器　光电式凸轮轴/曲轴位置传感器主要由转子、发光二极管、光敏二极管和放大电路等组成，如图5-7所示。转子上制有一定数量的透光孔，利用发光二极管作为信号源，随转子转动，当透光孔与发光二极管对正时，光线照射到光敏二极管上产生电压信号，经放大电路放大后输送给ECU。转子内、外两圈的透光孔数量不等，分别用以产生G信号和Ne信号。

光电式凸轮轴/曲轴位置传感器的维修：图 5-8 所示为日本日产、三菱和韩国现代轿车通常装用的光电式凸轮轴/曲轴位置传感器原理图。维修时，拆开传感器线束插接器，将点火开关转至"ON"位置，测量电控单元侧供电与搭铁端子之间电压应为 12V，否则说明电路或 ECU 有故障；给传感器侧的 1 与 2 端子之间直接施加 12V 蓄电池电压，并分别在信号输出端子 3、4 与 1 之间接上电流表，转动转子一圈时，两个电流表应分别摆动 1 次和 4 次（与透光孔数量相等），每次电流表指示电流应约为 1mA，否则应更换传感器。

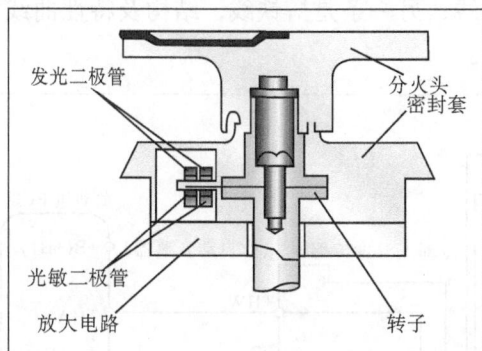

图 5-7　光电式凸轮轴/曲轴位置传感器结构图

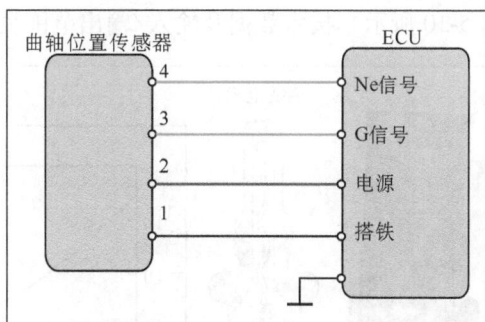

图 5-8　光电式凸轮轴/曲轴位置传感器电路

2. 进气温度传感器

进气温度传感器的作用就是给 ECU 提供进气温度信号，作为燃油喷射和点火正时控制的修正信号。进气温度传感器与电路如图 5-9 所示。在 D 型 EFI 中，进气温度传感器一般安装在空气滤清器内或进气总管内。在 L 型 EFI 中，进气温度传感器一般安装在空气流量计内。

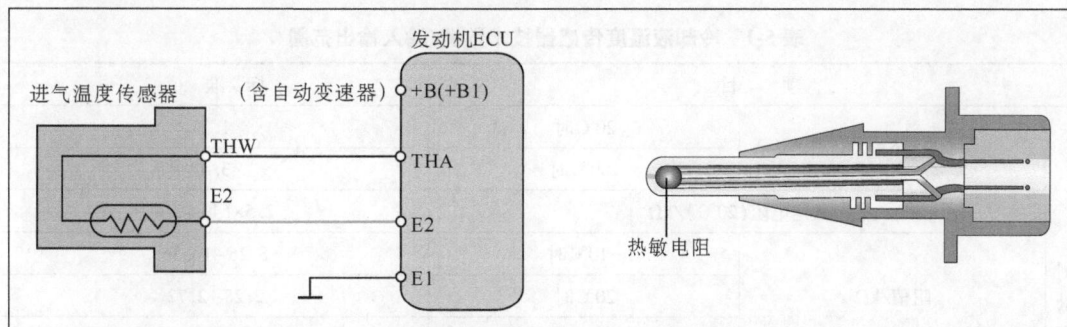

图 5-9　进气温度传感器与电路图

进气温度传感器：传感器壳体内装有一个热敏电阻，进气温度变化时，热敏电阻的阻值发生变化。在 ECU 中有一标准电阻与传感器的热敏电阻串联，并由 ECU 提供标准电压，E2 端子通过 E1 端子搭铁。当热敏电阻随进气温度变化时，ECU 通过 THA 端子测得的分压值随之变化，ECU 根据此分压值判断进气温度。

在使用中，拆开进气温度传感器线束插接器，测量两个端子之间应无断路故障，否则应更换传感器。将折下的传感器放入水中进行冷却或加热，检查其特性应符合标准，否则应更换传感器。

日本丰田皇冠 3.0 轿车进气温度传感器特性：-20℃ 时阻值应为 10~20kΩ，0℃ 时阻值

应为4~7kΩ，20℃时阻值应为2~3kΩ，40℃时阻值应为0.9~1.3kΩ，60℃时阻值应为0.4~0.7kΩ，80℃时阻值应为0.2~0.4kΩ。

3. 冷却液温度传感器

发动机冷却液温度传感器(ECT)向ECU提供一个随冷却液温度变化的模拟信号。这种传感器通常固定在冷却水管上，其下端浸入发动机的冷却液中。其特性与进气温度传感器类似，同样为负温度系数，典型的ECT在-40℃时电阻可达35000Ω，在120℃时只有120Ω。ECT与计算机之间有两条连线，一条是电压信号线，另一条是搭铁线，结构及特性曲线如图5-10所示，技术数据及输入/输出范围见表5-1。

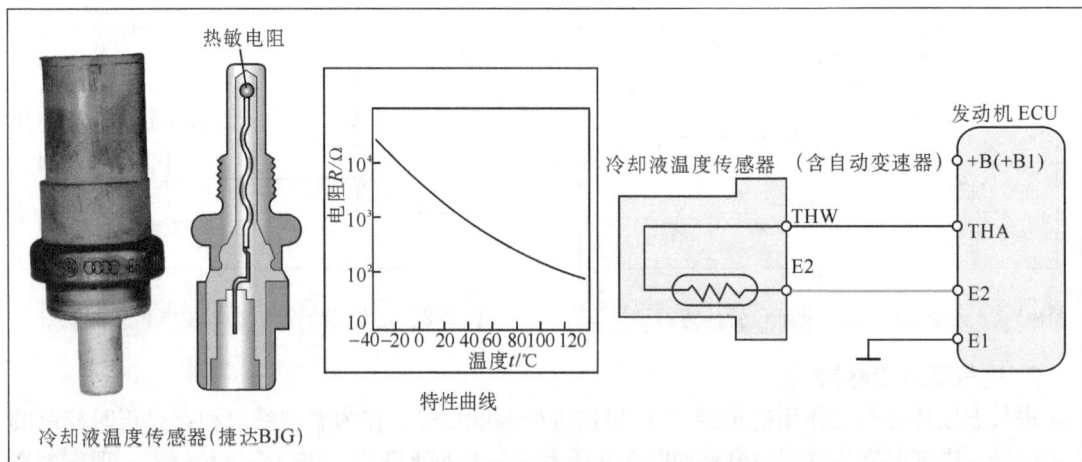

图5-10 冷却液温度传感器与电路图

表5-1 冷却液温度传感器技术数据/输入输出范围

项目			标准值
测量内容	容许公差/℃	20℃时	1.2
		100℃时	3.4
	额定电阻(20℃)/kΩ		2.5×(1±5%)
	阻值/kΩ	-10℃时	8.26~10.56
		20℃时	2.28~2.72
		80℃时	0.290~0.364
	额定电压/V		≤5
	最大测量电流/mA		5
	最大功率消耗/mW		15
	响应时间/s		44
测量范围/℃			-30~130

为了完成有关输出功能的必要决策，计算机必须知道冷却液的温度。例如，当发动机的温度较低时，ECU必须提供较浓的空燃比，而一旦发动机的工作温度达到正常值，必须提供较稀的空燃比。所以ECU必须根据ECT信号知道发动机冷却液的温度，以提供正确的空

燃比值实现燃油的经济性，以减小废气污染。

与进气温度传感器相同，冷却液温度传感器也是一个 NTC 热敏电阻，即负温度系数的热敏电阻，可在温度范围为$-40 \sim 150$℃时正常工作。ECU用本身的 5V 稳压电源向热敏电阻供电。热敏电阻按照温度变化送出电压信号，这个电压信号代表发动机冷却液的温度，作为电控系统各控制功能的修正信号。

捷达电控燃油喷射式发动机冷却液温度传感器安装在发动机出水管至散热器和暖风热交换器的管接头上，如图 5-11 所示。

图 5-11　冷却液温度传感器安装位置

如果冷却液温度传感器信号中断或者传感器损坏，ECU 即失去对主控的冷却液温度修正功能，但是发动机仍然是在主控的条件下运转，在正常发动机冷却液温度条件下影响不大。电控系统无冷却液温度信号将导致发动机冷、热起动性能变差，怠速运转自适应性能变差，废气排放值和发动机油耗量升高等。

冷却液温度传感器的检测：如图 5-12 所示，红表笔接信号线 B 脚，黑表笔接搭铁脚 A 脚，点火开关打开应能检测到 ECU 的 5V 参考电压，否则检查 ECU 到插口连线有无断线，ECU 有无损坏。

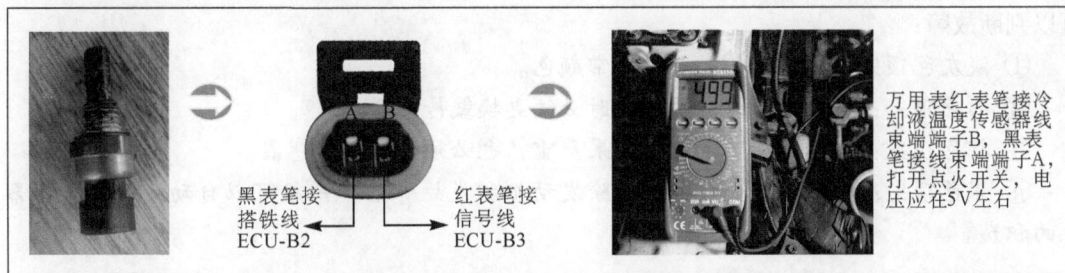

黑表笔接搭铁线 ECU-B2　红表笔接信号线 ECU-B3　万用表红表笔接冷却液温度传感器线束端子B，黑表笔接线束端子A，打开点火开关，电压应在5V左右

图 5-12　冷却液温度传感器检测

4. 氧传感器

氧传感器根据空燃比和排气流中的含氧量向 ECU 输送一个模拟电压信号。浓的空燃比使氧传感器产生高电压。氧传感器用螺钉固定在排气歧管或接近发动机的排气歧管中。某些制造厂把这种传感器分别称为排气含氧传感器（EGO），或加热型排气含氧传感器（HEGO）。氧传感器中心有一个氧敏元件被钢制外壳包围着。许多氧传感器中的氧敏元件由二氧化锆制成。钢壳上有一段是六面体的，在这一段上可以套住一个"梅花"扳手，以便拆装传感器。钢壳下端的螺纹与安装传感器的排气管上的螺纹孔相配。氧传感器外观如图 5-13 所示，传感器技术数据见表 5-2。

表 5-2　氧传感器技术数据

项　　目	技 术 数 据
温度范围，被动(储存温度范围)/℃	−40~100
持续排气温度(加热开关开启)/℃	150~600
允许最大排气量温度(加热开关开启，累计 200h)/℃	800
耗散功率/W	16
工作电压/V	12
加热电流(12V 电压下)/A	1.25
绝缘电阻(在加热器和传感器连线之间)/MΩ	>30
λ 控制范围	1.0~2.0
响应时间/s 转变到"稀"方向 转变到"浓"方向	2.0 1.5

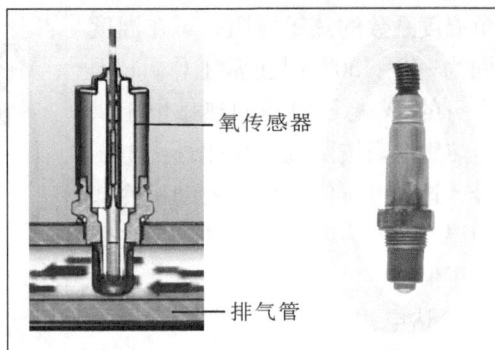

图 5-13　氧传感器实物与工作示意图

传感器的顶端安装有钢罩或氯丁橡胶套。许多氧传感器的钢罩松套在氧传感器上，以便大气中的氧不断地进入氧敏元件中。如果传感器上装的是氯丁橡胶套，那么套的内表面必然刻有槽，使空气能进入氧敏元件。一些新型的氧传感器顶部是密封的，氧气通过信号线进入传感器。

底部装有防护罩的氧传感器伸入排气管，发动机工作时，防护罩上的槽有助于搅动氧敏元件周围的空气。

氧传感器的检测：

（1）氧传感器外观颜色的检查　如图 5-14 所示，通过观察氧传感器顶尖部位的颜色也可以判断故障：

① 淡灰色顶尖：这是氧传感器的正常颜色。

② 白色顶尖：由硅污染造成的，此时必须更换氧传感器。

③ 棕色顶尖：由铅污染造成的，如果严重，也必须更换氧传感器。

④ 黑色顶尖：由积炭造成的，在排除发动机积炭故障后，一般可以自动清除氧传感器上的积炭。

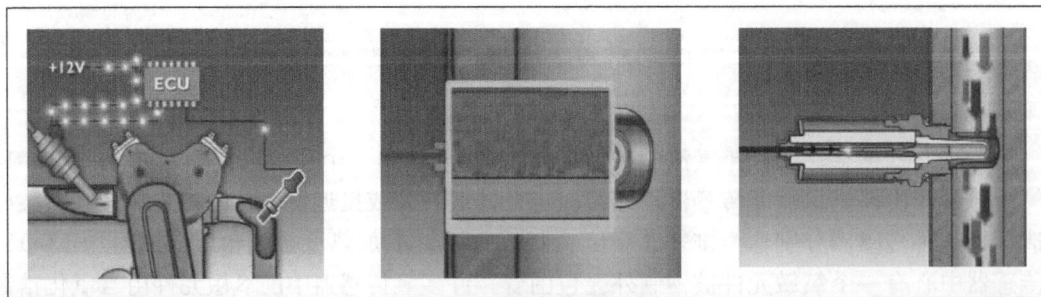

图 5-14　氧传感器外观颜色的检查

（2）氧传感器阻值的检测　如图 5-15 所示，以桑塔纳 2000GLi 型轿车为例，见表 5-3。

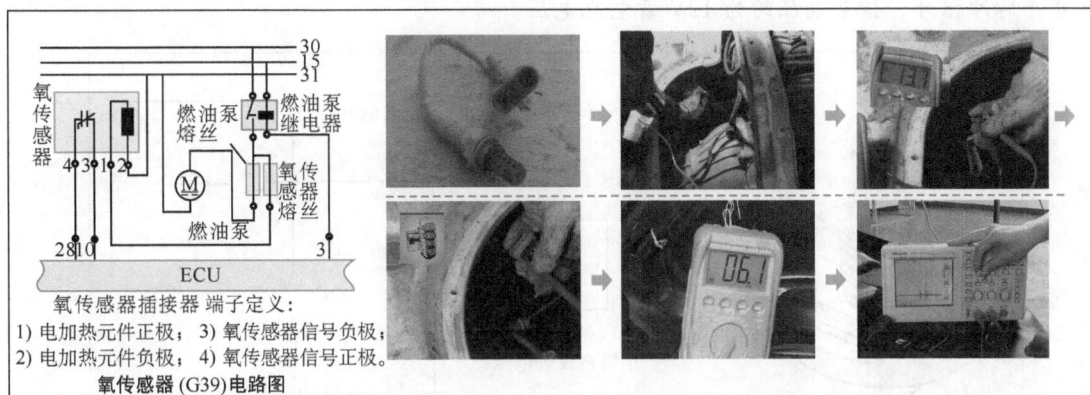

图 5-15　氧传感器阻值的检测(桑塔纳 2000GLi)

表 5-3　桑塔纳 2000GLi 型轿车氧传感器的检修

检 修 项 目	检 修 条 件	检 修 部 位	标 准 值
电源电压	点火开关"ON",发动机怠速	两根白色导线间的电压 1 与 2 端子	12~14V
信号电压	发动机起动	灰色与黑色导线间的电压 4 与 3 端子	0.1 ~ 0.9V 变化
模拟故障检测信号电压	① 发动机起动、怠速 ② 拔下油压调节器软管并将管口堵住	灰色与黑色导线间的电压 4 与 3 端子	显示 0.9V,然后开始摆动
加热元件电阻	拔下传感器插接器	传感器插接器两白色导线 1 端子与 2 端子	0.5~20Ω
信号正极线	拔下 ECU、传感器插接器	28 端子至 4 端子	<0.5Ω
信号负极线	拔下 ECU、传感器插接器	10 端子至 3 端子	<0.5Ω
加热元件正极导线	关闭点火开关,拔下传感器插接器	点火开关 15 端子至传感器插接器端子	<0.5Ω
加热元件负极导线	关闭点火开关,拔下传感器插接器	传感器插接器 2 端子至搭铁 31 端子	<0.5Ω

5. 车速传感器

车速传感器检测汽车的行驶速度,给 ECU 提供车速信号(SPD 信号),用于巡航控制和限速断油控制。在汽车集中控制系统中,也是自动变速器的主控制信号。

车速传感器通常安装在组合仪表内或变速器输出轴上。车速传感器有舌簧开关式(图 5-16)和光电式两种类型。

舌簧开关式车速传感器工作原理:舌簧开关式车速传感器的车速表软轴由安装在变速器输出轴上的齿轮驱动,车速表软轴驱动磁铁旋转,每转一圈磁铁的极性变换 4 次,从而使舌簧开关触点闭合或断开,ECU 根据触点开闭的频率即可确定车速。ECU 给车速传感器提供 12V 标准电压并进行监控,舌簧开关控制搭铁,当舌簧开关闭合使电路接通时,传感器便产生一个脉冲信号输送给 ECU。在维修时,检查车速传感器电源电压应正常,然后转动驱动轮,测量车速传感器输出的信号电压(信号输出端子与搭铁间),车速表软轴每转一圈应产

生4个脉冲信号,信号电压约为12V蓄电池电压。

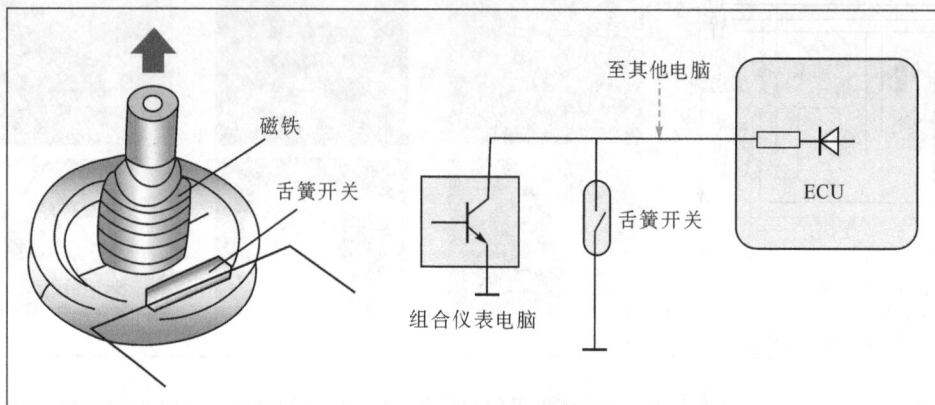

图 5-16　舌簧开关式车速传感器

第二节　燃油喷射控制系统的控制内容

一、喷油正时控制

喷油正时控制就是喷油器开始喷油时刻的控制。多点间歇喷射汽油机的喷油时刻控制可分为同步喷射方式和异步喷射方式两种。

1. 同步喷油正时控制

此方式是根据发动机各缸工作循环,在既定的曲轴位置进行喷油,同步喷油有规律性。

(1)顺序喷射的控制　在顺序喷射系统中,发动机工作一个循环(曲轴转两周720°),各缸喷油器轮流喷油一次,且像点火系统跳火一样,按照特定的顺序依次进行喷射,如图5-17所示。

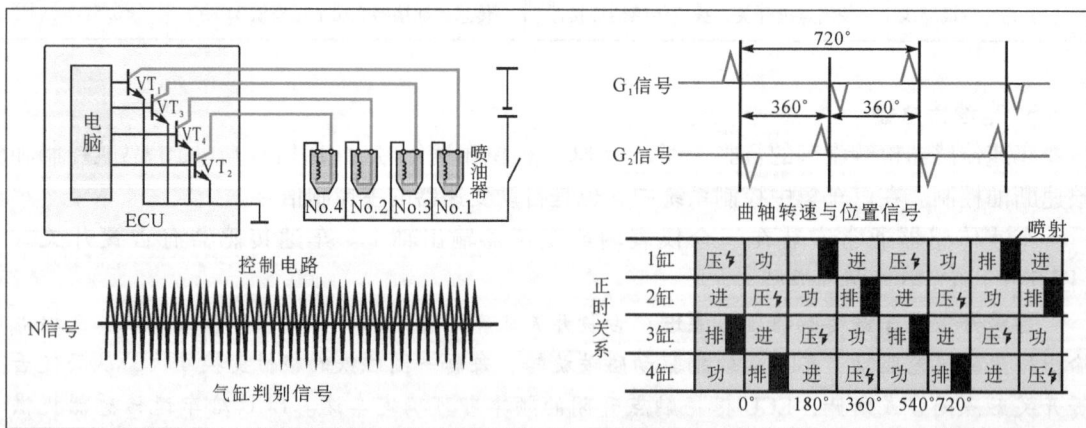

图 5-17　多点燃油顺序喷射控制电路正时关系

实现顺序喷射的一个关键问题是需要知道活塞即将到达排气上止点的是哪一个气缸。为此，在顺序喷射系统中，ECU 需要一个气缸判别信号（简称判缸信号）。ECU 根据曲轴位置（转角）信号和判缸信号，确定出是哪一个气缸的活塞运行至排气上止点前某一角度（四缸机一般在上止点前 BTDC 60°左右）时，发出喷油控制指令，接通该缸喷油器电磁线圈电流，使喷油器开始喷油。

（2）分组喷射的控制　多点燃油分组喷射就是将喷油器喷油分组进行控制，一般将四缸发动机分成两组，六缸发动机分成三组，八缸发动机分成四组，如图 5-18 所示。

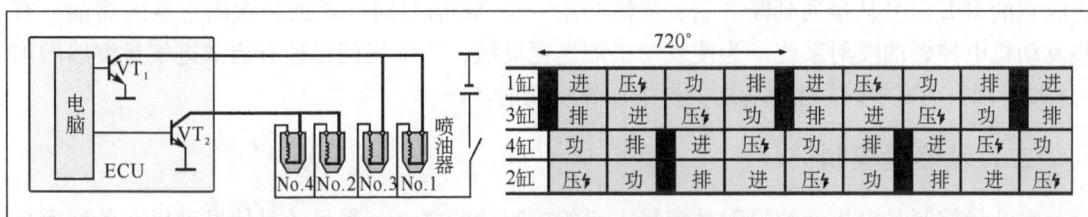

图 5-18　多点燃油分组喷射控制电路与正时关系

发动机工作时，由 ECU 控制各组喷油器轮流喷油。发动机每转一圈，只有一组喷油器喷油，每组喷油器喷油时连续喷射 1~2 次。

（3）同时喷射的控制　多点燃油同时喷射就是各缸喷油器同时喷油，各缸喷油器并联在一起，电磁线圈电流由一只功率晶体管 VT 驱动控制，如图 5-19 所示。

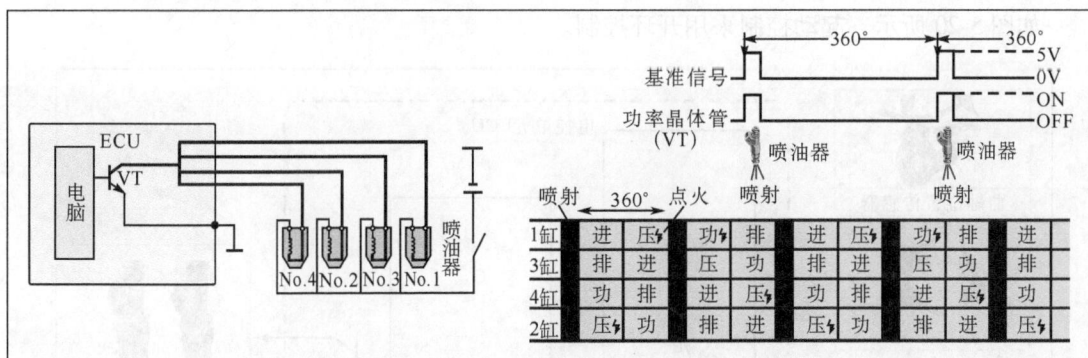

图 5-19　多点燃油同时喷射控制电路与正时关系

发动机工作时，ECU 根据曲轴位置传感器（CPS）和凸轮轴位置传感器（CIS）输入的基准信号发出喷油指令，控制功率晶体管 VT 的导通与截止，再由功率晶体管控制喷油器电磁线圈接通与切断，使各缸喷油器同时喷油或同时停止喷油。曲轴每转一圈（360°）或两圈（720°），各缸喷油器同时喷油一次。由于各缸同时喷油，所以喷油正时与发动机的进气→压缩→膨胀→排气工作循环无关。

2. 异步喷油正时控制

它与发动机的工作不同步，无规律性，它是在同步喷油的基础上，为改善发动机的性能额外增加的喷油，主要有起动异步喷油和加速异步喷油。

（1）起动异步喷油正时控制　在部分电控燃油喷射系统中，为改善发动机的起动性能，

在发动机起动时，除同步喷油外，再增加一次异步喷油。

具有起动异步喷油功能的电控燃油喷射系统，在起动开关（STA）处于接触状态时，ECU接收到第一个凸轮轴位置传感器（CMPS）信号（G信号），并接收到第一个曲轴位置传感器（CKPS）信号（Ne信号）时，开始进行起动时的异步喷油。

（2）加速时异步喷油正时控制　发动机由怠速工况向汽车起步工况过渡时，由于燃油惯性等，会出现混合气稀的现象。为了改善起步加速性能，ECU根据节气门位置传感器（IDL信号）从接通到断开时，增加一次固定量的喷油。在有些电控燃油喷射系统中，ECU接收到的IDL信号从接通到断开后，检测到第一个Ne信号时，增加一次固定量的喷油。有些发动机电控燃油喷射系统，为使发动机加速更灵敏，当节气门迅速开启或进气量突然增加（急加速）时，在同步喷射的基础上再增加异步喷射。

二、喷油量控制

喷油量控制是电控燃油喷射系统最主要的控制功能之一。其目的是使发动机在各种运行工况下，都能获得最佳的混合气浓度，以提高发动机的经济性和降低排放污染。

当喷油器的结构和喷油压差一定时，喷油量的多少就取决于喷油时间。在汽油机电控燃油喷射系统中，喷油量的控制是通过对喷油器喷油时间的控制来实现的。

喷油量的控制大致可分为起动控制、基本喷油量控制、加减速控制、怠速控制和空燃比反馈控制等。

1. 起动时喷油量控制

如图5-20所示，起动控制采用开环控制。

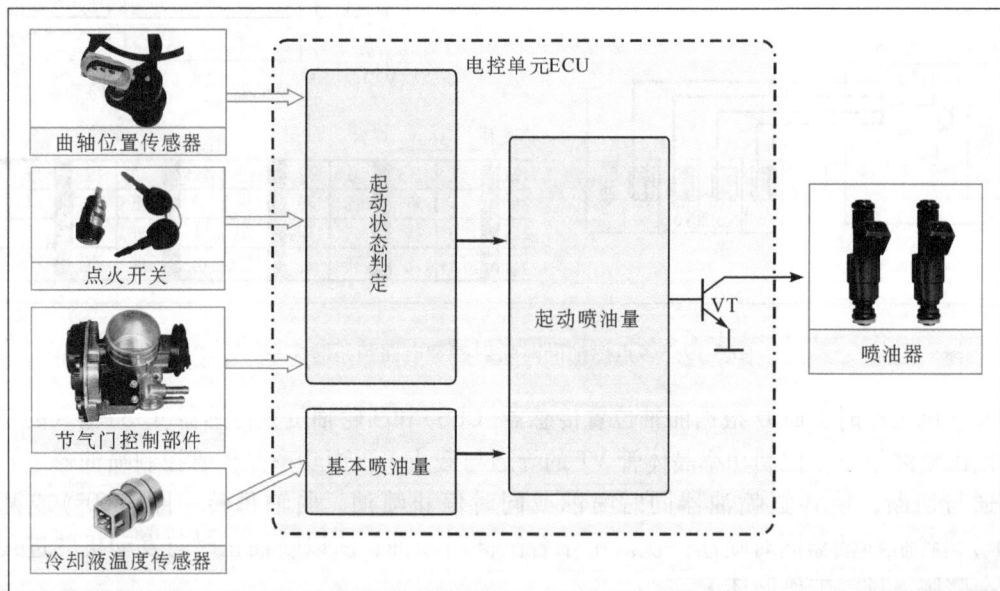

图5-20　起动时喷油量控制示意图

喷油量的控制过程： ECU首先根据点火开关、曲轴位置传感器和节气门位置传感器提供的信号，判定发动机是否处于起动状态，以便决定是否按起动程序控制喷油；然后根据冷

却液温度传感器信号确定基本喷油量。

当点火开关接通起动档位时，ECU 的 STA 端便接收到一个高电平信号，此时 ECU 再根据曲轴位置传感器和节气门位置传感器信号判定是否处于起动状态。如果曲轴位置传感器信号表明发动机转速低于 300r/min，且节气门位置传感器信号表明节气门处于关闭状态，则判定发动机处于起动状态，并控制运行起动程序。在燃油喷射系统具有"清除溢流"功能的汽车上，当发动机转速低于 300r/min 时，如果节气门开度大于 80%，那么 ECU 将判定为"清除溢流"控制，喷油器将停止喷油。

（1）冷起动时　起动发动机时，ECU 根据当时发动机的冷却液温度，从预存在的温度-喷油时间数据表中找出相应的基本喷油持续时间。然后，ECU 再根据进气温度和蓄电池电压对基本喷油时间进行修正，得到起动过程实际的喷油持续时间，作为起动工况的主喷油量，其喷油量与发动机曲轴转角有固定的关系，这部分喷油为同步喷射。同时进行一定量的异步喷射，或控制冷起动阀进行异步喷射，以补充冷起动过程对燃油量的额外要求。

（2）高温起动时　汽车高速行驶后停车再次热起动时，发动机对燃油的加热作用，会使汽油温度上升至 80~100℃。在这种情况下，喷油器内的汽油中含有汽油蒸气，导致混合气变稀，为此必须进行高温起动时喷油量的修正。

一般在发动机冷却液温度高于设定值（如 100℃）情况下起动发动机时，ECU 即对喷油量进行高温起动喷油量修正。在有些电控汽油机中，ECU 根据汽油温度传感器的汽油温度信号来确定是否进行高温起动喷油量修正。

2. 起动后喷油量控制

起动后喷油量控制示意图如图 5-21 所示。

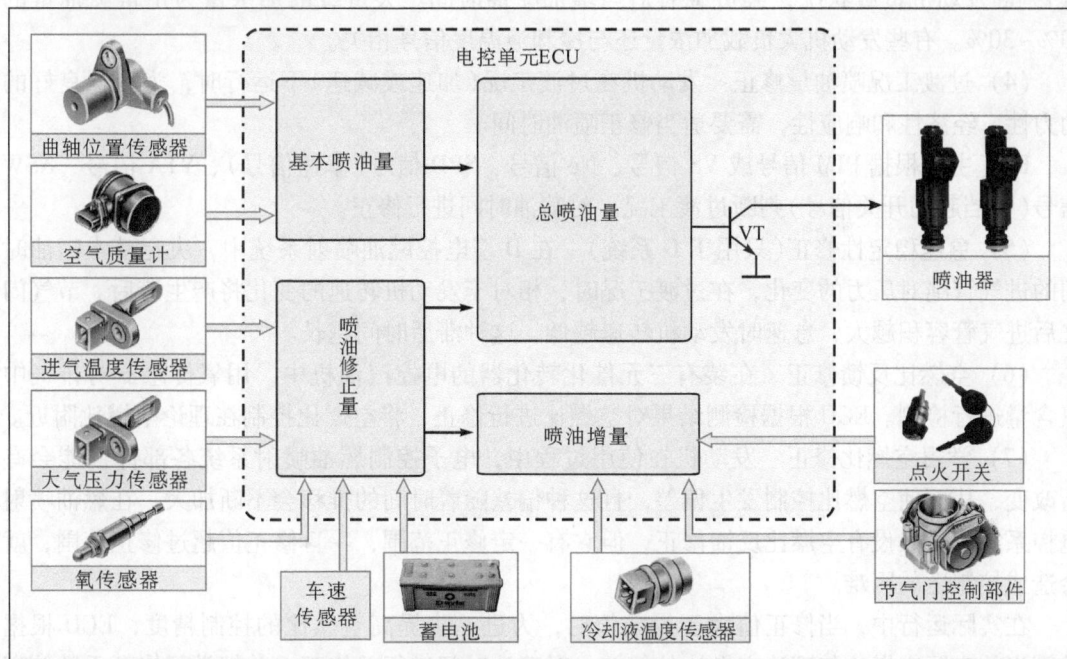

图 5-21　起动后喷油量控制示意图

在发动机运转过程中，喷油器的总喷油量由基本喷油量、喷油修正量和喷油增量三部分组成。

（1）暖机喷油量修正　发动机温度较低时，燃油蒸发性差，为使发动机迅速进入最佳工作状态，必须供给较浓的混合气。

发动机起动后，在达到正常工作温度之前，ECU 根据冷却液温度信号（THW 信号）对喷油时间进行修正。修正系数的确定如图 5-22 所示。

暖机加浓还受怠速信号（IDL 信号）控制，当节气门位置传感器中的怠速触点接通或断开时，根据发动机转速不同，ECU 使喷油时间有少量变化。

（2）进气温度修正　发动机进气温度影响进气密度，ECU 根据进气温度传感器提供的进气温度信号（THA 信号），对喷油时间进行修正。通常以 20℃ 为进气温度信息的标准温度，低于

图 5-22　暖机喷油量修正系数

20℃ 时空气密度大，ECU 适当增加喷油时间，使混合气不致过稀；进气温度高于 20℃ 时，空气密度减小，适当减少喷油时间，以防混合气偏浓。

（3）大负载工况喷油量修正　发动机在大负载工况下运转时，要求使用较浓的功率混合气以获得大功率。ECU 根据发动机负载修正喷油时间。

发动机工作时，ECU 可根据进气管绝对压力传感器信号（PIM 信号）或空气流量计信号（VS 信号）以及节气门位置传感器输送的全负载信号（PSW 信号）或节气门开度信号（VTA 信号）判断发动机负载状况，大负载时适当增加喷油时间。大负载的加浓量为正常喷油量的10%～30%。有些发动机大负载加浓量还与冷却液温度信号相关。

（4）过渡工况喷油量修正　发动机在过渡工况（加速或减速）下运行时，为获得良好的动力性、经济性和响应性，需要适当修正喷油时间。

ECU 主要根据 PIM 信号或 VS 信号、Ne 信号、SPD 信号（车速信号）、VTA 信号、NSW信号（空档起动开关信号）判断过渡工况，对喷油时间进行修正。

（5）怠速稳定性修正（只用于 D 系统）　在 D 型电控燃油喷射系统中，决定基本喷油时间的进气管绝对压力的变化，在过渡工况时，相对于发动机转速的变化将产生滞后。节气门之后进气管容积越大，怠速时发动机转速越低，这种滞后时间越长。

（6）空燃比反馈修正　在装有三元催化转化器的电控汽油机中，用氧传感器对排气中氧含量进行检测。ECU 根据检测结果对空燃比进行修正，将空燃比控制在理论空燃比附近。

（7）学习空燃比修正　发动机在使用过程中，电子控制燃油喷射系统各部件性能会有所改变，从而使空燃比控制发生偏差，且这种偏差随着时间的推移会不断加大。在燃油喷射电控系统中虽然设有空燃比反馈修正，但它有一定修正范围，一旦修正值超过修正范围，就会造成控制上的困难。

在实际运行中，当修正值大于设定值时，为进一步提高空燃比的控制精度，ECU 根据计算出的实际空燃比与理论空燃比的偏差，对喷油时间进行总修正，并把学习修正系数储存在 EPROM 或 RAM 中作为以后的预置值。

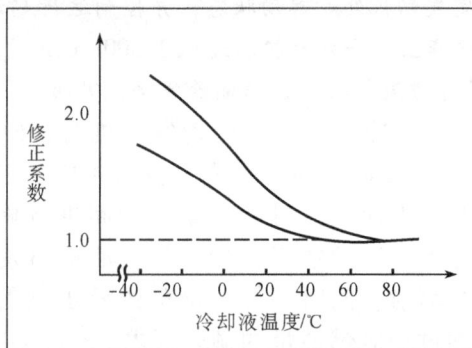

（8）电源电压修正　通常把开启滞后与关闭滞后的差值称为无效喷射时间。由于在无效喷油时间内，事实上没有进行喷射，所以需要进行补偿修正。

在实际运行条件下，针阀开启滞后时间受蓄电池电压影响较大，针阀关闭滞后时间受蓄电池电压的影响较小。ECU 根据蓄电池电压对喷油持续时间进行修正，蓄电池电压低，修正时间长；蓄电池电压高，修正时间短。

三、断油控制

燃油停供控制（断油控制）是指电控单元 ECU 在某些特殊工况下，停止向喷油驱动电路发送喷油信号，喷油器暂时中断燃油喷射，以满足发动机运行的特殊要求。断油控制包括发动机超速断油控制、减速断油控制和清除溢流控制等。

1. 超速断油控制

当发动机转速过高，可能引起发动机损坏时，ECU 执行发动机超速断油控制，对发动机的最高转速进行限制。

过去为了防止发动机超速，常采用停止点火或延迟点火的方法。这些方法对排放和燃油经济性都是十分不利的。

现在都采用切断燃油供给的电子限速装置，博世公司 Motronic 系统中采用的电控转速限制装置的工作特性如图 5-23 所示。发动机运行时，ECU 将发动机的实际转速与储存在 ROM 中的最高转速进行比较，当转速超过设定转速时，ECU 停止输出喷油信号，转速下降至设定转速时再恢复喷油，如此反复循环，防止发动机转速继续上升。

2. 减速断油控制

当发动机在高转速运行下、节气门突然关闭时，发动机处于强制怠速工况。这种工况一般为汽车减速运行工况，发动机不再需要供应燃油，为避免混合气过浓、燃油经济性和排放变坏，ECU 执行减速断油控制，喷油器停止喷油。当发动机转速降至预设转速，或节气门重新打开时，ECU 才使喷油器恢复喷油。

断油转速和恢复喷油转速与冷却液温度、空调系统是否工作、用电器用电情况等因素有关。发动机冷却液温度越低，断油转速越高。断油和恢复供油的转速特性控制曲线示意图如图 5-24 所示。

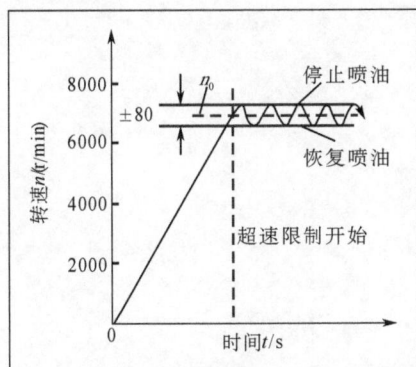

图 5-23　超速断油控制曲线示意图

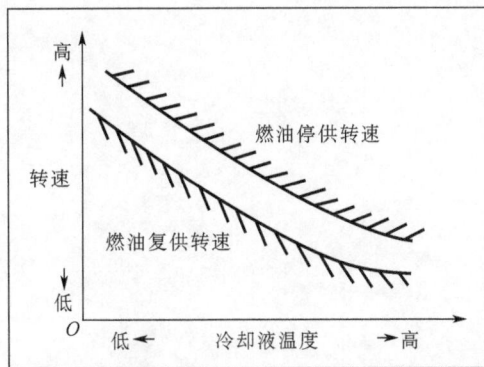

图 5-24　断油和恢复供油的转速特性控制曲线示意图

3. 清除溢流控制

清除溢流功能就是将发动机加速踏板踩到底，接通起动开关，起动发动机时，ECU 自动控制喷油器中断喷油，以便排除气缸内的燃油蒸气，使火花塞干燥，从而能够跳火。

当驾驶员踩下节气门而发动机又不能起动时，可利用电控系统的清除溢流功能先将溢流清除，然后再进行起动。

电控系统清除溢流的条件：

1）点火开关处于起动位置。

2）节气门全开。

3）发动机转速低于 500r/min。

只有在以上三个条件都满足时，电控系统才能进入清除溢流状态。由此可见，在起动燃油喷射式发动机时，不必踩下加速踏板，直接接通起动开关即可。否则电控系统可能进入清除溢流状态而使发动机无法起动。

4. 减转矩断油控制

在配装电子控制自动变速器的汽车上，当行驶中变速器自动升档时，变速器 ECU 会向燃油喷射系统 ECU 发出一个减转矩信号。燃油喷射 ECU 接收到这一信号后，将立即发出控制指令，暂时中断个别气缸喷油，降低发动机转速，以便减轻换档冲击，这种控制功能称为减转矩断油控制。

第六章

柴油机电控燃油供给系统

第一节 柴油机电控喷射系统概述

一、柴油机电控燃油系统的发展史

电控柴油机与传统柴油机的主要区别在于它们的燃油供给系统不同，前者采用的是电控燃油喷射系统，而后者采用的是机械式燃油喷射系统。从结构和功能的角度看，柴油机的电控系统包括燃油系统的电子控制和柴油机空气供给系统的电子控制。这些电子控制系统使得柴油机在动力性、经济性和排放性等方面都取得了巨大的进步。

早在 20 世纪 70 年代，人们就开始研究柴油机电子控制技术来替代机械控制，到目前为止，已经研究并生产出许多功能各异的柴油机电子控制技术，大部分已经产品化并投放市场。这期间经历了二代发展过程。

1. 第一代——位置控制式

第一代柴油机电控燃油喷射系统——位置控制系统。这种系统的主要特点是保留了大部分传统的燃油系统部件，如喷油泵-高压油管-喷油器系统和喷油泵中齿条、齿圈、滑套、柱塞上的螺旋槽等零件，只是用电子伺服机构代替机械式调速器来控制供油滑套或燃油齿条的位置，使得供油量的调整更为灵敏和精确。位置控制式燃油喷射系统又分为位置控制式直列泵系统和位置控制式分配泵系统。图 6-1 所示为第一代电控柴油分配泵，最明显的特征就是具有用于调整控制油量的油量调节器及滑套位置传感器。

这类技术已发展到了可以同时控制定时和预喷射的 TICS 系统。

第一代电控燃油系统的控制原理如下：

1）喷油量的控制：根据电控柴油发动机 ECU 的指令驱动油量调节器，从而改变齿杆或溢油环的位置来调节喷油量。

2）喷油时间的控制：根据 ECU 的指令由发动机驱动轴和凸轮轴的相位差进行控制。

发动机 ECU 根据各种传感器检测出的发动机运行状态及运行环境条件等，计算出适合发动机最佳状态的控制量，并向执行机构发出相应的指令。

2. 第二代——时间控制式

这种系统可以保留原来的喷油泵-高压油管-喷油器系统，也可以采用新型高压燃油系统。其喷油量和喷油定时由电脑控制的强力高速电磁阀的开闭时刻所决定：电磁阀关闭，执行喷油；电磁阀打开，喷油结束。即喷油始点取决于电磁阀关闭时刻，喷油量取决于电磁阀

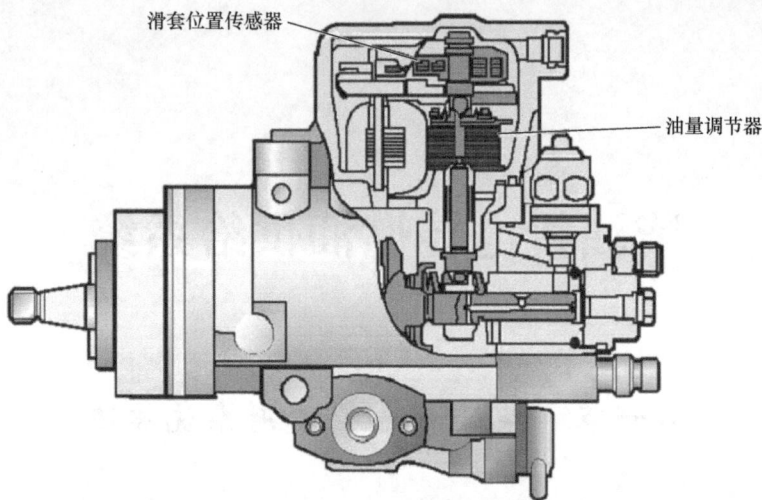

图 6-1　位置控制式电控柴油分配泵

关闭时间的长短，因此可以同时控制喷油量和喷油定时。传统喷油泵中的齿条、滑套、柱塞上的斜槽和提前期等全部取消，对喷射定时和喷射油量控制的自由度更大。图 6-2 所示为时间控制式的径向柱塞分配泵，其明显特征是泵上装有油泵控制单元、用于控制喷油量的喷射控制电磁阀和控制喷油提前角的定时控制电磁阀。

图 6-2　时间控制式径向柱塞分配泵

时间控制式的电控燃油系统是通过喷油泵或者发动机的凸轮泵油来使燃油升压的，升压开始的时间以及结束时间是由电磁阀的接通/断开控制的。

3. 第三代——时间-压力控制式

第三代柴油机电控燃油喷射系统，也称电控共轨系统。这种系统包括了高压共轨系统和中压共轨系统。这是 20 世纪 90 年代国外最新推出的新型柴油机电控喷油技术。该系统摒弃了传统的喷油泵-高压油管-喷油器的脉动供油方式，代之以一个高压油泵在柴油机的驱动

下，连续将高压燃油输送到共轨管内，高压燃油再由共轨管送入各缸喷油器，通过控制喷油器上的电磁阀实现喷射的开始和终止。图6-3所示为典型的柴油机高压共轨系统。

为满足日益严格的尾气排放法规，要降低发动机的燃油消耗和减少废气排放中的有害成分，单靠传统的机械控制技术及其他简单电控系统不足以解决问题，目前满足我国国Ⅲ排放标准的柴油发动机主要采用的是电控高压共轨系统。

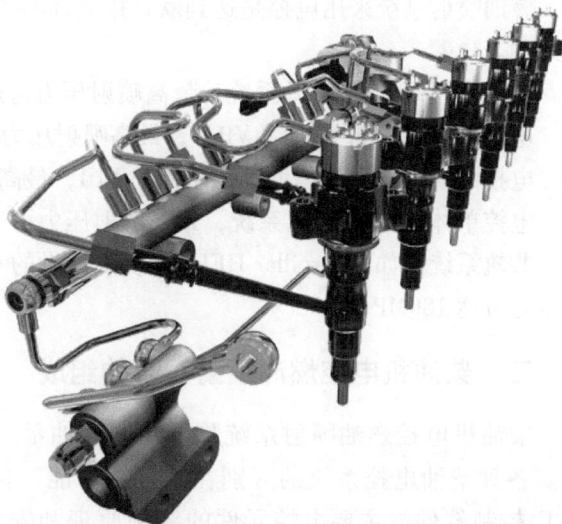

二、典型电控燃油喷射系统介绍

燃油喷射系统是在不断的发展变化中，从最初的单缸泵发展到多缸泵，再由机械调速器发展到电子调速器，最后到今

图6-3　柴油机高压共轨系统

天的全部采用电控系统(速度调节、喷油正时、油量大小等)；由原来的单次喷射发展到现在的多次喷射等，特别是20世纪90年代以来，发展更为迅速。喷射压力越来越高，控制喷射的灵活性越来越大，可根据转速、负荷任意控制。已经得到应用的电控柴油喷射系统类型见表6-1。

表6-1　已经得到应用的电控柴油喷射系统类型

喷油控制		研发公司	型号	控制特点	喷油压力/MPa
方法	对象				
位置控制	直列泵	Zexel	COPEC	高速电磁阀控制喷油时刻，可变电感位移传感器控制喷油器	—
		博世	TICS	高速电磁阀控制柱塞套筒及齿条位置，可变预行程	—
	分配泵	电装	ECD-V1	线性电磁铁控制滑套位置，电磁阀控制喷油时刻	—
		博世	EDC-COVEC	旋转电磁铁控制滑套位置，电磁阀控制喷油时刻	—
时间控制	泵喷油器	底特律	DDEC	在机械泵喷油器油道中设高速电磁阀，电磁阀关闭-始喷、打开-停喷	180
		博世	DDEC	—	220
	单体泵	博世	EUP	—	200
	分配泵	Stanadyne	DS，RS	用高速电磁阀控制喷油时刻和油量	200
	中压液压共轨 柴油	丰田		用螺线管驱动增压活塞	110~140
	机油	Caterpillar	HEUI	斜盘柱塞泵，高速电磁阀，电子压力调节器，机油液力增压 4~23MPa	20~140
		小松	KOMPICS		150
	高压共轨	ECD-U2	—	高压柱塞泵，高速电磁阀，预喷射	160
		博世	—	电磁阀通电-始喷、断电-停喷	160
		Lucas	—		

燃油喷射系统采用电控是达到欧Ⅲ排放标准的必备条件。典型的电控燃油喷射系统有以下几种。

电控直列泵：如 TICS 系统，最高喷射压力可达 135MPa。

电控分配泵：如 VP37、VP44，最高喷射压力可达 140MPa。

电控泵喷油器：如博世、德尔福的 EUI，最高喷射压力可达 220MPa。

电控单体泵：如 EUP 系统，最高喷射压力可达 200MPa。

共轨系统：如 Caterpillar HEUI 系统、博世的 CR 系统、电装的 ECD-U2 系统等，最高喷射压力可达 180MPa。

三、柴油机电控燃油喷射系统的组成

柴油机电控燃油喷射系统除了控制喷油量，对喷油正时和喷油的压力都有很高的要求。各种柴油电控系统的区别在于控制功能、传感器的数量和类型、执行元件的类型、ECU 控制软件、主要电控元件的结构原理和安装位置，但基本组成与其他电子控制系统一致，也是由传感器、ECU、执行元件三部分组成的，如图6-4所示。

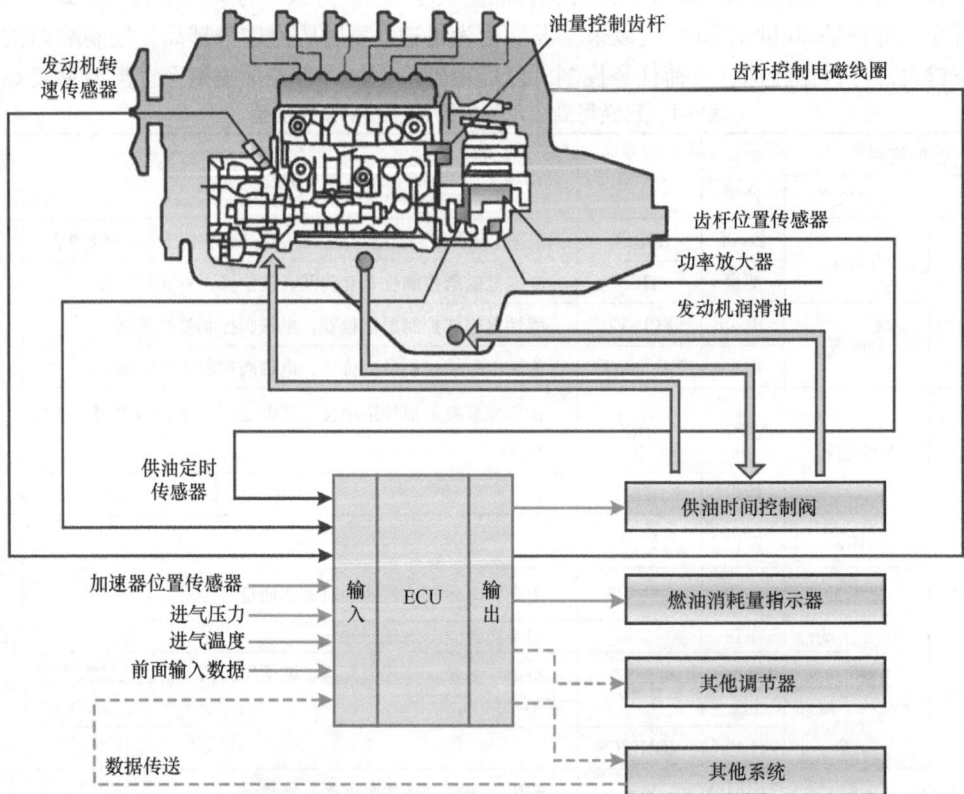

图 6-4 柴油机电控燃油喷射系统组成示意图

1. 传感器

传感器用来检测柴油机与汽车的运行状况，并将检测结果转换成电信号输送给 ECU。

（1）加速踏板位置传感器　用来检测加速踏板所处位置，ECU 根据此传感器信号间接判断柴油机的负荷，作为控制柴油机喷油量和喷油正时的主控制信号。有电位计式和差动电感式两种类型。

（2）反馈信号传感器　该传感器是闭环控制系统中用来检测控制系统执行元件实际位置的传感器，主要包括负荷传感器和正时传感器两大类。

（3）燃油温度传感器　ECU 根据此传感器信号对喷油量进行修正。一般采用热敏电阻式，其结构原理与进气温度传感器基本相同。

（4）其他传感器和信号开关　包括发动机转速传感器、车速传感器、冷却液温度传感器、制动开关、空调开关、点火开关等。其功用、结构和工作原理与汽油机电控系统基本相同。

2. 柴油机控制 ECU

柴油机控制 ECU 根据各传感器输入信号和内存程序，计算出供（喷）油量和供（喷）油开始时刻，并向执行元件发出指令信号。

3. 执行元件

执行元件用于执行 ECU 的指令，调节柴油机的供（喷）油量和供（喷）油正时。这些执行元件包括：线性螺线管和电磁阀、伺服式电磁阀、线性电动机、步进电动机、电控泵喷油器、电控共轨喷油系统的喷油器、电热元件。

四、柴油机电控燃油喷射系统的功能

1. 燃油喷射控制

（1）喷油量控制　这是燃油喷射控制最主要的控制功能之一，在起动、息速、正常运行等各种工况下，ECU 根据发动机转速信号、负荷信号和内存控制模型来确定基本供油量，再根据冷却液温度信号、进气温度信号、起动开关信号、空调开关信号、反馈信号等对供油量进行修正。

（2）喷油正时控制　这也是燃油喷射控制最主要的控制功能之一，ECU 根据发动机转速信号、负荷信号和内存的控制模型来确定基本供油量，再根据反馈信号进行修正。

（3）喷油速率和供（喷）油规律的控制　ECU 以柴油机转速信号、负荷信号作为主控制信号，按预设的程序确定最佳的供油速率和供油规律。

（4）喷油压力的控制　ECU 以柴油机转速信号、负荷信号作为主控制信号，按预设的程序确定最佳的喷油压力，并对喷油压力进行闭环控制。

（5）最高转速控制　最高转速控制保证发动机不会在超速下运行，为了避免发动机损坏，发动机制造厂规定了仅仅可以在非常短的时间内超过的最高转速。超过额定功率工作点时，最高转速调速器持续减小喷射的燃油量，直到在燃油喷射完全停止时刚刚在最高转速点之上。为了防止发动机喘振，引导功能用于保证燃油喷射的急剧减小不是突然发生的，正常工作点与最高发动机转速点越接近，此功能越困难。

（6）柴油机低油压保护　柴油机机油压力过低时，ECU 根据机油压力传感器信号减少供油量，降低转速并报警；当机油压力降到一定值以下时，切断燃油供给，强制使发动机熄火。

（7）增压器工作保护　ECU 根据增压压力信号适当调节供油量，并在增压压力过高或

过低时报警。

2. 怠速控制

怠速控制主要包括怠速转速的控制和怠速时各缸均匀性的控制。

3. 进气控制

进气控制主要包括进气节流控制、可变进气涡流控制和可变配气正时控制。

4. 增压控制

柴油机的增压控制(图 6-5)主要是由 ECU 根据柴油机转速信号、负荷信号、增压压力信号等，通过控制废气旁通阀的开度或废气喷射器的喷射角度、增压器涡轮废气进口截面大小等措施，实现对废气涡轮增压器工作状态和增压压力的控制，以改善柴油机的转矩特性，提高加速性能，降低排放和噪声。

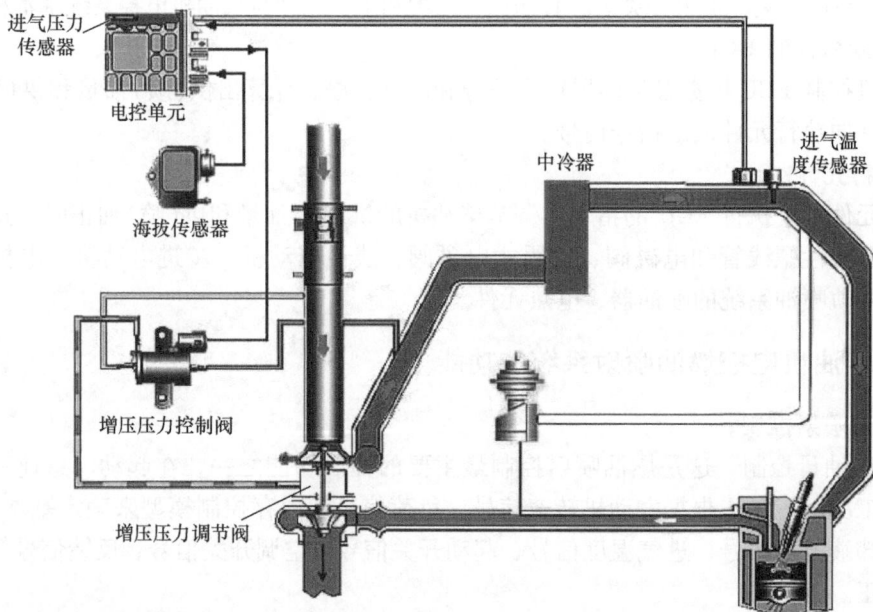

图 6-5　柴油机的增压控制

5. 排放控制

柴油机的排放控制主要是废气再循环(EGR)控制，如图 6-6 所示。系统通过控制参与再循环废气量以减少排气中 NO_x 的排放量。当发动机达到一定的温度时，ECU 根据发动机的负荷和转速决定再循环的废气量，并由发动机的进气温度、进气流量、进气压力来修正，ECU 发出控制电子真空转换装置的开关率信号，通过改变真空度控制 EGR 动作来控制 EGR 阀开度，以调节 EGR 率。

6. 起动控制

柴油机起动控制主要包括供(喷)油量控制、供(喷)油正时控制和预热装置控制，其中供(喷)油量控制和供(喷)油正时控制与其他工况相同。

7. 巡航控制

带有巡航控制功能的柴油机电控系统，当通过巡航控制开关选定巡航控制模式后，ECU

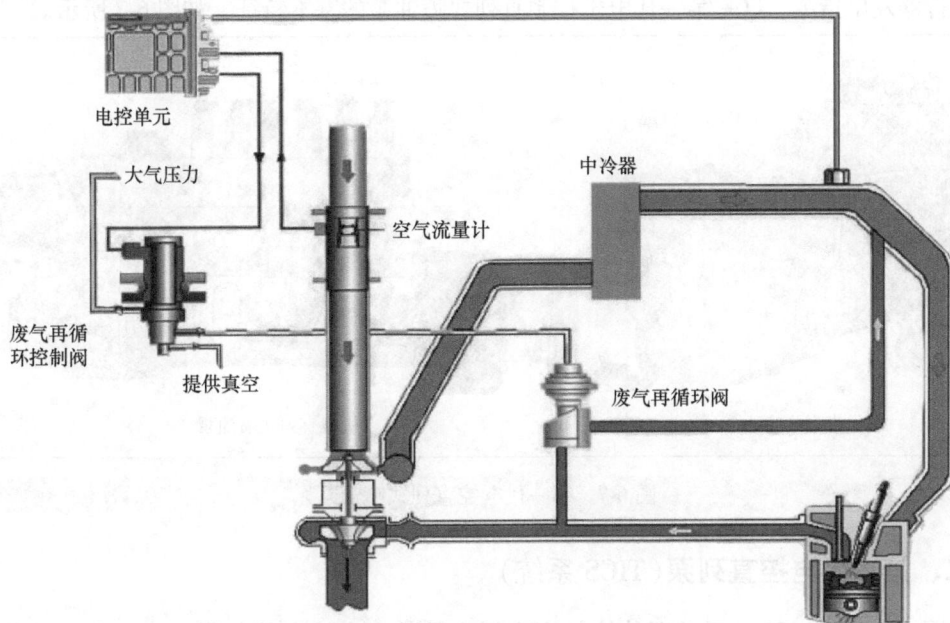

图 6-6　废气再循环(EGR)控制

即可根据车速信号等自动维持汽车以一定车速行驶。

8. 故障自诊断和失效保护

柴油机电控系统中也包含故障自诊断和失效保护两个子系统。柴油机电控系统出现故障时，自诊断系统将点亮仪表板上的故障指示灯，提醒驾驶人注意，并储存故障码，检修时可通过一定的操作程序调取故障码等信息；同时失效保护系统启动相应保护程序，使柴油机能够继续保持运转或强制熄火。

第二节　电控直列泵喷射系统

电子控制技术应用到直列泵中的基本方案首先是实现喷油量调节机构和喷油定时控制机构的电子控制，其经过以下技术改革。

一、第一代电控直列泵

在直列式喷油泵的电子控制系统中，包括如下电子部件：

1）对喷油量进行电子控制的电子调速器。

2）对喷油时间进行电子控制的电子提前器。

喷油泵本体的燃油压送机构和传统的机械式喷油泵完全相同。电子调速器和电子提前器则根据发动机机型可以装用其中某一种，或将两者都装上。

但是，调节喷油量的元件仍然是调节齿杆，由调速器执行器进行位置控制；喷油时间的控制则是根据 ECU 的指令通过提前器执行器控制发动机驱动轴和凸轮轴之间的相位差实现的。因此，ECU 通过各种传感器检出发动机的状态和环境，计算出最适合于发动机状态的控制量，

再向执行器发出指令。这是第一代电子控制直列式喷油泵的基本特征，如图 6-7 所示。

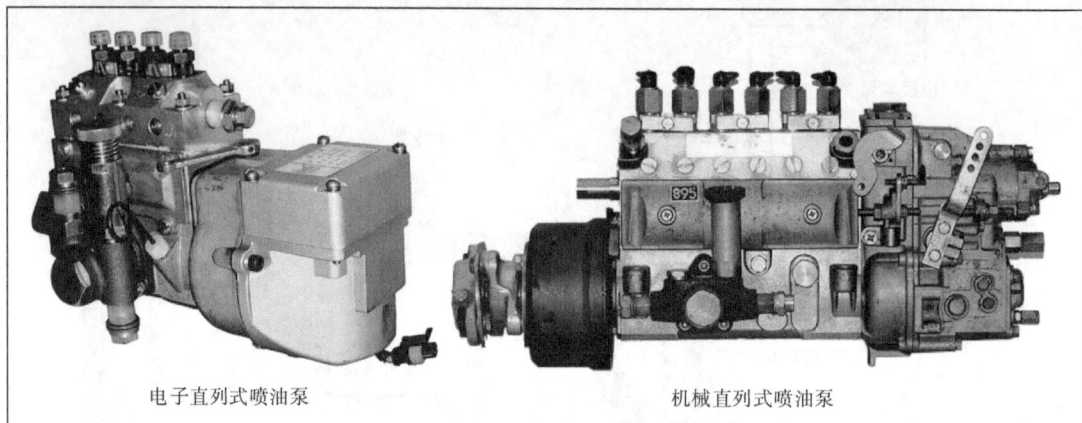

电子直列式喷油泵　　　　　　　　机械直列式喷油泵

图 6-7　第一代电控直列式喷油泵

二、第二代电控直列泵（TICS 系统）

如图 6-8 所示，TICS 系统以传统的直列泵为基础，在柱塞部分附加上一个可动的定时套筒。定时套筒可以根据需要改变预行程，按照发动机的转速和负荷改变喷油定时，控制喷油率。TICS 系统可以配装不同的提前器和不同的调速器，组成不同的系统。

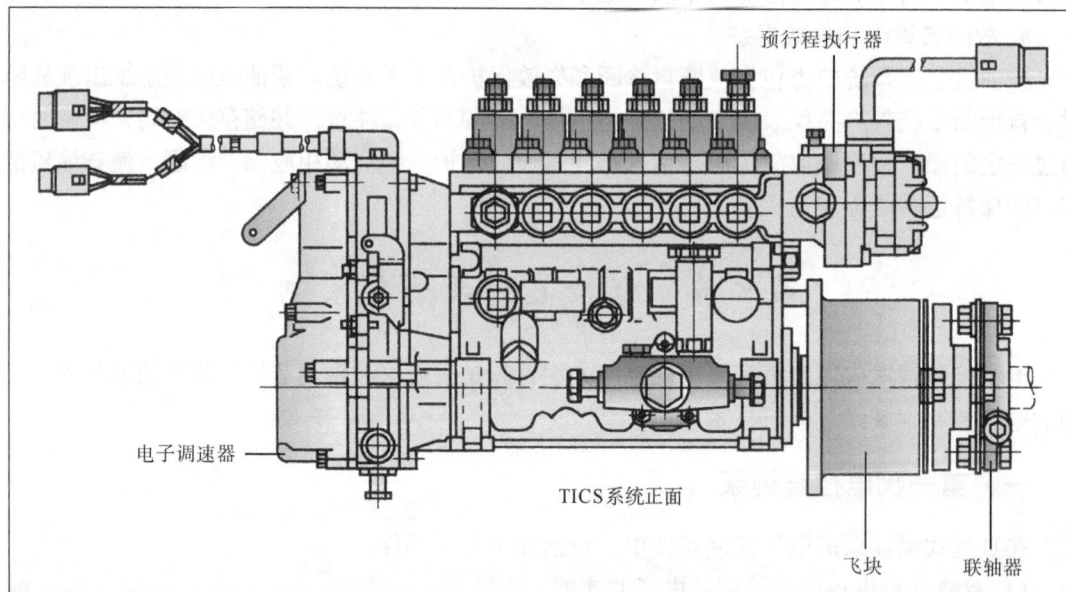

预行程执行器

电子调速器

TICS系统正面

飞块　　　联轴器

图 6-8　带电子调速器的 TICS 系统

TICS 系统是配装了 RED 系列电子调速器和预行程执行机构的直列泵系统，通过计算机控制直喷式柴油机的喷油量、喷油定时和喷油率，如图 6-9 所示。

特点：

1）保证直喷式柴油机的低油耗，同时可以改善柴油机的排放。

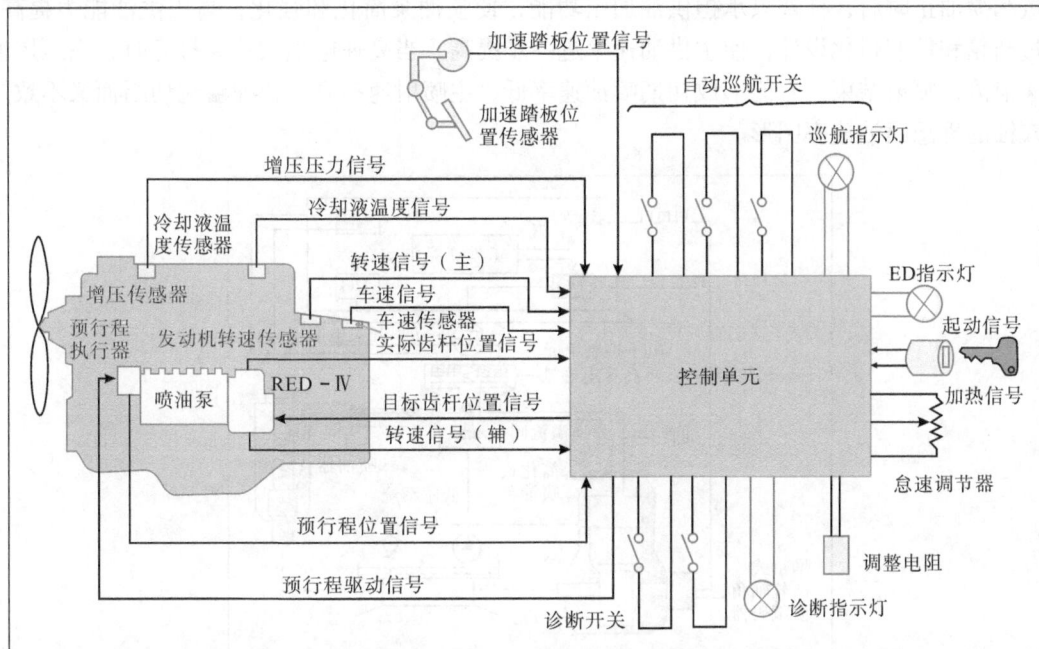

图 6-9　RED-Ⅳ型电子调速器配预行程直列泵

2）由于可以同时控制喷油定时和喷油率，所以不再需要提前器，有利于降低 NO$_x$ 排放。

3）带有自动巡航装置，驾驶疲劳程度可以得到改善。

4）适当的起动提前角，可以改善低温起动性能。

5）带有故障自诊断功能，维修方便。

RED-Ⅳ型电子调速器的控制系统可以分成三部分：输入单元、演算单元和驱动单元，如图 6-10 所示。

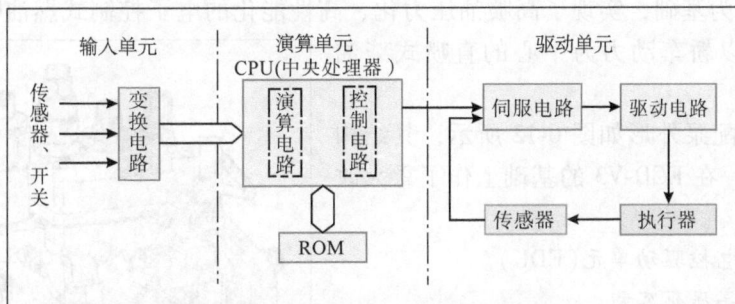

图 6-10　控制系统示意图

三、第三代电控直列泵（PPVI 系统）

如图 6-11 所示，PPVI 系统保留了喷油泵-高压油管-喷油器系统，只是高压油管上加一个高速电磁阀，变成了喷油泵-高压油管-高速电磁阀-喷油器系统。采用高速电磁溢流阀控制

油量和喷油正时后，柱塞只承担供油加压功能，使喷油泵简化和强化，高压供油能力提高。通过凸轮和柱塞强化设计，使主供油速率进一步提高。当高速电磁阀快速打开时，高压燃油高速泄流，喷射结束。它能形成初期喷油速率低、主喷射速率高、快速溢流切断而又不致产生穴蚀的理想喷油速率图形。

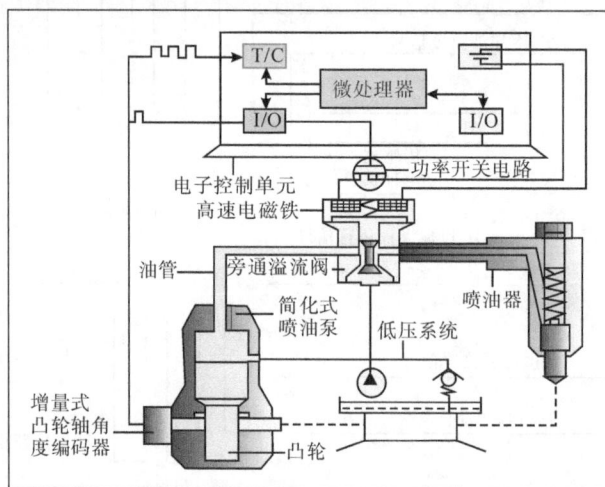

图 6-11　PPVI 系统示意图

第三节　电控分配泵喷射系统

一、ECD-VS 电控分配泵

日本电装公司从 20 世纪 80 年代初期开始研制电控分配泵，由第一代 ECE-V1 起，技术迅速发展和升级，形成了一个完整的电控分配泵产品系列。其中，ECD-V5 分配泵是以 ECD-V3 分配泵为基础，实现了高喷油压力化、高性能化的电子控制式燃油喷射系统，现在大量应用在以轿车动力为中心的直喷式柴油机上。

ECD-V5 分配泵外形如图 6-12 所示，其结构如图 6-13 所示。在 ECD-V3 的基础上作了重大改进，其要点是：

1）增加了电控驱动单元（EDU）。

2）减小了高压死容积。

3）ROM 数据有 8~12 个。

4）ECD-V3 主要用于非直喷式发动机，相对于此，ECD-V5 主要用于直喷式发动机。所以，柱塞直径增大，凸轮供油率增加，溢油孔直径加大，滚轮表面采用特殊陶瓷涂层。

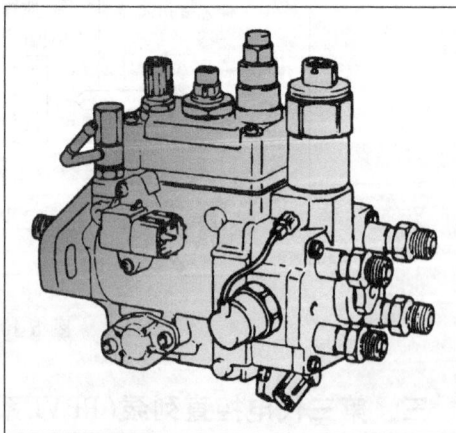

5）采用直动型溢流阀，响应特性更高。

图 6-12　ECD-V5 分配泵的外形

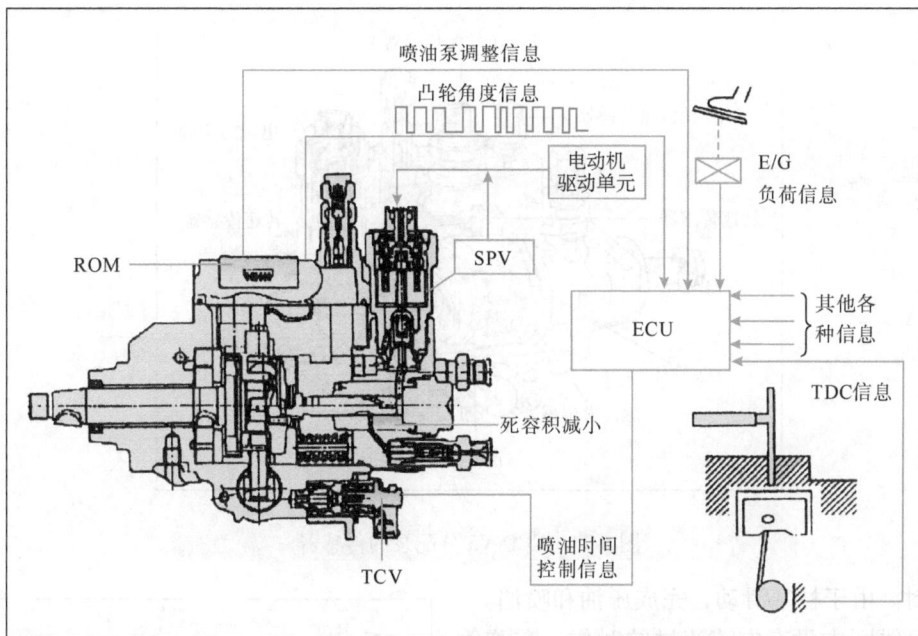

图 6-13 ECD-V5 电控分配泵结构图

ECD-V5 的重要特点：

1）实现了高精度控制，低成本大批量生产。由于减小了死容积、溢流阀响应特性高，可以适应高压化；由于采用了 ROM，精度提高，可以满足低颗粒、低 NO_x 的排放要求。

2）它是世界上第一次采用预喷射的大批量生产的电控分配泵产品。燃烧良好，噪声很低。

3）成本低。喷油泵采用带传动，和以前的 ECD-V3 可在同一条生产线上生产；采用了新的电磁阀（SPV、TCV）。

ECD-V5 相对于 ECD-V3（A）系统来说，具有以下特点：

1）高性能。例如，喷油压力更高，并具有预喷射能力。这是因为减小了死容积；改进了硬件，可适应更高的驱动转矩；采用直动式溢流阀（SPV）和电控驱动单元（EDU）。

2）低成本。可以在已有的 VE 机械式分配泵和 ECD-V3 电控分配泵的生产线上生产。

3）因为用带传动，所以安装更容易。

1. 电控分配泵的传感器布置

在 ECD-V5 电控分配泵系统中，计算机根据发动机转速传感器、油门开度传感器、进气压力传感器和冷却液温度传感器等信号，检测出发动机的运行状态，实现多种控制功能。

ECD-V5 电控分配泵的传感器布置，如图 6-14 所示。

（1）电磁溢流阀 电磁溢流阀（图 6-15）是直接控制喷油量的，是一种耐高压、具有高度响应特性的直动式电磁阀。

电磁溢流阀的结构如图 6-16 所示，工作原理如图 6-17 所示。

当电流流过线圈时，电枢吸引铁心。同时，溢流阀滑动，和滑阀体紧密结合，保持柱塞

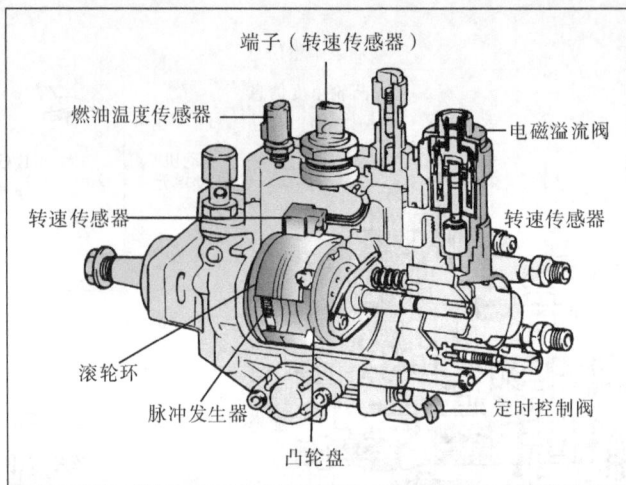

图 6-14　ECD-V5 分配泵的传感器

腔内密封。由于柱塞滑动，完成压油和喷油。

一旦线圈中没有电流流过的时候，在弹簧力的作用下，滑阀开启，柱塞腔内燃油经过溢流阀内的通路开始溢油，喷油结束。当柱塞反向滑动时，燃油又被吸入阀腔内。

电磁溢流阀开启后，柱塞腔内的高压燃油流回喷油泵腔中，燃油喷射结束。

（2）定时控制阀　定时控制阀（TCV）安装在喷油泵内，根据计算机送来的信号，适时开启或关闭喷油泵压力腔和定时活塞低压腔之间的燃油通道。当电流流过线圈时，定子磁芯被磁化，可动铁心被吸引而压缩弹簧，燃油通路开启。

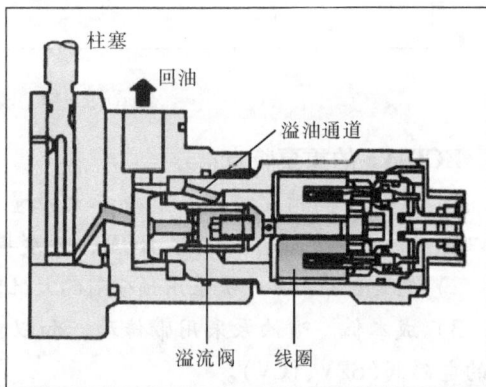

图 6-15　电磁溢流阀（SPV）

TCV 的开启程度是根据计算机送来的通过线圈的电流的 ON—OFF 时间比（占空比）进行控制的。如果 ON 时间长，则阀的开启时间亦长。

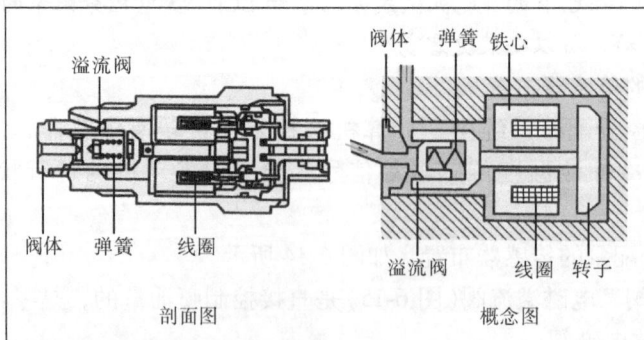

图 6-16　电磁溢流阀的结构

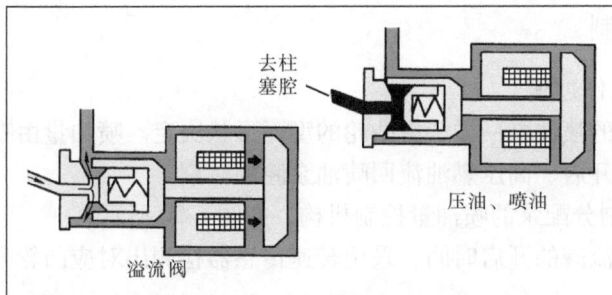

图 6-17　电磁溢流阀工作原理

（3）断油阀　断油阀（FCV）的结构如图 6-18 所示。在发动机处于停止状态或类似停止状态时，断油阀将燃油油路切断。通电以后，断油阀开启，燃油被吸入柱塞腔内。

图 6-18　断油阀（FCV）

2. ECD-V5 分配泵的电子驱动单元 EDU

为了高速驱动在高压下工作的电磁溢流阀，采用了 EDU（CDI 方式的高电压驱动器）。通过 DC/DC 变换器的高电压、快速充电方式，可以实现快速驱动高压溢流阀。精确控制在高压状态下微粒化了的燃油喷射定时，可望实现减少排气中的颗粒和有害气体成分，提高驾驶性。

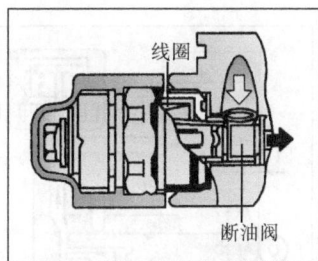

EDU 的状态是由 ECU 监管的，发生异常时，则令发动机停止运转。

EDU 的工作原理：蓄电池电压通过高电压发生回路（DC/DC 变换）变换成高电压。EDU 根据各传感器送来的信息将信号送到 EDU 的 EMU 端子。这样，大约 150V 的高电压由 SPV+ 端子输出到电磁溢流阀。这时，EDUF 端子上输出喷油确认信号。

ECD-V5 电控分配泵的 EDU 电路图如图 6-19 所示。

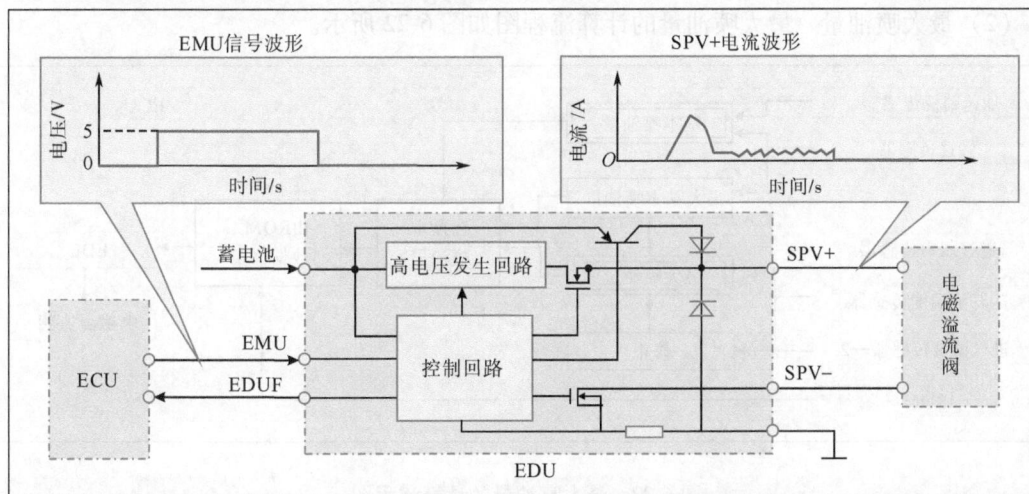

图 6-19　ECD-V5 电控分配泵 EDU 电路图

二、喷油量控制

1. 控制机构和工作过程

喷油始点与传统的喷油泵一样，由凸轮的型面形状决定。喷油量由喷油终点决定。喷油终点就是电磁溢流阀开启、高压燃油流回喷油泵腔的时刻。

ECD-V5 电子控制分配泵的喷油量控制机构，如图 6-20 所示。

为了确定电磁溢流阀的开启时间，采用转速传感器检测出对应凸轮升程的凸轮转角，从而确定开启时间。

图 6-21 给出了凸轮升程、电磁溢流阀开闭定时和喷油量的关系，以及利用冷却液温度修正起动喷油量的方法。

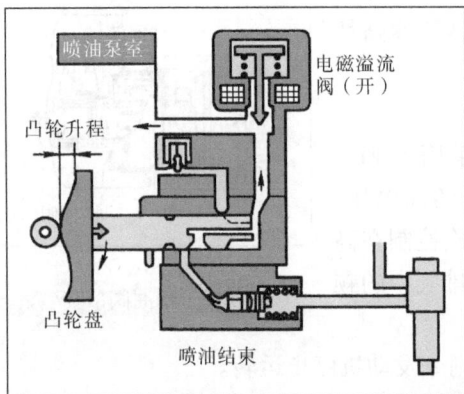

图 6-20　喷油量控制机构

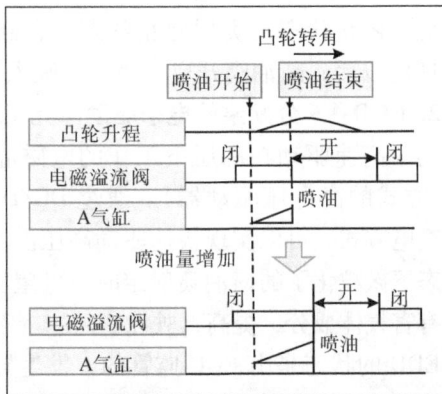

图 6-21　喷油量控制方法

2. 控制内容

（1）基本喷油量　根据油门开度和发动机转速计算出理论上必要的喷油量。

（2）最大喷油量　最大喷油量的计算流程图如图 6-22 所示。

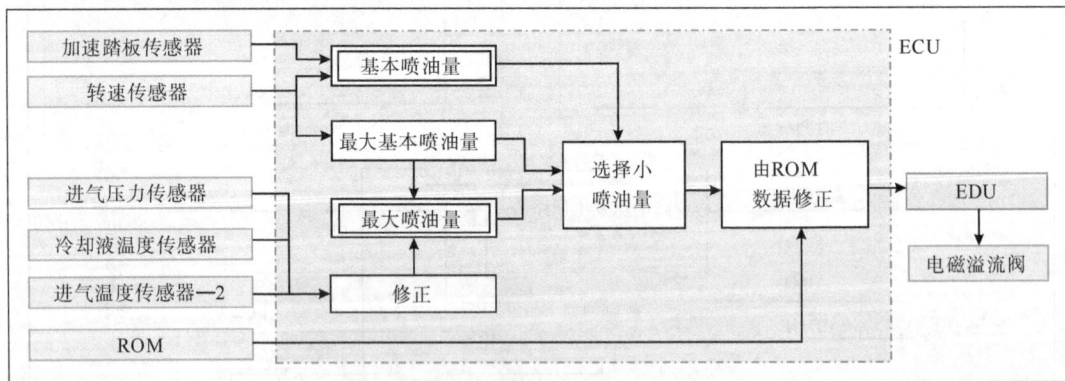

图 6-22　最大喷油量的计算流程图

以上述基本喷油量为基础，还要考虑到进气压力、进气温度、燃油温度等，对基本喷油量进行修正，从而计算出发动机在该工况下的最大喷油量。

最终喷油量就是比较上述两项喷油量，选择其中比较小的一项。

在起动状态时，根据发动机的转速和冷却液温度计算出起动喷油量。在非起动状态时，比较基本喷油量和最大喷油量，选择其中较小的喷油量，并利用其所对应的 MAP 图中调速特性决定喷油量。

三、喷油时间控制

1. 喷油时间控制方法

电控分配泵中喷油时间控制方法如图 6-23 所示。喷油时间控制部分的结构与机械式 VE 分配泵的相关部分基本相同，所不同的是增加了定时控制阀(TCV)。通过改变定时控制阀的开启时间调节施加在提前器活塞上的提前器低压腔内的燃油压力，使滚轮环移动，从而控制喷油时间。

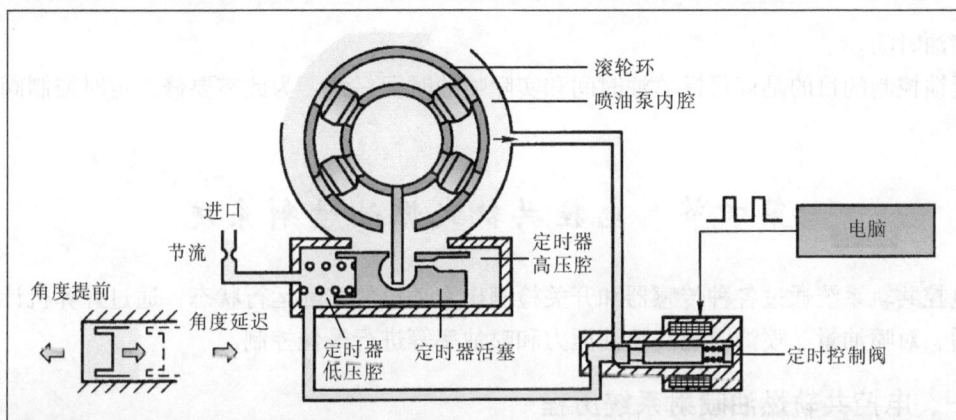

图 6-23　喷油时间控制方法

TCV 的开启时间长，从喷油泵腔内流入定时器低压腔内的燃油多，定时器低压腔内的压力就高，因此，定时器活塞向角度延迟方向移动。反之，TCV 开启时间短，定时器活塞向角度提前的方向移动。

2. 喷油时间控制项目

喷油时间的确定如图 6-24 所示。

(1) 目标喷油时间　控制电脑根据油门开度以及发动机的转速计算出目标喷油时间。

(2) 喷油时间修正　利用进气压力、冷却液温度对喷油时间进行修正。

(3) 起动时喷油时间　起动时，根据起动机信息、冷却液温度和发动机转速对目标喷油时间进行修正。

(4) 实际喷油时间　计算方法如下：

1) 在发动机方面，检测出压缩上止点位置和曲轴转角传感器的上止点信号之间的关系。

2) 在喷油泵方面，求出喷射波形与转速传感器的发动机脉冲之间的关系。这样，如果计算出上止点信号和发动机脉冲之间的相位差，就可以推算出实际喷油时间。

(5) 反馈控制　所谓反馈控制是指对实际压缩上止点和喷油开始点之间的角度差进行控制。但是，实际压缩上止点和喷油波形都不作为信号检出。为此，必须用上述方法计算出

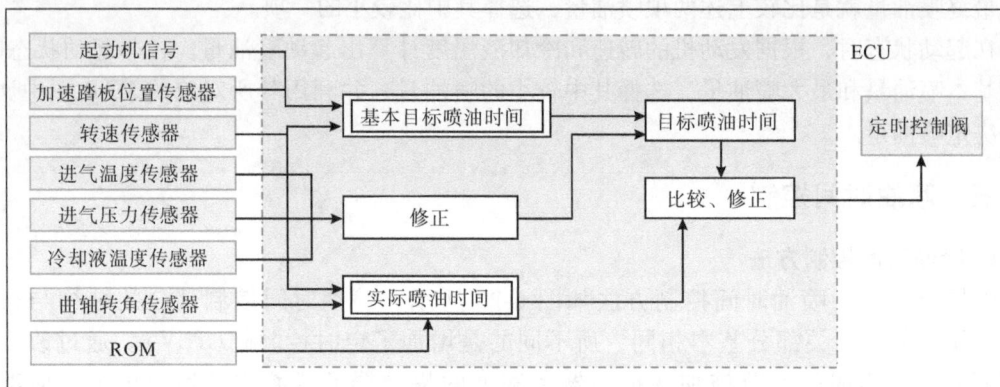

图 6-24   喷油时间的确定

实际喷油时间。

反馈控制的目的是使目标喷油时间和实际喷油时间一致，为此需要修正定时控制阀的占空比。

第四节   电控共轨式燃油喷射系统

电控共轨系统通过各种传感器和开关检测出发动机的实际运行状态，通过计算机计算和处理后，对喷油量、喷油时间、喷油压力和喷油率等进行最佳控制。

一、电控共轨燃油喷射系统历程

20 世纪 30 年代，人们在航空汽油机上开始试验汽油喷射技术。到第二次世界大战后期，汽油喷射装置已经成功地应用到军用飞机的发动机上。

20 世纪 50 年代末，汽油喷射装置在赛车汽油机上广泛采用。20 世纪末，各型汽油机已经顺利地完成了从机械式供油系统向电控燃油系统的全面转换。

20 世纪 60 年代后半期，瑞士的 Hiber 教授成功开发柴油机电控共轨系统的"原型"。其后，以瑞士工业大学的 Ganser 教授为中心对电控共轨系统进行了一系列研究。

20 世纪 90 年代，柴油机的供油系统开始向电控供油系统过渡。

1995 年底，日本电装公司将 ECD-U2 型电控高压共轨系统成功应用于载货汽车柴油机，并开始批量生产，从此开创了柴油机电控共轨燃油系统的新时代。

ECD-U2 型电控共轨系统是电装公司和丰田汽车公司共同研制开发的。

二、电控共轨燃油喷射系统组成及特点

图 6-25 所示是博世公司的第一代高压电控共轨燃油系统，其主要由燃油箱、滤清器、燃油泵、溢流阀、压力传感器、燃油轨、喷油器、ECU 等组成。

电控共轨系统的特点：

1) **自由调节喷油压力**(共轨压力)：利用共轨压力传感器测量共轨内的燃油压力，从而调整燃油泵的供油量、控制共轨压力。共轨压力就是喷油压力。此外，还可以根据发动机转

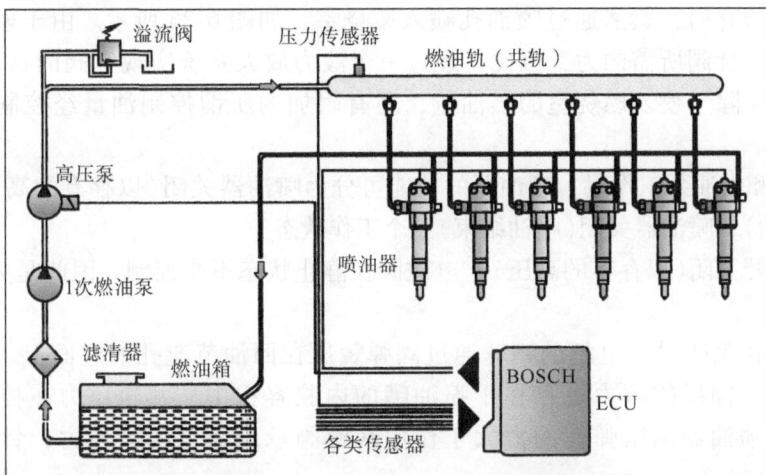

图 6-25 博世公司电控共轨式燃油系统

速、喷油量与设定的最佳值（指令值）始终一致地进行反馈控制。

2）**自由调节喷油量**：以发动机的转速及油门开度信息等为基础，由电脑计算出最佳喷油量，通过控制喷油器电磁阀的通电、断电时刻直接控制喷油参数。

3）**自由调节喷油率形状**：根据发动机用途的需要，设置并控制喷油率形状，预喷射、后喷射、多段喷射等。

4）**自由调节喷油时间**：根据发动机的转速和负荷等参数，计算出最佳喷油时间，并控制电控喷油器在适当的时刻开启和关闭等，从而准确控制喷油时间。

1. 电控喷油器

博世电控喷油器的代表性结构如图 6-26 所示。

喷油器可分为孔式喷油嘴、液压伺服系统和电磁阀等功能组件。

燃油从高压接头经一进油通道送往喷油嘴，经进油节流孔送入控制室。控制室通过由电磁阀打开的回油节流孔与回油孔连接。

回油节流孔在关闭状态时，作用在控制活塞上的液压力大于作用在喷油嘴针阀承压面上的力，因此喷油嘴针阀被压在座面上，从而没有燃油进入燃烧室。

电磁阀动作时，打开回油节流孔，控制室内的压力下降，当作用在控制活塞上的液压力低于作用在喷油嘴针阀承压面上的作用力时，

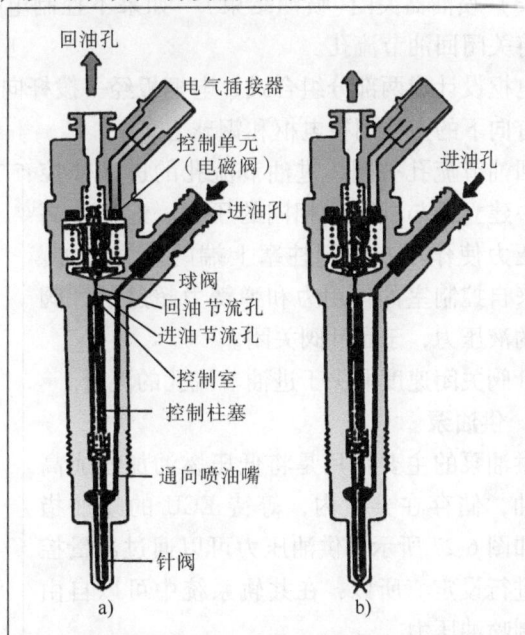

图 6-26 博世共轨式喷油器
a) 喷油器关闭状态（不喷油）　b) 喷油器开启状态（喷油）

喷油嘴针阀立即开启，燃油通过喷油孔喷入燃烧室，如图 6-26 所示。由于电磁阀不能直接产生迅速关闭针阀所需的力，因此，经过一个液力放大系统实现针阀的这种间接控制。在这个过程中，除了喷入燃烧室的燃油量，还有附加的所谓控制油量经控制室的节流孔进入回油通道。

在发动机和供油泵工作时，喷油器的功能可分为喷油器关闭（以存有的高压）、喷油器打开（喷油开始）、喷油器关闭（喷油结束）三个工作状态。

（1）喷油器关闭（以存有的高压）　电磁阀在静止状态不受控制，因此是关闭的，如图 6-26a 所示。

回油节流孔关闭时，电枢的钢球通过阀弹簧压在回油节流孔的座面上。控制室内建立共轨的高压，同样的压力也存在于喷油嘴的内腔容积中。共轨压力在控制柱塞端面上施加的力及喷油器调压弹簧的力大于作用在针阀承压面上的液压力，针阀处于关闭状态。

（2）喷油器开启（喷油开始）　喷油器一般处于关闭状态。当电磁阀通电后，在吸动电流的作用下迅速开启，如图 6-26b 所示。当电磁铁的作用力大于弹簧的作用力时回油节流孔开启，在极短时间内，升高的吸动电流成为较小的电磁阀保持电流。随着回油节流孔的打开，燃油从控制室流入上面的空腔，并经回油通道回流到燃油箱。控制室内的压力下降，于是控制室内的压力小于喷油嘴内腔容积中的压力。控制室中减小了的作用力引起作用在控制柱塞上的作用力减小，从而针阀开启，开始喷油。

针阀开启速度取决于进、回油节流孔之间的流量差。控制柱塞达到上限位置，并定位在进、回油节流孔之间。此时，喷油嘴完全打开，燃油以近于共轨压力喷入燃烧室。

（3）喷油器关闭（喷油结束）　如果不控制电磁阀，则电枢在弹簧力的作用下向下压，钢球将关闭回油节流孔。

电枢设计成两部分组合式，电枢板经一拨杆向下引动，但它可用复位弹簧向下回弹，从而没有向下的力作用在电枢和钢球上。

回油节流孔关闭，进油节流孔的进油使控制室中建立起与共轨中相同的压力。这种升高了的压力使作用在控制柱塞上端的压力增加。这个来自控制室的作用力和弹簧力超过了针阀下方的液压力，于是针阀关闭。

针阀关闭速度取决于进油节流孔的流量。

2. 供油泵

供油泵的主要作用是将低压燃油加压成高压燃油，储存在共轨内，等待 ECU 的喷油指令，如图 6-27 所示。供油压力可以通过流量控制器进行设定。所以，在共轨系统中可以自由地控制喷油压力。

博世公司电控共轨系统中采用的供油泵如图 6-28 所示。

供油泵是低压部分和高压部分之间的接口，

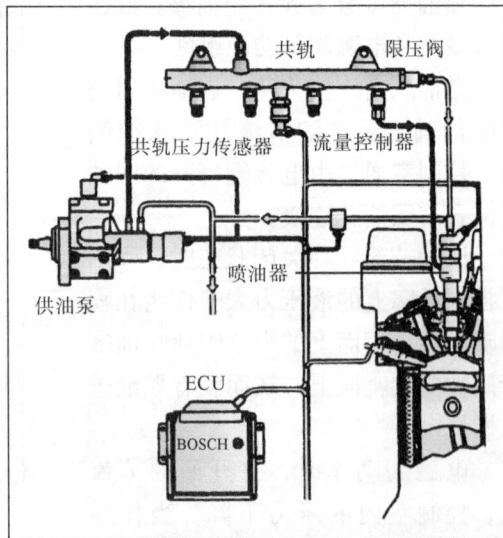

图 6-27　博世公司电控燃油系统的高压部分

它的作用是为车辆所有工作范围和整个使用寿命期间准备足够的、已被压缩了的燃油。除了供给高压燃油，它的作用还在于保证在快速起动过程和共轨中压力迅速上升过程所需的燃油储备，持续产生高压燃油存储器(共轨)所需的系统压力。

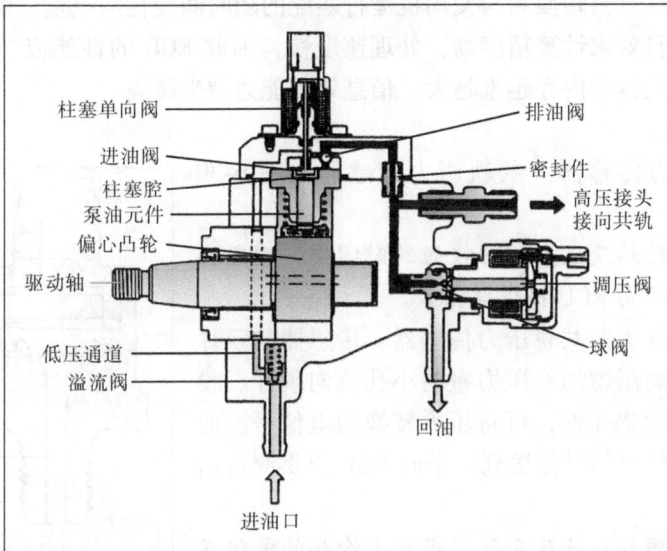

图 6-28　供油泵结构图

3. ECU

ECU 的基本功能是结合实时工况和外界条件，始终使发动机控制在最佳燃烧状态。
ECU 按照预先设计的程序计算各种传感器送来的信息，如图 6-29 所示，经过处理以后，

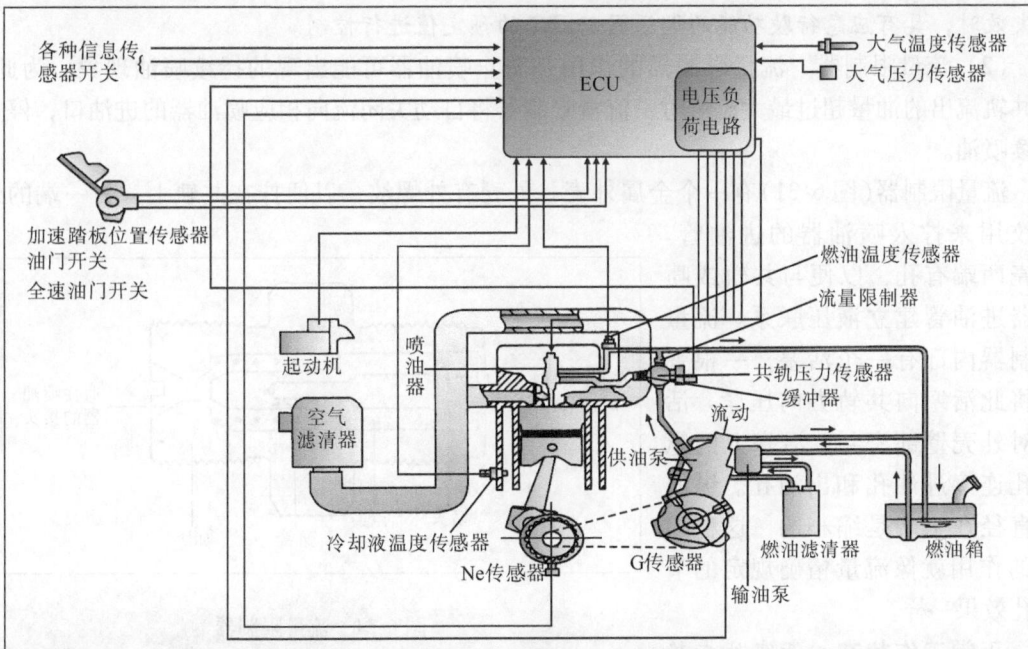

图 6-29　6HK1-TC 柴油机电控共轨燃油系统电路图

把各个参数限制在允许的电压电平上，再发送给各相关的执行机构，执行各种预定的控制功能。

微处理器根据输入数据和存储在 MAP 中的数据，计算喷油时间、喷油量、喷油率和喷油定时等，并将这些参数转换为与发动机运行匹配的随时间变化的电量。由于发动机的工作是高速变化的，而且要求计算精度高，处理速度快，因此 ECU 的性能应当随发动机技术的发展而发展，微处理器的内存越来越大，信息处理能力越来越高。

4. 特种传感器

（1）共轨压力传感器　共轨压力传感器如图 6-30 所示。

作用：以足够的精度，在相应较短的时间内，测定共轨中的实时压力，并向 ECU 提供电信号。

燃油经一个小孔流向共轨压力传感器，传感器的膜片将孔的末端封住。高压燃油经压力室的小孔流向膜片。膜片上装有半导体型敏感元件，可将压力转换为电信号。通过连接导线将产生的电信号传送到一个向 ECU 提供测量信号的求值电路。

工作原理：当膜片形状改变时，膜片上涂层的电阻发生变化。这样，由系统压力引起膜片形状变化(150MPa 时变化量约 1mm)，促使电阻值改变，并在用 5V 供电的电阻

图 6-30　共轨压力传感器

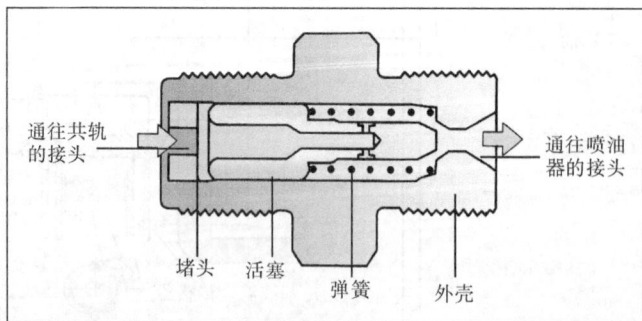

电桥中产生电压变化。电压在 0~70mV 变化(具体数值由压力而定)，经求值电路放大到 0.5~4.5V。精确测量共轨中的压力是电控共轨系统正常工作的必要条件。为此，压力传感器在测量压力时允许偏差很小。在主要工作范围内，测量精度约为最大值的 2%。共轨压力传感器失效时，具有应急行驶功能的调压阀以固定的预定值进行控制。

（2）流量限制器　流量限制器的作用是防止喷油器可能出现的持续喷油现象。为此，由共轨流出的油量超过最大流量时，流量限制器将自动关闭流向相应喷油器的进油口，停止继续喷油。

流量限制器(图 6-31)有一个金属外壳，外壳有外螺纹，以便拧在共轨上，另一端的外螺纹用来拧入喷油器的进油管。外壳两端有孔，以便与共轨或喷油器进油管建立液压联系。流量限制器内部有一个活塞，一根弹簧将此活塞向共轨方向压紧。活塞对外壳壁部密封。活塞上的纵向孔连接进油孔和出油孔。纵向孔直径在末端是缩小的，这种缩小的作用就像流量精确规定的节流孔效果一样。

图 6-31　流量限制器

正常工作状态：活塞处在静止位置，即靠在共轨端的限位体上。一次喷油后，喷油器端的压力略有下降，从而活塞向喷

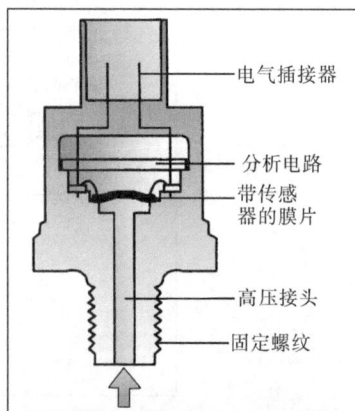

油器方向运动。活塞压出的容积补偿了喷油器喷出的容积。在喷油终了时，活塞停止运动，不关闭密封座面，弹簧将活塞压回到静止位置。燃油经节流孔流出。弹簧和节流孔尺寸如此设计，使得在最大喷油量（包括一个安全储备量）时活塞仍能抵达共轨端的限位体位置。此静止位置一直保持到下一次喷油。

泄油量过大时的保护性工作原理：由于喷出的油量过大，活塞从静止位置被压到出油端的密封座面上。然后，活塞在此位置一直保持到发动机停机时靠在喷油器端的限位体上，从而关闭通往喷油器的进油口。

泄油量过小时的保护性工作原理（图6-32）：由于产生泄油，活塞不再能达到静止位置。经过几次喷油后，活塞移动到出油端的密封座面上。即在此处，活塞停留到发动机停机时靠在喷油器端的限位体上，从而将通往喷油器的进油口关闭。

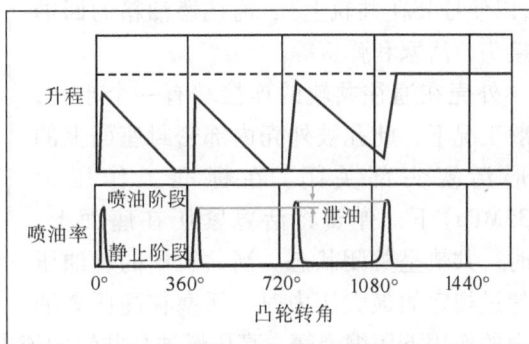

图6-32　流量限制器工作原理

（3）调压阀　调压阀的作用是根据发动机的负荷状况调整和保持共轨中的压力。当共轨压力过高时，调压阀打开，一部分燃油经集油管流回燃油箱；当共轨压力过低时，调压阀关闭，高压端对低压端密封。

博世公司电控共轨系统中的调压阀（图6-33）有一个固定凸缘，通过该凸缘将其固定在供油泵或者共轨上。电枢将一钢球压入密封座，使高压端对低压端密封。为此，一方面弹簧将电枢往下压，另一方面电磁铁对电枢作用一个力。为进行润滑和散热，整个电枢周围有燃油流过。

调压阀有两个调节回路：一个是低速电子调节回路，用于调整共轨中可变化的平均压力值；另一个是高速机械液压式调节回路，用以补偿高频压力波动。

工作原理：

1）调压阀不工作时：共轨或供油泵出口处的压力高于调压阀进口处的压力。由于无电流的电磁铁不产生作用力，当燃油压力大于弹簧力时，调压阀打开，根据输油量的不同，保持打开程度大一些或小一些。弹簧的设计负荷约为10MPa。

2）调压阀工作时：如果要提升高压回路中的压力，除了弹簧力，还需要再建立一个磁力。控制调压阀，直至磁力和弹簧力与高压压力之间达到平衡时才被关闭。然后调压阀停留在某个开启位置，保持压力不变。当供油泵改变，

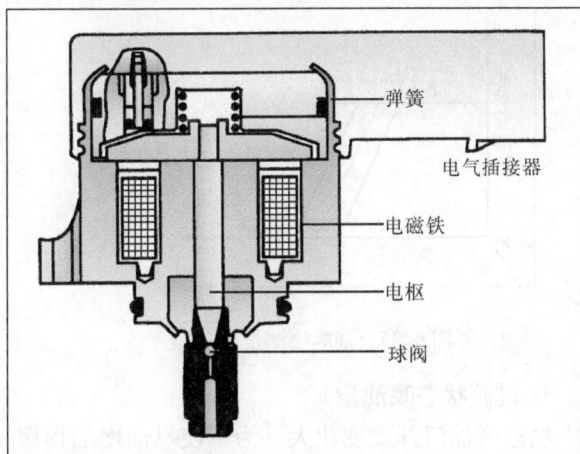

图6-33　调压阀

燃油经喷油器从高压部分流出时，通过不同的开度予以补偿。电磁铁的作用力与控制电流成

正比。控制电流的变化通过脉宽调制来实现。调制频率为 1kHz 时，可以避免电枢的干扰运动和共轨中的压力波动。

（4）限压阀　限压阀的作用相当于溢流阀，它的基本作用是限制共轨中的压力。当共轨中燃油压力过高时，打开放油孔卸压。共轨内短时间允许的最高压力为 150MPa。

博世公司电控共轨系统中的限压阀（图 6-34），主要由下列构件组成：外壳（有外螺纹，以便拧装在共轨上）、通往燃油箱的回油管接头、活塞和弹簧等。

外壳在通往共轨的连接端有一个小孔，一般工况下，此孔被外壳内部密封座面上的锥形活塞头部关闭。在标准工作压力（135MPa）下，弹簧将活塞紧压在座面上。此时，共轨呈关闭状态。当共轨中的燃油压力超过规定的最大压力时，活塞在高压燃油

图 6-34　限压阀示意图

压力的作用下压缩弹簧，高压燃油从共轨中流出。燃油经过通道流入活塞中央的孔，然后经集油管流回燃油箱。随着阀的开启，燃油从共轨中流出，共轨中的压力降低。

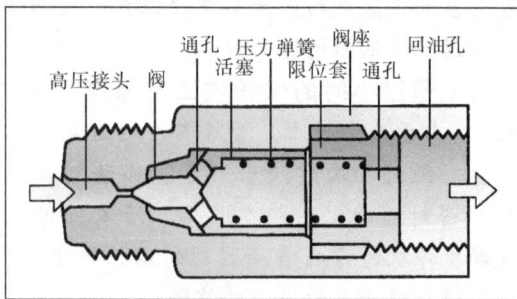

三、喷油量控制

1. 基本喷油量

基本喷油量是由发动机转速和油门开度决定的。如果发动机转速保持一定，油门开度大，则喷油量增加（图 6-35）。

2. 起动喷油量

起动时加速踏板大约踩到 50%，再由发动机转速和冷却液温度决定喷油量（图 6-36）。

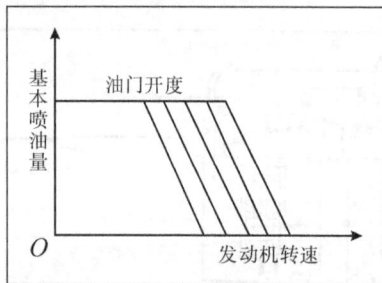

图 6-35　基本喷油量

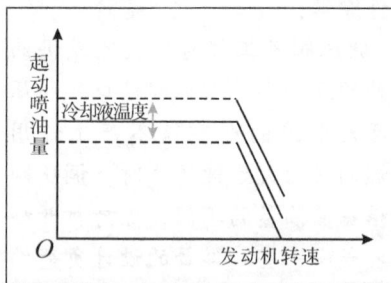

图 6-36　起动喷油量

3. 过渡状态喷油量

加速时油门开度变化大，为了使燃油增加得慢一点，通过延迟喷油来修正喷油量，从而控制排出黑烟（图 6-37）。

4. 最高转速时喷油量

控制发动机最高转速时的喷油量（图 6-38）。

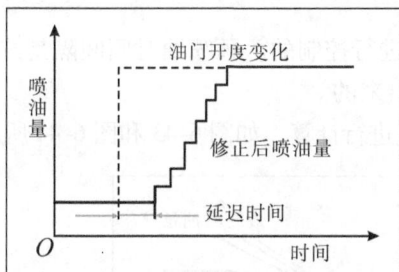

图 6-37　过渡状态喷油量

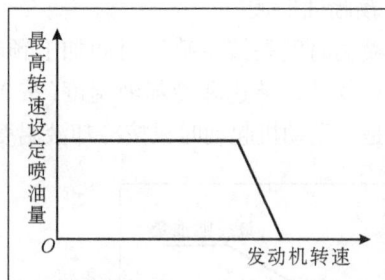

图 6-38　最高转速时喷油量

5. 最大喷油量

由发动机转速决定的最大基本喷油量，还要加上全负荷喷油量补偿电阻的修正喷油量和燃油温度的补偿喷油量，如图 6-39 所示。

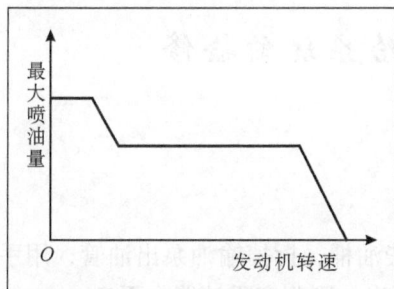

图 6-39　最大喷油量

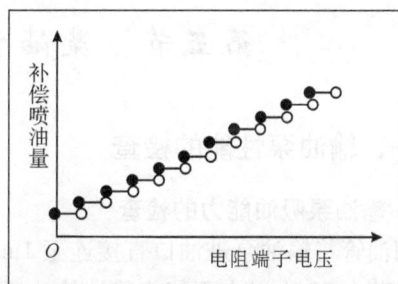

图 6-40　电阻端子电压与喷油量的关系

6. 全负荷喷油量补偿喷油量

由计算机计算出全负荷喷油量调整电阻所决定的补偿喷油量，如图 6-40 所示。

7. 进气压力修正喷油量

进气压力低时，为了减少排烟，应限制由进气压力所对应的最大喷油量，如图 6-41 所示。

四、喷油时间控制

1. 主喷油时间

基本喷油时间是按最终喷油量、发动机转速和冷却液温度（按 MAP 图）计算出来的。但是发动机起动时只是按冷却液温度和发动机转速计算出来的，如图 6-42 所示。

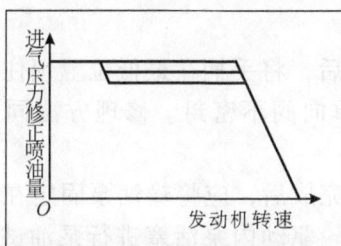

图 6-41　进气压力修正喷油量

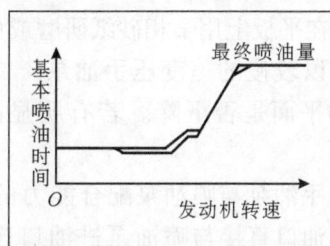

图 6-42　主喷油时间修正

2. 预喷油时间

预喷油时间是按主喷油时间加上预喷油时间间隔进行控制的。预喷油时间间隔是按最终喷油量、发动机转速和冷却液温度（按 MAP 图）计算出来的。

但是，发动机起动时只按冷却液温度和发动机转速进行计算，如图 6-43 和图 6-44 所示。

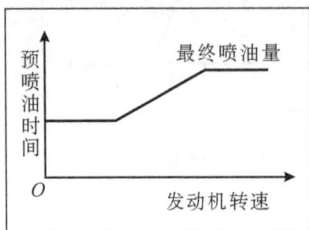

图 6-43　预喷油间隔修正

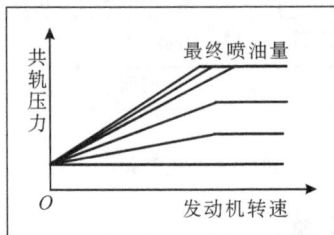

图 6-44　喷油压力修正

第五节　柴油机燃油供给系统的检修

一、输油泵性能的检查

1. 输油泵吸油能力的检查

用油管将输油泵进油口直接连至 1m 以下的专用柴油桶，拆掉输油泵出油管，用手油泵吸油，若在 30 次以内不能将柴油从油桶内吸上来并压出，则判定吸油能力不良。

2. 输油泵压油能力的检查

（1）随车检查　拆下输油泵出油管，用手油泵压油。若油柱粗、无气泡、出油急，且能窜至 50cm 以上为好。

（2）仪器检查　将输油泵随喷油泵一起固定在喷油泵试验台上，将进油管与试验台燃油箱连接，将出油口与试验台低压表和流量表连接，转动喷油泵，观察急速出油压力（应为 147kPa）和额定转速时的流量（应为 2500mL/min）。

（3）手油泵性能的检查　拆下输油泵手油泵，先将手油泵活塞按到底不放，再用手指将手油泵口堵住，然后松开手油泵手柄，看手柄是否会被吸住。若手柄及活塞在其复位弹簧的作用下回位，则手油泵密封性能不良，应更换。

（4）进、出油单向阀密封性能试验　用塑料管将进油口与油桶连接，以较慢的速度操作手油泵，看塑料管内的油柱上升情况。若油柱一上一下来回升降，则进油单向阀不密封，应拆下来在平板上用金相砂纸研磨或更换。

继续以较慢的速度压手油泵，待出油口有油压出后，将手柄在最低位置锁住，看出油口的油平面是否下降。若有明显的下降，则出油单向阀不密封。修理方法同进油单向阀。

（5）手油泵与喷油泵配合能力的检查　上述检查完成后，应将输油泵固定在喷油泵上，其出油口直接与喷油泵进油口连接，用喷油泵凸轮驱动内泵活塞进行泵油试验。如果输油泵输出油压能将喷油泵溢流阀顶开，并且在急速、大负荷状态均有充裕的回油压出即可。

二、喷油器性能的检验

喷油器性能的检验主要包括喷油器开始喷射压力的检查与调整，喷雾质量和密封性能的检查等。喷油器的试验应在专用的试验器上进行，如图 6-45 所示。试验器由手油泵、燃油箱和压力表等组成。燃油箱的柴油经过滤清流入手油泵的油腔中，压动手油泵泵油时，高压油经油阀流入压力表和喷油器，使喷油器喷油。喷油压力及其变化情况可以从压力表上读出。

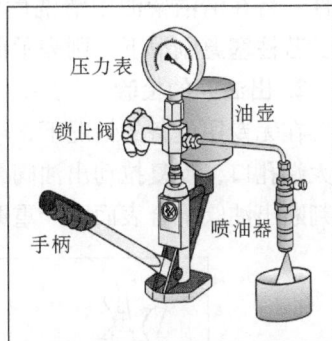

图 6-45 喷油器性能试验

（1）喷油压力的检查与调整 将喷油器安装在测试器上，压动手柄排净系统内的空气，再快速压动手柄几次，清除喷油器内的积炭。然后慢慢压动手柄，同时观察压力表，当喷油器喷射时，压力表指针会摆动，指针刚摆动时的压力值即为喷油压力，此值应符合标准。若油压太低，则拧入喷油器油压调节螺钉；反之，则退出油压调节螺钉。调整完后，须将锁止螺母锁紧后重试。有些喷油器无调节螺钉（如依维柯 SOFIM8140·27 发动机），则应分解喷油器，更换调整垫片。

（2）密封性能的检查 将压力保持在高于喷油压力 1~2MPa 的状态下 10s，喷油嘴处不应有油滴流出。

（3）喷雾质量的检查 喷出的油束应细小均匀，不偏斜；各孔各自形成一个雾化良好的燃油雾束；喷射时可听到断续、清脆的声音。

（4）喷油干脆程度的检查 喷油一次后看压力表指示压力下降是否超过 10%~15%，若压力下降过多，则喷雾质量差。

三、喷油泵喷油偶件的检查

1. 柱塞的检验

柱塞偶件配合工作表面如有发暗或磨损痕迹，则应更换。柱塞和柱塞套的磨损部位分别如图 6-46 和图 6-47 所示。在无专用试验设备的情况下，可按图 6-48 所示方法检查柱塞偶件的密

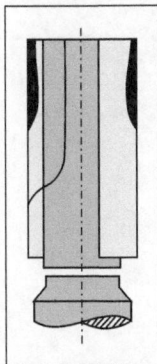

图 6-46 柱塞

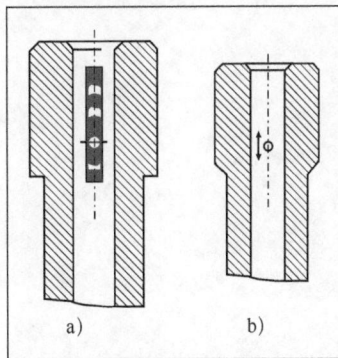

图 6-47 柱塞套

封性：将在清洁柴油中清洗后的柱塞拉出 1/3，如能借其自身重力缓慢滑下，属于配合正常。若柱塞急剧滑下，则表示偶件已严重磨损，应予更换。

2. 出油阀的检验

在无专用设备的情况下，可按图 6-49 所示的方法检查出油阀的密封性：用手指堵住油阀大端孔口，反复拉动出油阀，在出油阀向外拉动时，封堵的手指上无吸力或吸力微弱，则可判断出油阀配合表面已严重磨损，应予更换。

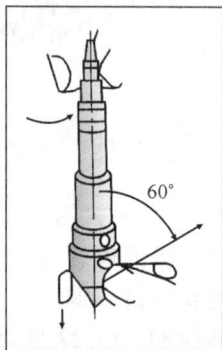

图 6-48　柱塞偶件密封性检查方法

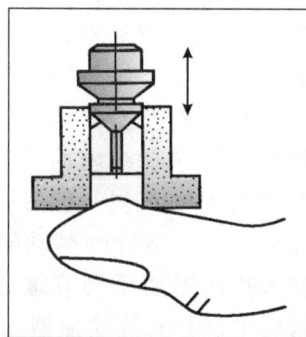

图 6-49　出油阀的密封性检查方法

第七章

汽油机电控点火系统

第一节　电控点火系统的组成和类型

一、组成

电子控制点火系统也称微机控制的点火系统，是现代轿车广泛应用的一种新型点火系统。电子控制的点火系统主要由监测发动机运行状况的传感器、处理信号和发出点火指令的电控单元、对点火指令作出响应的点火器和点火线圈等组成，如图7-1所示。

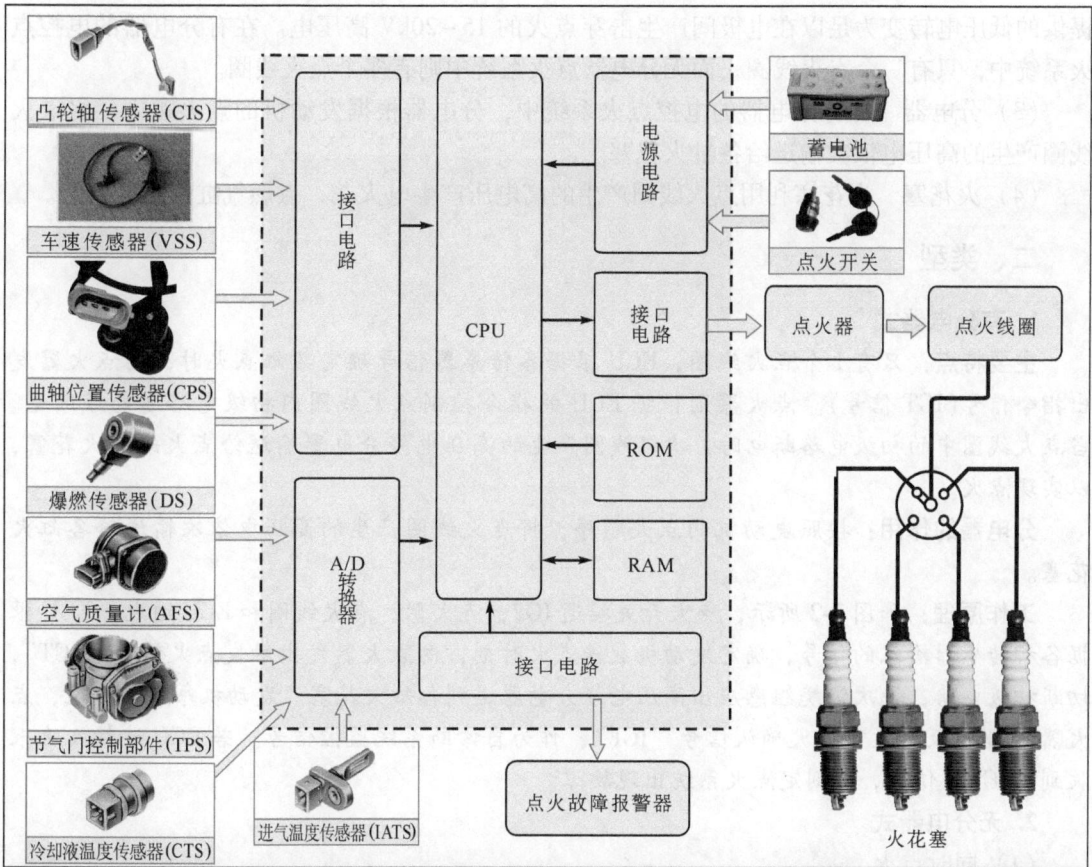

图7-1　电控点火系统组成

1. 传感器

传感器用来检测与点火有关的发动机工作的状况信息，并将检测结果输入 ECU，作为计算和控制点火时刻的依据。这些传感器大多与燃油喷射系统、怠速控制系统等电子控制系统共用。

2. 电子控制单元（ECU）

目前汽车发动机大多数都采用集中控制系统，其中微机控制点火系统仅是电子控制单元的一个子系统。电子控制单元既是燃油喷射控制系统的控制核心，也是点火控制系统的控制核心。在 ECU 的只读存储器（ROM）中，除存储有监控和自检等程序，还存储有由台架试验测定的该型发动机在各种工况下的最佳点火提前角。随机存储器（RAM）用来存储微机工作时暂时需要存储的数据，如输入/输出数据、单片机运算得出的结果、故障码、点火提前角修正数据等，这些数据根据需要可随时调用或被新的数据改写。CPU 不断接收上述各种传感器发送的信号，并按预先编制的程序进行计算和判断后，向点火控制器发出最佳点火提前角和点火线圈初级电路导通时间的控制信号。

3. 点火执行器

（1）点火器　点火器是电控点火系统的执行元件，它可将电子控制系统输出的点火信号进行功率放大，驱动点火线圈工作。

（2）点火线圈　点火线圈可将火花塞跳火所需的能量存储在线圈的磁场中，并将电源提供的低压电转变为足以在电极间产生击穿点火的 15~20kV 高压电。在有分电器的电控点火系统中，只有一个点火线圈，而无分电器点火系统中则有多个点火线圈。

（3）分电器　在有分电器的电控点火系统中，分电器根据发动机的点火顺序，将点火线圈产生的高压电依次输送给各缸火花塞。

（4）火花塞　火花塞利用点火线圈产生的高电压产生电火花，点燃气缸内的混合气。

二、类型

1. 有分电器式

主要特点：只有 1 个点火线圈，ECU 根据各传感器信号确定某缸点火时，向点火器发出指令信号（IGT 信号）。点火器则根据 ECU 的指令控制点火线圈内初级电路通电或断电。当点火线圈中的初级电路断电时，次级线圈产生的高压电经分电器输送给点火缸的火花塞，以实现点火。

分电器的作用：按照发动机的点火顺序，将点火线圈产生的高压电依次输送给各缸火花塞。

工作原理：如图 7-2 所示，点火开关接通 IG2，点火器、点火线圈和 ECU 通电，ECU 根据各种传感器输入的信号，确定发动机最佳点火时刻，向点火器发出触发点火信号"IGT"，切断初级电路，使次级绕组感应出高压电经分电器送到各缸火花塞。发动机每点火 1 次，点火器向 ECU 反馈 1 个点火确认信号"IGF"，作为自诊断系统监控信号。若 ECU 连续 4 次未收到"IGF"信号，即判定点火系统出现故障。

2. 无分电器式

（1）同时点火

1）二极管分配式。二极管分配高压电的双缸同时点火电路原理如图 7-3 所示。点火线

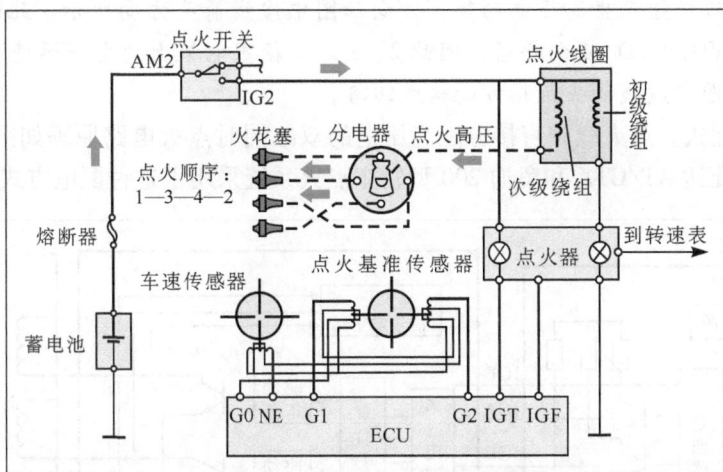

图 7-2　2TZ—FE 发动机电控点火系统

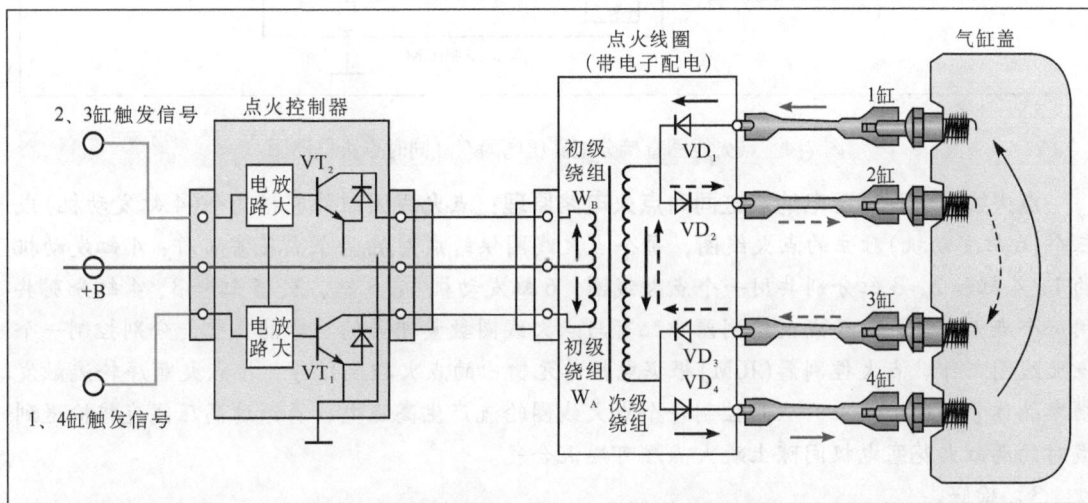

图 7-3　二极管分配高压电的双缸同时点火电路图

圈由两个初级绕组和一个次级绕组构成，次级绕组的两端通过 4 只高压二极管与火花塞构成回路。4 只二极管有内装式（安装在点火线圈内部）和外装式两种。对于点火顺序为 1—3—4—2 的发动机，1、4 缸为一组，2、3 缸为另一组。点火控制器中的 2 只功率晶体管分别控制一个初级绕组，2 只功率晶体管由电控单元（ECU）按点火顺序交替控制其导通与截止。

二极管分配高压电的双缸同时点火电路原理： 当电控单元（ECU）将 1、4 缸的点火触发信号输入点火控制器时，功率晶体管 VT_1 截止，初级绕组 W_A 中的电流切断，次级绕组中就会产生高压电动势，方向如图 7-3 中实线箭头方向所示。在该电动势的作用下，二极管 VD_1、VD_4 正向导通，1、4 缸火花塞电极上的电压迅速升高直至跳火，高压放电电流经图中实线箭头所指方向构成回路；VD_2、VD_3 反向截止，不能构成放电回路，因此 2、3 缸火花塞电极上无高压火花放电电流而不能跳火。

当 ECU 将 2、3 缸点火触发信号输入点火控制器时，晶体管 VT_2 截止，初级绕组 W_B 中

的电流切断，次级绕组产生高压电动势，方向如图中虚线箭头方向所示。此时二极管 VD$_1$、VD$_4$ 反向截止，VD$_2$、VD$_3$ 正向导通，因此2、3缸火花塞电极上的电压迅速升高直至跳火，高压放电电流经图中虚线箭头所指方向构成回路。

2）线圈分配式。点火线圈直接分配高压电的双缸同时点火电路原理如图7-4所示。桑塔纳2000GSi、捷达AT/GTX和奥迪200型轿车点火系统采用了这种配电方式。

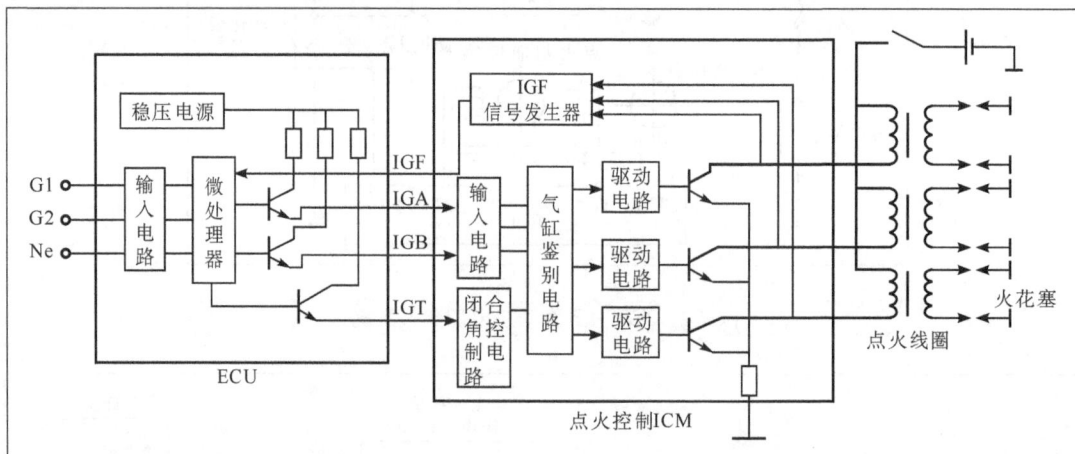

图7-4　点火线圈直接分配高压电的双缸同时点火电路图

点火线圈分配高压电的双缸同时点火电路原理：点火线圈组件包括两个(4缸发动机)或三个(6缸发动机)独立的点火线圈，每个点火线圈供给成对的两个火花塞工作：4缸发动机的1、4缸和2、3缸分别共用一个点火线圈；6缸发动机1、6缸、2、5缸和3、4缸分别共用一个点火线圈。电子点火控制器中配有与点火线圈数量相等的功率晶体管，分别控制一个点火线圈工作。点火控制器(ICM)根据电控单元输出的点火控制信号，按点火顺序轮流触发功率晶体管导通、截止，从而控制每个点火线圈轮流产生高压电，再通过高压线直接输送到成对的两缸火花塞电极间隙上跳火点燃可燃混合气。

3）检修。

① 电压检测。无分电器电压的检测如图7-5所示。

a. 关闭点火开关，拔下点火线圈插接器。

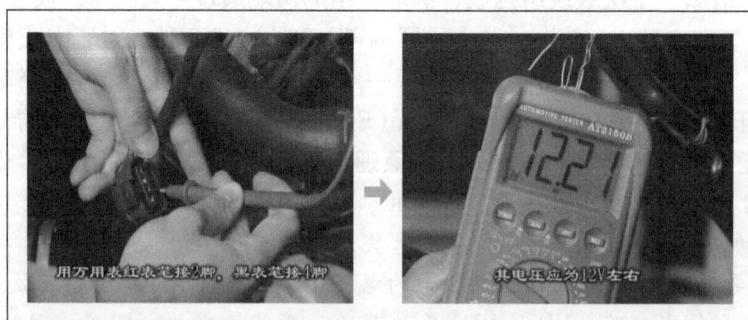

图7-5　无分电器电压的检测

b. 用万用表红表笔接 2 脚，黑表笔接 4 脚，打开点火开关，测电压值为 12V 左右。

② 信号检测。无分电器信号的检测如图 7-6 所示。

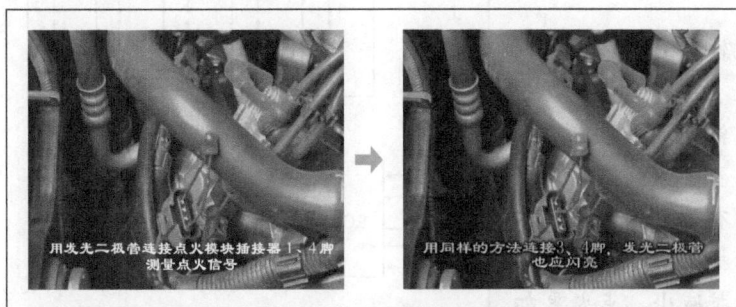

图 7-6　无分电器信号的检测

a. 用发光二极管连接点火模块插接器 1、4 脚测量点火信号。

b. 用同样的方法连接 3、4 脚，发光二极管也应闪亮。

③ 电阻检测。无分电器电阻的检测如图 7-7 所示。

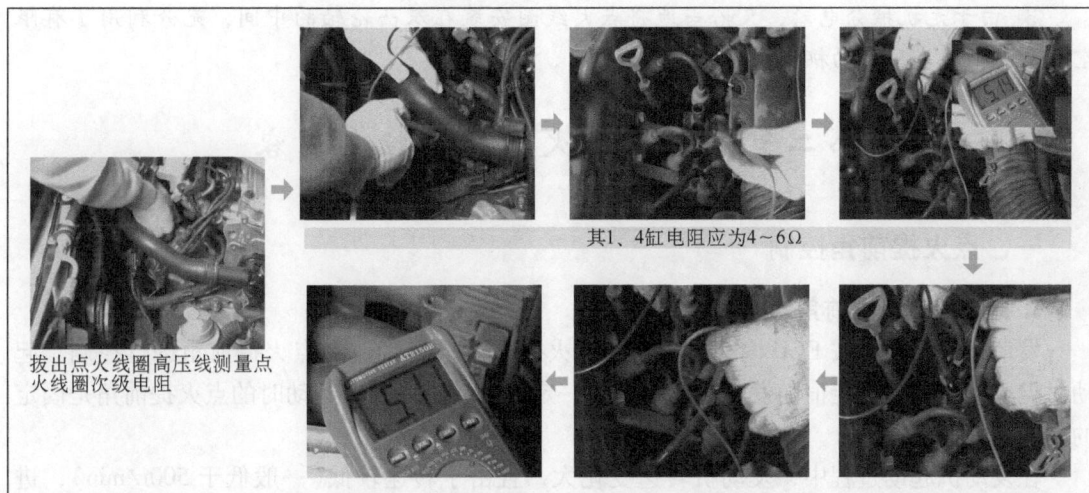

图 7-7　无分电器电阻的检测

分别测量点火线圈的初级、次级电阻。初级电阻为几欧姆到十几欧姆，次级电阻为几千欧姆到几万欧姆。

（2）单独点火　无分电器单独点火方式的控制电路基本相同，但随车型不同也存在一些差异，图 7-8 所示为日产公司无分电器点火系统的电路控制原理图。它主要由各缸分别独立的点火线圈和电子点火器及发动机 ECU 等组成。各缸点火线圈的初级绕组分别由点火器中的一个功率管控制，整个点火系统的工作由 ECU 控制。发动机工作时，发动机 ECU 根据曲轴位置及发动机与存储器中储存的数据相比较分析，并经计算后适时地向点火器输出点火信号，由点火器中的功率管分别接通与切断各缸点火线圈的初级电路。

综上所述：

1) 无分电器点火系统的优点：

① 具有电子控制点火系统的全部优点。

② 由于废除了分电器，所以节省空间。

③ 由于废除了分电器，不存在分火头与分电器盖旁电极间产生的火花，因此可有效地降低点火系统对无线电的干扰，同时因点火系统高压电路中阻抗减小，点火更加可靠。

图7-8　日产无分电器独立点火系统电路图

2) 单独点火方式的优点：

① 由于无机械分电器和高压导线，因而能量损失、漏电损失小，各缸的点火线圈和火花塞均由金属罩包覆，其电磁干扰大大减小。

② 由于采用了与气缸数相同的特制点火线圈，该点火线圈的充放电时间极短，能在发动机转速高达9000r/min时，提供足够的点火电压和点火能量。

③ 由于无机械分电器，又恰当地将点火线圈安装在双凸轮轴的中间，充分利用了有限空间，因而节省了发动机周围的安装空间。

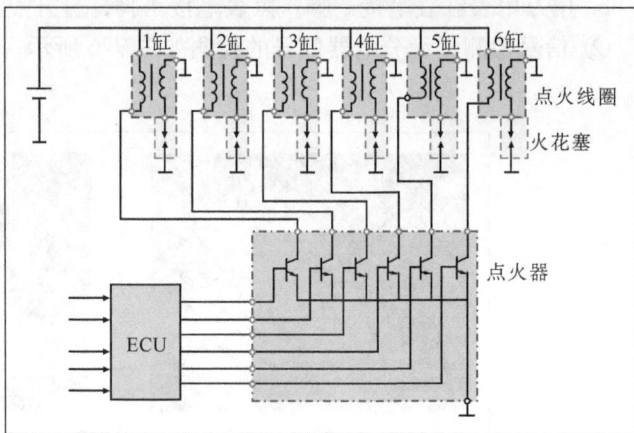

第二节　电控点火系统的控制内容

一、点火提前角控制

1. 起动时点火提前角的控制

发动机起动时，按ECU内存储的初始点火提前角（设定值）对点火提前角进行控制。起动时点火提前角的设定值随发动机而异，对一定的发动机而言，起动时的点火提前角是固定的，一般为10°左右。

在发动机起动过程中，发动机转速变化大，且由于转速较低（一般低于500r/min），进气管绝对压力传感器信号或空气流量计信号不稳定，ECU无法正确计算点火提前角，一般将点火时刻固定在设定的初始点火提前角。此时的控制信号主要是发动机转速信号（Ne信号）和起动开关信号（STA信号）。

2. 起动后点火提前角的控制

发动机正常运转时（起动后），发动机ECU根据发动机的转速和负荷信号，确定基本点火提前角，并根据其他有关信号进行修正，最后确定实际的点火提前角，并向电子点火控制器输出点火指令信号，以控制点火系统的工作。

最佳点火提前角=初始点火提前角+基本点火提前角+修正点火提前角（或点火延迟角）

（1）初始点火提前角　为了控制点火正时，电控单元根据上止点位置来确定点火提前角。在一些微电子控制点火系统中，有些发动机电控单元把G1或G2信号出现后第一个Ne

信号过零点定为压缩行程上止点前10°，并以这个角度作为点火正时计算的基准点，称为初始点火提前角，其大小随发动机而异。

（2）基本点火提前角　发动机正常运转时，电控单元按怠速工况和非怠速工况两种情况，确定基本点火提前角。

发动机处于怠速工况时，电控单元根据节气门位置信号（怠速触点闭合）、发动机转速信号及空调开关信号，确定基本点火提前角，如图7-9所示。

发动机处于非怠速工况时，电控单元根据发动机转速和节气门位置信号，从预置在储存器中的数据表中查出相应的基本点火提前角，如图7-10所示。

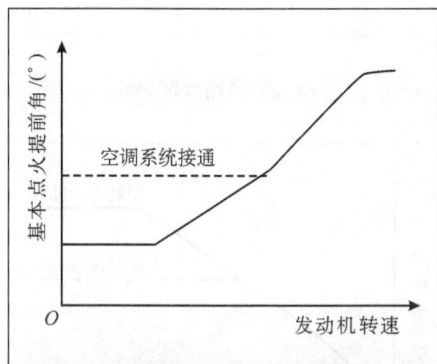

图7-9　怠速工况基本点火提前角
随发动机转速变化规律

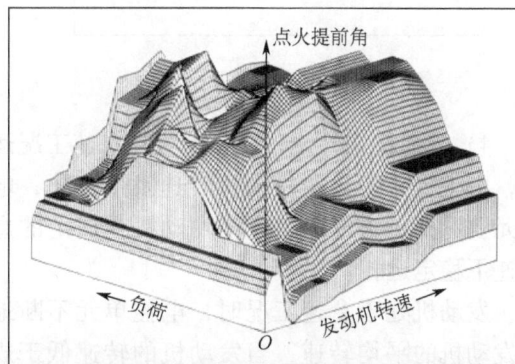

图7-10　非怠速工况基本点火提前角
与发动机转速和负荷的关系图

（3）修正点火提前角（或点火延迟角）

1）暖机修正。发动机冷车起动后，冷却液温度较低时，应增大点火提前角。在暖机过程中，随冷却液温度的升高，点火提前角修正值逐渐减小，如图7-11所示。修正值的变化规律及大小随发动机暖机修正的主要控制信号包括冷却液温度信号（THW）、空气流量信号、节气门位置信号（IDL）等。

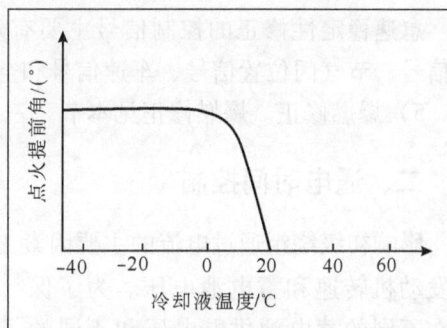

2）过热修正。发动机处于正常运行工况时（怠速触点断开），若冷却液温度过高，为了避免产生

图7-11　暖机修正曲线

爆燃，应将点火提前角推迟。发动机处于怠速工况时（怠速触点闭合），若冷却液温度过高，为了避免发动机长时间过热，应将点火提前角增大。过热修正值的变化规律如图7-12所示。

过热修正的主要控制信号包括冷却液温度信号（THW）、节气门位置信号（IDL）等。

3）空燃比反馈修正。装有氧传感器的电控汽油喷射系统，其电控单元根据氧传感器的反馈信号空燃比进行修正。随着修正喷油的增加或减少，发动机转速在一定范围内波动。为了提高怠速的稳定性，在反馈修正油量减少时，点火提前角相应地增加，如图7-13所示。

空燃比反馈修正的控制信号主要有氧传感器信号（OX）、节气门位置信号、冷却液温度信号、车速信号等。

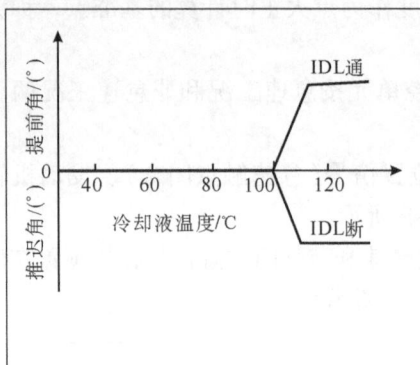

图 7-12 过热修正曲线

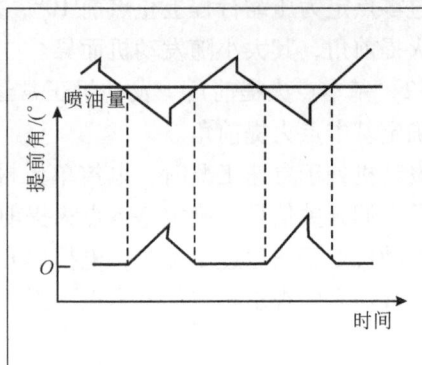

图 7-13 空燃比反馈修正

4）怠速稳定性修正。发动机在怠速工况运行时，由于负荷变化使发动机转速发生变化，电控单元要调整点火提前角，使发动机在规定的怠速转速下稳定运转。

发动机处于怠速工况时，电控单元不断地计算发动机的平均转速，当发动机的转速低于规定的怠速转速时，电控单元根据实际转速与目标转速差值的大小相应地增大点火提前角；当发动机转速高于目标转速时，则减小点火提前角，如图7-14 所示。

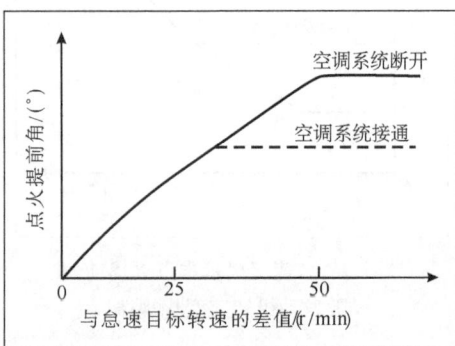

图 7-14 怠速稳定性修正

怠速稳定性修正的控制信号主要有发动机转速信号、节气门位置信号、车速信号和空调信号（A/C）等。

5）爆燃修正。爆燃修正见本节"三、爆燃控制"。

二、通电时间控制

影响初级绕组通过电流的主要因素有发动机转速和蓄电池电压。为了保证在不同的蓄电池供电电压和不同的转速下都具有相同的初级断开电流，电控单元根据蓄电池电压和发动机转速信号，从预置的闭合角数据表中查出相应的数值，对闭合角进行控制。

当发动机转速高时，适当增大闭合角，以防止初级绕组通过电流下降，造成次级高压下降，点火困难。蓄电池电压下降时，基于相同的理由，也应适当增大闭合角，如图 7-15 所示。

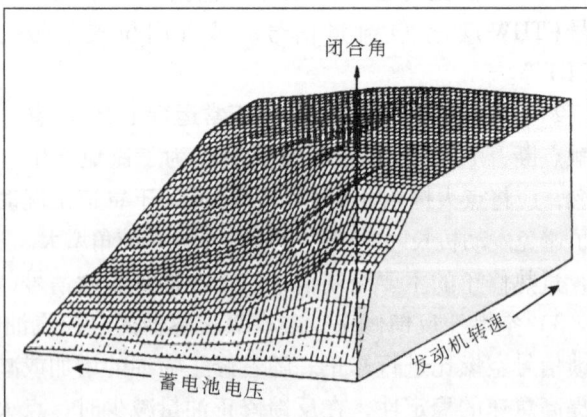

图 7-15 闭合角与发动机转速和蓄电池电压的关系

三、爆燃控制

1. 爆燃传感器

（1）磁致伸缩式爆燃传感器　磁致伸缩式爆燃传感器的外形和结构如图7-16所示。它由高镍合金的铁心、永久磁铁、感应线圈、壳体等构成。

当机体振动时，磁心受到机体振动的影响，在传感器内产生轴向振动，使通过感应线圈的磁通发生变化，在感应线圈产生感应电动势，此电动势即爆燃传感器输出电压信号。传感器输出的电压信号的大小与

图7-16　磁致伸缩式爆燃传感器结构图

发动机振动的频率有关，当传感器自振频率与设定爆燃强度时发动机的振动频率产生谐振时，传感器的输出电压将达到最大值，ECU根据该传感器的输出电压，就可以对发动机是否爆燃作出判断。

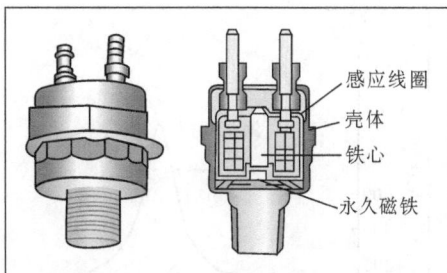

（2）压电式爆燃传感器

1）共振型压电式爆燃传感器。共振型压电式爆燃传感器是利用产生爆燃时的发动机振动频率与传感器本身的固定频率"合拍"时产生共振现象，来检测爆燃是否发生的，其结构如图7-17所示。该传感器由压电元件、振荡片、基座等构成。压电元件紧密贴合在振荡片上，振荡片则固定在传感器的基座上。发动机工作时，振荡片随机体的振动而振荡，振荡片的振荡使与它紧密贴合的压电元件变形，并产生电压信号，此电压信号即传感器的输出信号。

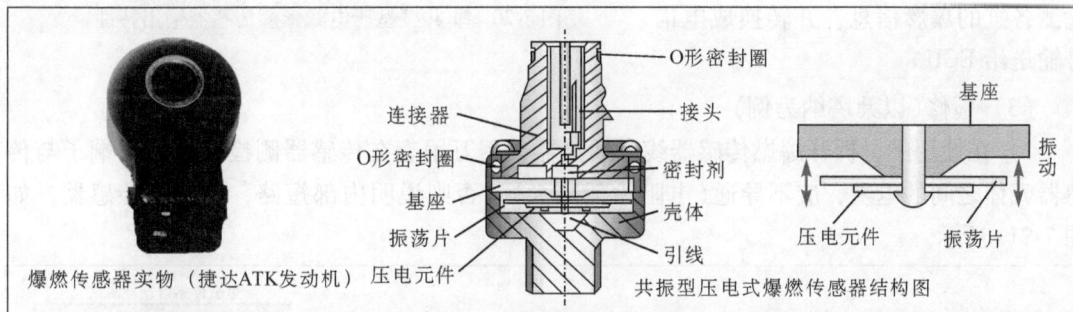

图7-17　共振型压电式爆燃传感器实物与结构图

当发动机爆燃时的振动频率与振荡片的固有频率"合拍"时，振荡片产生共振，此时压电元件将产生最大的电压信号，如图7-18所示。这种传感器在爆燃发生时的输出电压比非共振（即无爆燃）时的输出电压高得多，因此不需要滤波器，ECU即可判别是否发生爆燃。

2）非共振型压电式爆燃传感器。非共振型压电式爆燃传感器是以接收加速度信号的形式来判断是否产生爆燃，其结构如图7-19所示。它由两个同极性相向对接的压电元件和配重构成。

发动机机体振动时，传感器内部的配重受机体振动的影响而产生加速度，压电元件就会受到配重加速时惯性力的作用，而产生电压信号。在爆燃发生时的频率及该频率附近，这种传感器输出的信号不会很大，而是具有平的输出特性，如图7-20所示。因此，为了能够根

图 7-18　共振型压电式爆燃传感器输出特性

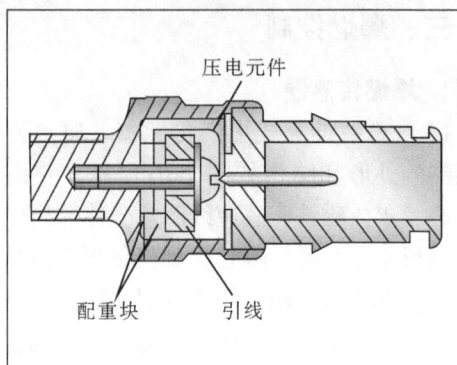

图 7-19　非共振型压电式爆燃传感器

据该传感器输出的电压识别到发动机是否发生爆燃，必须将反映发动机振动频率的输出电压信号送到识别爆燃的滤波器中，以判别是否有爆燃信号产生。

3）火花塞座金属垫型。压电式火花塞座金属垫型爆燃传感器是将压电元件安装在火花塞的垫圈处，每缸安装一个，根据各缸的燃烧压力直接检测各缸的爆燃信息，并转换成电信号输送给 ECU。

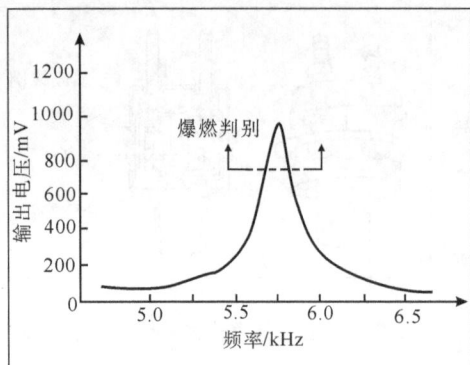

图 7-20　非共振型压电式爆燃传感器输出特性

（3）检修（以桑塔纳为例）

1）在使用中，拆开爆燃传感器线束插接器，用万用表在传感器侧检查传感器端子与传感器壳体之间的电阻，应不导通（电阻为无穷大），否则说明内部短路，应更换传感器，如图 7-21a 所示。

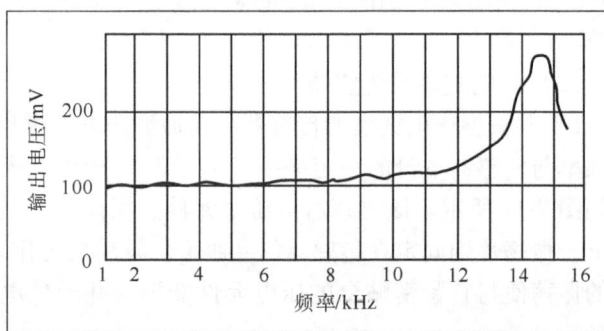

图 7-21　爆燃传感器的检修

2）爆燃传感器工作情况的检查，可在怠速运转时进行。拆开爆燃传感器线束插接器，用示波器检查传感器端子与搭铁之间的信号电压，应有脉冲信号输出，否则说明传感器不良，应更换新件，如图 7-21b 所示。

2. 爆燃的控制过程

带有爆燃控制的点火提前角闭环控制系统由传感器、带通滤波电路、信号放大电路、整形滤波电路、比较基准电压形成电路、积分电路、提前角控制电路和点火控制器等组成，如图 7-22 所示。

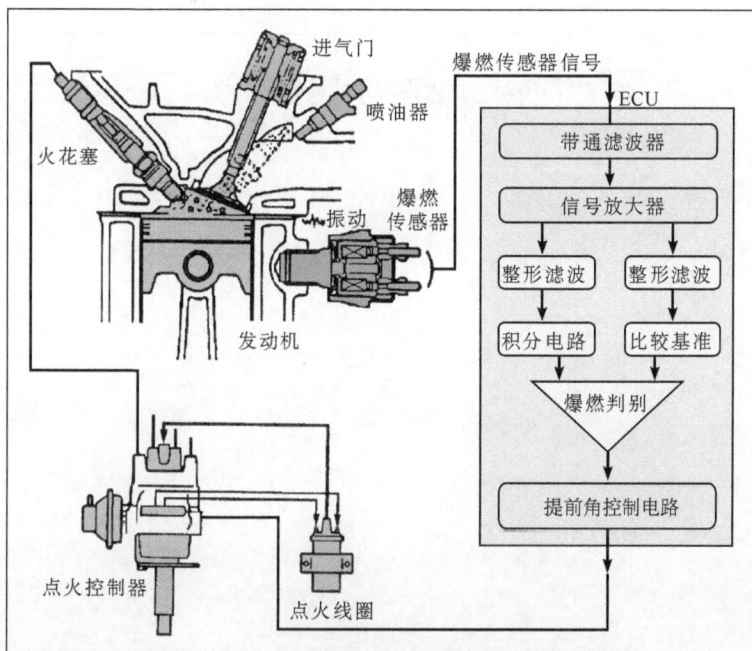

图 7-22　爆燃控制系统组成

爆燃传感器用于检测发动机是否发生爆燃，每台发动机一般安装 1~2 只。带通滤波器只允许发动机爆燃信号（频率为 6~9kHz 的信号）或接近爆燃的信号输入 ECU 进行处理，其他频率的信号则被衰减。信号放大器的作用是对输入 ECU 的信号进行放大，以便整形滤波电路进行处理。接近爆燃的信号经过整形滤波和比较基准电路处理后，形成判定是否发生爆燃的基准电压 U_B。爆燃信号经过整形滤波电路和积分电路处理后，形成的积分信号用于判定爆燃强度。

ECU 对点火提前角的闭环控制过程，如图 7-23 所示。当发动机产生爆燃时，ECU 根据爆燃信号的强弱，控制推迟角度的大小。爆燃强，推迟角度大；爆燃弱，推迟角度小。每一次的反馈控制调整都以一固定的角度递减，直到爆燃消失。当爆燃消失后，ECU 又以一固定的提前角度，逐渐增大点火提前角。当再次出现爆燃时，ECU 又再次逐渐减小点火提前角。在需要对点火提前角进行闭环控制的工况，这种反馈控制调整过程是反复进行的。ECU 通过对点火提前角的反馈控制，可以使实际的点火提前角始终保持最佳，使发动机的动力性、经济性和控制有害物的排放都达到较佳的水平。

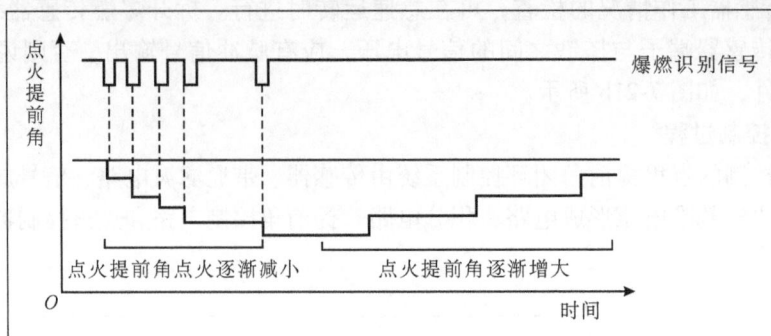

图 7-23　点火提前角闭环控制过程

第八章

辅助控制系统

第一节 怠速控制系统

一、功能

怠速控制的实质是控制怠速时的充气量(进气量)。当发动机怠速负荷增大时或发动机起动后，冷却液未达正常温度之前，另外当发动机转速急剧降低到怠速时，ECU控制怠速控制阀使进气量增大，从而使怠速转速提高，防止发动机运转不稳或熄火；当发动机怠速负荷减小时，ECU控制怠速控制阀使进气量减少，从而使怠速转速降低，以免怠速转速过高。

二、组成

怠速控制系统的组成如图8-1所示，由各种传感器、信号控制开关、电控单元、怠速控制阀和节气门旁通空气道等组成，各元件的功能见表8-1。桑塔纳2000GSi、捷达AT、捷达GTX和红旗CA7220E型轿车采用节气门直接控制方式，无须设置旁通空气道。

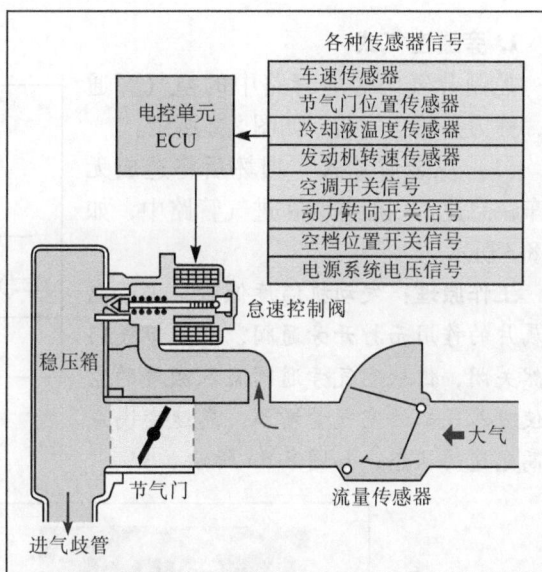

图8-1 怠速控制系统的组成

表8-1 怠速控制系统各组成元件的功能

元 件		功 能
传感器或开关	曲轴位置传感器	检测发动机转速的大小
	节气门位置传感器	检测发动机是否处于怠速运行状态
	冷却液温度传感器	检测发动机冷却液温度的高低
	起动开关信号	检测发动机是否处于起动工况
	空调开关信号	检测空调压缩机是否处于工作状态

（续）

元　件		功　能
传感器或开关	空档起动开信号	检测变速器是否有载荷加在发动机上
	液力变矩器负荷信号	检测液力变矩器的负荷变化特点
	动力转向开关信号	检测动力转向系统是否起作用
	发电机负荷信号	检测发电机负荷的变化
	车速传感器	检测车速
执行器	怠速空气控制阀	控制怠速时进气量的大小
发动机电控单元		根据从各个传感器输入的信号，把发动机的实际转速与根据各个传感器输入的信号所决定的目标转速进行比较，根据比较得出的差值，确定相当于目标转速的控制量，驱动怠速空气控制机构，即怠速空气控制阀，使发动机怠速转速保持在目标转速附近

三、类型

1. 旁通空气式

控制节气门旁通管路中的空气旁通量，称为旁通空气式，如图8-2所示。

（1）双金属片式　损坏后将造成无冷车快怠速，一般并联在进气管路中，如图8-3所示。

工作原理： 发动机温度低时，由于双金属片的作用而打开旁通阀，此时节气门虽然关闭，但从空气旁通阀流入额外的空气使吸入气缸的空气量增多，怠速变高成为高怠速的状态，如图8-4a所示。

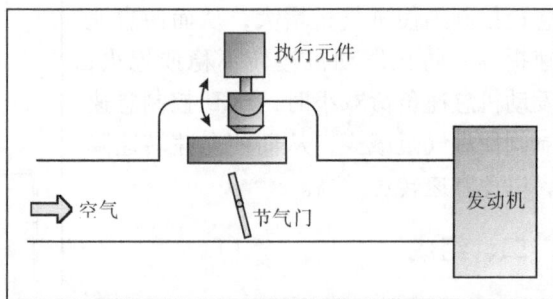

图8-2　怠速空气量控制的旁通空气式

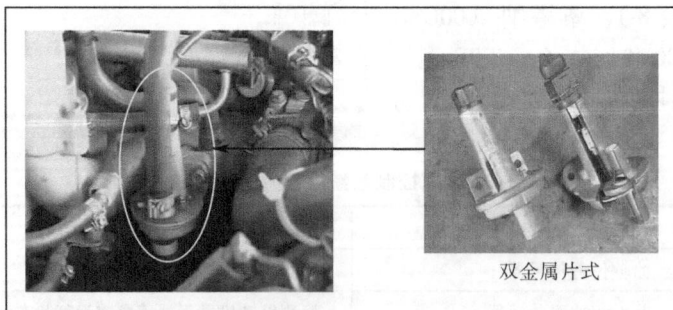

图8-3　怠速空气量控制的旁通空气式的安装位置

发动机起动后，电流由点火开关流经双金属片式旁通空气控制阀的加热线圈，使双金属片受热而慢慢将旁通阀关闭，流入的空气量减少，发动机的转速下降，如图8-4b所示。

暖车后，旁通阀完全关闭，发动机恢复正常怠速运转。一般周围温度在-20℃以下时，旁通阀全开，而在60℃以上时，旁通阀完全关闭，如图8-4c所示。

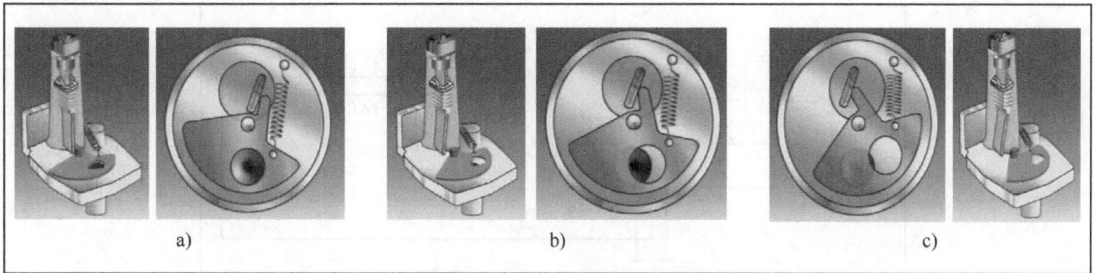

图8-4　怠速空气量控制的旁通空气式的工作原理

（2）石蜡式　损坏后将造成无冷车快怠速，如图8-5所示。

工作原理： 当发动机温度较低时，石蜡收缩，阀芯在弹簧作用下打开旁通气道，使空气进入进气歧管。

当发动机温度升高时，石蜡开始膨胀，推杆克服弹簧力将阀门压向阀座以减少旁通气道的进气量。当冷却液温度达到80℃时，旁通气道完全关闭。

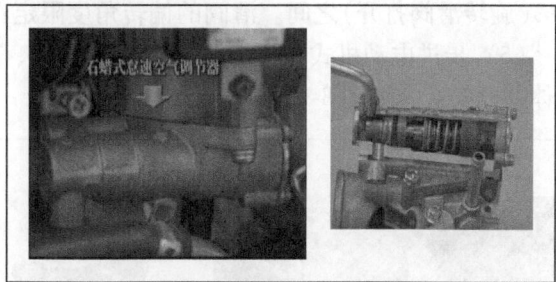

（3）平动电磁阀式　平动电磁阀式怠速控制执行机构如图8-6所示。

平动电磁阀式怠速执行器由电磁线

图8-5　石蜡式

圈、阀轴和阀等组成。当ECU加大PWM信号的脉宽（占空比）时，电磁力加大，阀轴上移而阀门开度加大，从而导致旁通空气量的加大与怠速的提高；当PWM信号脉宽减小时，旁通空气量减少而怠速下降。图中波纹管的作用是为了消除阀门上下两侧压差对开启位置的影响，便于ECU计算决定PWM信号，同时也减小了阀上的作用力。

（4）旋转滑阀式　如图8-7所示，器件损坏后将引起怠速不稳、无怠速、怠速过高等。

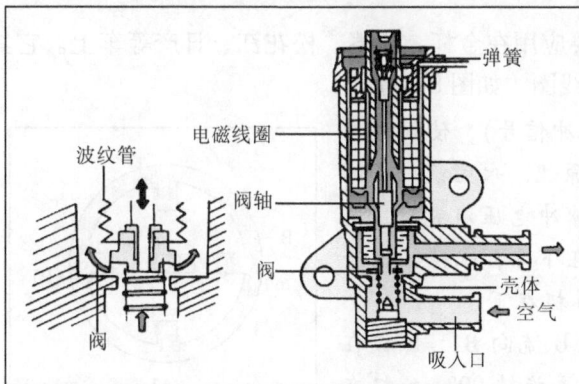

图8-6　平动电磁阀式怠速控制执行机构

图8-7　旋转滑阀式

工作原理：如图 8-8 所示，当给线圈通电时，就会产生磁场从而使电枢轴带动旋转滑阀转动，控制通过旁通空气道的空气。

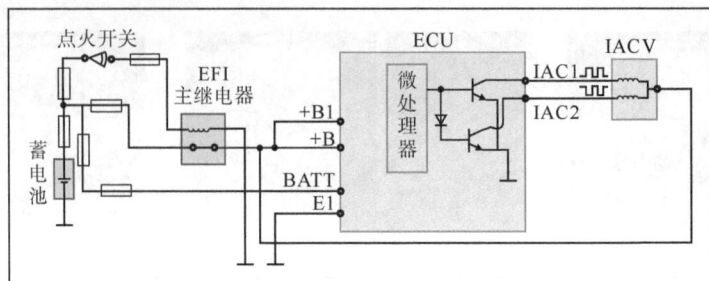

图 8-8　急速控制原理图（旋转滑阀式）

旋转滑阀根据控制脉冲信号的占空比偏转，占空比的范围为 18%（旋转滑阀关闭）至 82%（旋转滑阀打开）之间。滑阀的偏转角度限定在 90° 内。

（5）步进电动机式　损坏后将造成无急速、急速不稳、急速过高等故障。一般与节气门体并联安装，如图 8-9 所示。

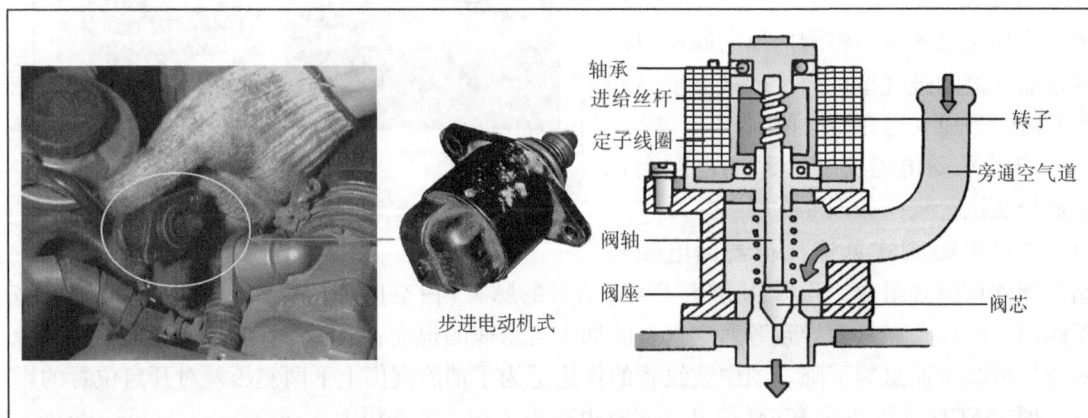

图 8-9　步进电动机式

1）四线制步进电动机式急速阀：主要应用在金杯、五菱、松花江、日产等车上。它具有一个永久磁铁的转子和两个相互独立的线圈，如图 8-10 所示。

工作原理：当电流从 B1 流向 B 时（脉冲信号），使 N 极在右，S 极在左。由于同性相斥异性相吸的原理，永磁铁转子的 N 极在左，S 极在右；当从 B1 流向 B 的脉冲电压消失后，电流再从 A 流向 A1，使 N 极在上方，S 极在下方，永磁铁转子将沿逆时针方向旋转 90°，使 S 极在上，N 极在下。

当从 A 流向 A1 的电流消失后，再从 B 流向 B1，N 极在左，S 极在右，使永磁转子沿逆时针方向再旋转 90°，S 极在左，N 极在右；当从 B 流向 B1 的电流消失后，再从 A1 流向 A，N 极在下，S 极在上，使永磁转子继续沿逆时针旋转 90°，

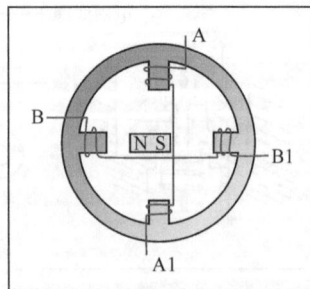

图 8-10　四线制步进电动机

S 极在下，N 极在上。

由此可见，急速步进电动机是由 ECU 通过控制两个单独线圈的电流方向和通电顺序来控制螺杆的旋转方向与旋转量（转动角度），最终确定了阀芯和阀座所形成的旁通空气道的流通截面面积，以达到精确控制急速转速的目的。

2）六线制步进电动机式急速阀：

工作原理：ECU 根据节气门位置传感器和车速传感器判断发动机处于急速工况时，按一定的顺序将 ISC1～ISC4 依次通电，驱动步进电动机旋转，调节旁通气道的开度，从而调节旁通空气量，使发动机转速达到所要求的目标值。

（6）各种旁通空气式急速控制执行机构的比较（表 8-2）

表 8-2　各种旁通空气式急速控制执行机构的比较

种　类	控制方式	功　能	说　明
双金属片式	机械式	只提供低温时的附加空气量	双金属片随温度的变形决定附加空气量的大小
石蜡式	机械式	只提供低温时的附加空气量	石蜡的热胀冷缩决定附加空气量的大小
平动电磁阀式	电子式	提供全部急速空气量，并具备四种功能	ECU 用 PWM 信号控制空气量大小，或通过真空阀控制
旋转滑阀式	电子式	提供全部急速空气量，并具备四种功能	ECU 用 PWM 信号控制空气量大小
步进电动机式	电子式	提供全部急速空气量，并具备四种功能	ECU 通过控制旋转步数来控制空气量的大小

2. 节气门直动式

没有急速空气旁通道，直接控制节气门全关时的最小开度，称为节气门直动式，如图 8-11 所示。

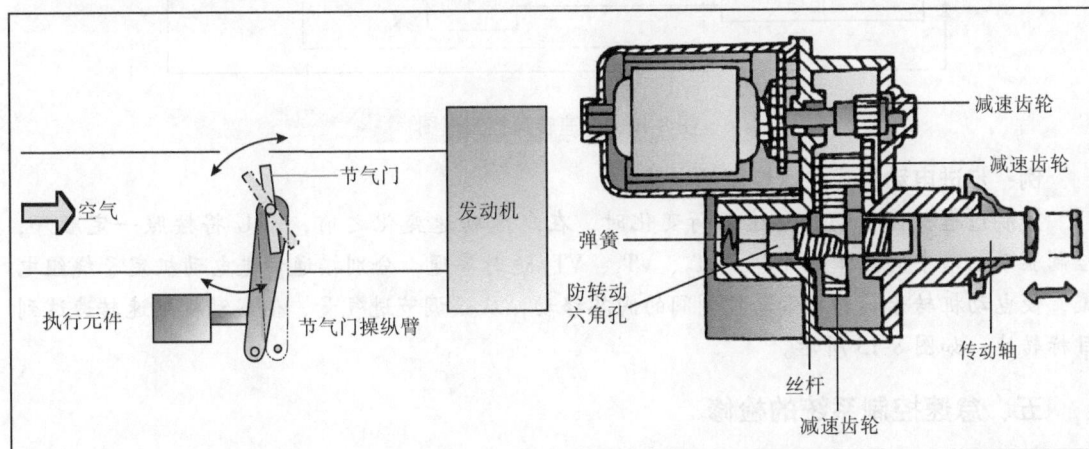

图 8-11　急速空气量控制的节气门直动式

从图 8-11 中可以看出，该急速执行器主要由直流电动机、减速齿轮、丝杆等部件组成。执行器的输出是传动轴的前后运动，它与节气门操纵臂的全闭限位器相接触，决定了节气门

的最小开度。当微处理器控制直流电动机通电时，电动机产生旋转力矩，通过减速齿轮减速时，增大了旋转力矩，然后又通过丝杆变转动为传动轴的前后直线运动。通过传动轴的运动，使节气门最小开度随之变化，达到调节节气门空气通道面积，进而实现急速的控制。

这种节气门直动式急速控制执行机构具有较强的工作能力，控制稳定性好，但反应速度不是很快。同时，整个执行器的外形尺寸也较大，安装时受到一些限制，其主要应用在大众、奥迪等欧洲车系中。

四、急速控制过程及电路

当发动机负荷增大，需要发动机快急速运转，目标转速高于实际转速时，ECU 将通过增大比例电磁阀式急速控制阀的占空比，或增加步进电动机步进的步数控制急速控制阀，以增大旁通进气量来实现快急速；反之，当发动机负荷减小，目标转速低于实际转速时，ECU 将控制急速控制阀减小旁通进气量来调节急速转速，如图 8-12 所示。

控制过程：ECU 首先根据急速触点 IDL 信号和车速信号，判断发动机是否处于急速状态。当判定为急速工况时，再根据发动机冷却液温度传感器信号、空调开关、动力转向开关等信号，从存储器存储的急速转速数据中查询相应的目标转速，然后将目标转速与曲轴位置传感器检测的发动机实际转速进行比较。

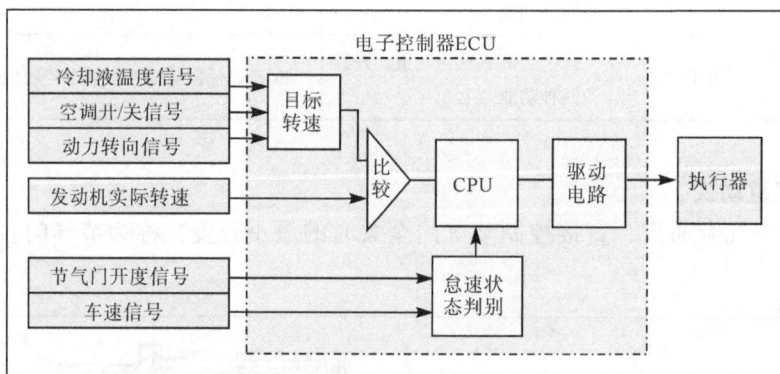

图 8-12　急速转速控制框图

例：步进电动机式急速控制的电路

控制过程：当发动机急速负荷变化时，在急速转速变化之前，ECU 将按照一定顺序，控制驱动电路中的晶体管 VT_1、VT_2、VT_3、VT_4 适时导通，分别接通步进电动机定子绕组电流，使电动机转子旋转，带动控制阀的阀芯移动，从而调节进气量，使发动机急速转速达到目标转速，如图 8-13 所示。

五、急速控制系统的检修

1. 步进电动机式急速控制阀的检测

检修步进电动机型急速控制阀的方法：

1）拆开急速控制阀线束插接器，将点火开关转至 ON 但不起动发动机，在线束侧分别测量 B1 和 B2 端子与搭铁之间的电压，应均为蓄电池电压（9~14V），否则说明急速控制阀

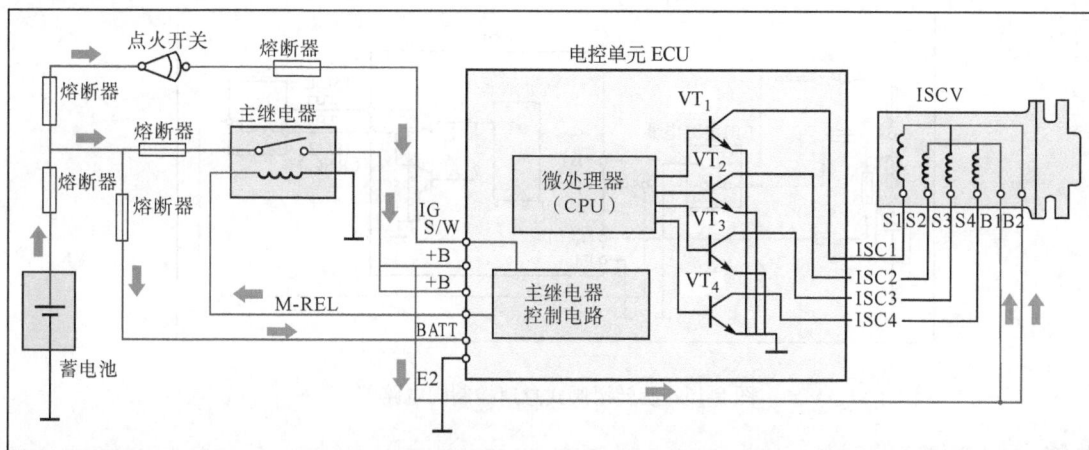

图 8-13　步进电动机式怠速控制阀控制框图

电源电路有故障。

2）发动机起动后再熄火时，2～3s 内在怠速控制阀附近应能听到内部发出的"嗡嗡"响声，否则应进一步检查怠速控制阀、控制电路及 ECU。

3）拆开怠速控制阀线束插接器，在控制阀侧分别测量端子 B1 与 S1 和 S3、B2 与 S2 和 S4 之间的电阻，阻值应均为 10～30Ω，否则应更换怠速控制阀。

4）如图 8-14 所示，拆下怠速控制阀后，将蓄电池正极接至 B1 和 B2 端子，负极按顺序依次接通 S1—S2—S3—S4 端子时，随步进电动机的旋转，控制阀应向外伸出；蓄电池负极按相反顺序依次接通 S4—S3—S2—S1 时，则控制阀应向内缩回。若工作情况不符合上述要求，应更换怠速控制阀。

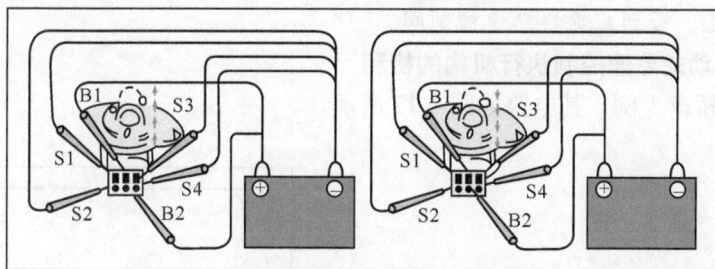

图 8-14　步进电动机型怠速控制阀工作情况检查

注意事项：

1）不要用手推或拉控制阀，以免损坏丝杠机构的螺纹。

2）不要将控制阀浸泡在任何清洗液中，以免步进电动机损坏。

3）安装时，检查密封圈不应有任何损伤，并在密封圈上涂少量润滑油。

2. 旋转滑阀式怠速控制阀的检测

旋转滑阀式怠速控制阀电路图如图 8-15 所示。

1）拆开怠速控制阀线束插接器，将点火开关转至 ON 但不起动发动机，在线束侧测量电源端子+B 与搭铁之间的电压，应为蓄电池电压 9～14V，否则说明怠速控制阀电源电路有

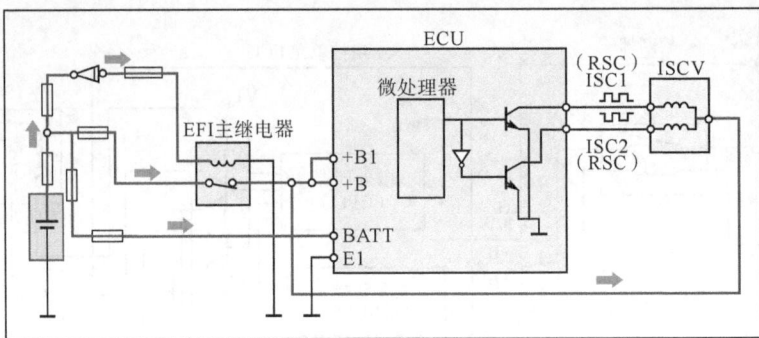

图 8-15　旋转滑阀式怠速控制阀电路图

故障。

2）发动机达到正常工作温度、变速器处于空档位置时，使发动机维持怠速运转，用专用短接线短接故障诊断座上的 TE1 与 E1 端子，发动机转速应保持在 1000～1200r/min，5s 后转速下降约 200r/min。若不符合上述要求，应进一步检查怠速控制阀电路、ECU 和怠速控制阀。

3）拆开怠速控制阀上的三端子线束插接器，在控制阀侧分别测量中间端子（B）与两侧端子（ISC1 和 ISC2）之间的电阻，正常值应为 18.8～22Ω，否则应更换怠速控制阀。

3. 平动电磁阀式（占空比式）怠速控制阀的检测

平动电磁阀式怠速控制阀电路如图 8-16 所示。

1）拆开怠速控制阀线速插接器，将点火开关转至 ON 但不起动发动机，在线束侧测量电源端子与搭铁之间的电压，应为蓄电池电压，否则说明怠速控制阀电源电路有故障。

2）拆开怠速控制阀上的两端子线束插接器，在控制阀侧分别测量两端之间的电阻，正常值应为 10～15Ω，否则应更换怠速控制阀。

4. 节气门直动式怠速控制执行机构的检测

以时代超人轿车为例，其电路如图 8-17 所示。

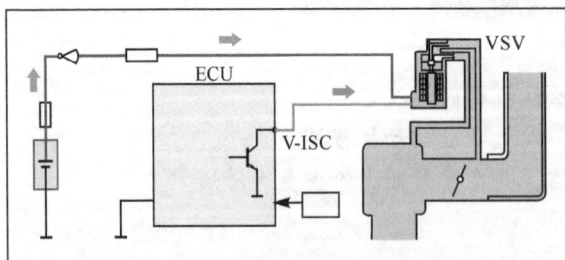

图 8-16　平动电磁阀式怠速控制阀电路图

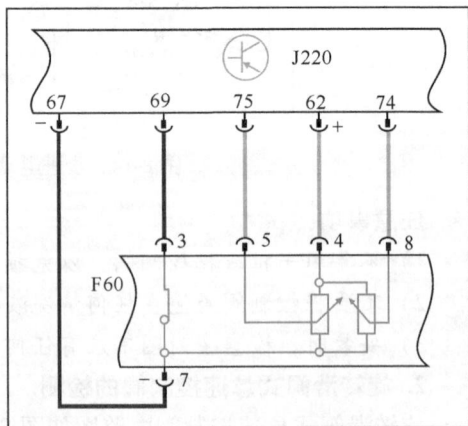

图 8-17　时代超人轿车节气门控制部件电路

（1）测量节气门位置传感器（节气门电位计）　测量节气门电位计的供电电压：拔下节气门控制部件的插接器，用数字式万用表测量插接器上4和7端子之间的电压值，打开点火开关，此电压值应接近5V（发动机ECU提供）。

测量节气门电位计导线的导通情况：用数字式万用表测量插接器上的4、5和7端子分别至ECU线束插座端子62、75和67之间的电阻值，测得电阻值应小于1Ω。

测量节气门电位计的信号电压（万用表）：插上节气门控制部件的插接器，用数字式万用表测量插接器上5和7端子（端子5和7分别对应ECU插座上的端子75和67）之间的电压值，打开点火开关，使节气门开度变化，此电压值应在0.5~4.9V变化。

（2）测量节气门定位电位计　测量节气门定位电位计的供电电压：拔下节气门控制部件的插接器，用数字式万用表测量插接器上4和7端子之间的电压值，打开点火开关，此电压值应接近5V。

测量节气门定位电位计导线的导通情况：用数字式万用表测量插接器上的4、8和7端子分别至ECU线束插座端子62、74和67之间的电阻值，测得的电阻值应小于1Ω。

测量节气门定位电位计的信号电压（万用表）：插上节气门控制部件的插接器，用数字式万用表测量插接器上8和7端子（端子8和7分别对应ECU插座上的端子74和67）之间的电压值，打开点火开关，使节气门开度变化，此电压值应在0.5~4.9V变化。

（3）检查怠速开关　测量怠速开关的电阻：将万用表两根表笔接触ECU插座上的69和67端子，当打开节气门时，测到的电阻值应为无穷大，当节气门关闭时，测得的电阻值应小于1Ω。

测量怠速开关导线的导通情况：拔下节气门控制部件的插接器，用数字式万用表测量节气门控制部件插接器上的3和7端子至ECU线束插座69和67端子间的电阻值，测得的电阻值应小于1Ω。

测量怠速开关信号：可用诊断仪检测进入08功能读数据块。选择98显示组，屏幕显示及检查见"节气门电位计检查"。

（4）检查节气门定位器（怠速电动机）　测量节气门定位器的供电电压：打开点火开关，用数字式万用表测量ECU上66和59端子的电压值，66号端子的电压值应为蓄电池电压值（12V左右），59号端子的电压值应为10V左右。

测量节气门定位器导线的导通情况：用数字式万用表测量ECU线束插座至节气门定位器电线插接器间的电阻值，电阻值应小于1Ω。

注：以上怠速控制系统的检查还可以用诊断仪和示波器来进行操作和判断。

案例一：电喷发动机怠速不稳故障原因及排除

发动机怠速不稳是汽车常见的故障之一。尽管现在大多数轿车都有故障自诊断系统，但也会出现汽车有故障而自诊断系统却显示正常或显示与故障无关代码的情况。这通常是不受电控单元（ECU）直接控制的执行装置发生故障或传统机械故障造成的。下面列举电喷发动机怠速不稳常见的故障原因及其诊断与排除方法。

1）怠速开关不闭合

① **故障分析**：怠速触点断开，ECU便判定发动机处于部分负荷状态。此时，ECU根据空气流量传感器和曲轴位置信号、转速信号确定喷油量和喷油时间。而此时发动机却是在怠

速工况下工作，进气量较少，造成混合气过浓，转速上升。当ECU收到氧传感器反馈的混合气过浓信号后，减少喷油量，增加怠速控制阀的开度，又造成混合气过稀，使转速下降；当ECU收到氧传感器反馈的混合气过稀信号时，又增加喷油量，减小怠速控制阀的开度，又造成混合气过浓，使转速上升。如此反复，使发动机怠速不稳。在怠速工况时开空调，转动转向盘，开前照灯均会增加发动机的负荷。为了防止发动机因负荷增大而熄火，ECU会增大供油量来维持发动机的平稳运转。怠速触点断开，ECU认为发动机不是处于怠速工况，就不会增大供油量，因而转速没有提升。

② **诊断方法**：怠速时开空调和转动转向盘，若发动机怠速转速不升高，则证明怠速开关不闭合。

③ **故障排除**：调整或更换节气门位置传感器。

2）怠速控制阀有故障

① **故障分析**：电喷发动机的正常怠速是通过怠速控制阀（ISC）来保证的。ECU根据发动机转速、温度、节气门开关及空调开关等信号，经过运算对怠速控制阀进行调节。当怠速转速低于设定转速时，ECU指令怠速控制阀开大进气旁通道或直接加大节气门的开度，使进气量增加，以提高发动机怠速转速；当怠速转速高于设定转速时，ECU便指令怠速控制阀关小进气旁通道，使进气量减少，降低发动机转速。由油污、积炭造成的怠速控制阀动作发卡或节气门关闭不到位等会使ECU无法对发动机进行正确的怠速调节，造成怠速不稳。

② **诊断方法**：检查怠速控制阀的动作声音，若无动作声音，则怠速控制阀有故障。

③ **故障排除**：清洗或更换怠速控制阀，并用专用解码器对怠速进行基本设定。

3）进气管漏气

① **故障分析**：由发动机的怠速控制原理可知，在正常情况下，怠速控制阀的开度与进气量严格遵循某种函数关系，即怠速控制阀开度增大，进气量相应增加。进气管漏气，使进气量与怠速控制阀的开度不严格遵循原函数关系，空气流量传感器无法测出真实的进气量，造成ECU对进气量控制不准确，导致发动机怠速不稳。

② **诊断方法**：若听见进气管有泄漏的"咻咻"声，则证明进气系统漏气。

③ **故障排除**：查找泄漏处，重新进行密封或更换相关部件。

4）配气相位错误

① **故障分析**：对于使用质量流量型空气流量传感器的车型，此种传感器采用了恒温差控制电路来实现对空气流量的检测。其控制电路是由发热元件、温度补偿电阻、精密电阻和取样电阻组成的桥式电路。当空气气流流经发热元件使其受到冷却时，发热元件温度降低，阻值减小，电桥电压失去平衡，控制电路将增大供给发热元件的电流，使其与温度补偿电阻的温度差保持一定。电流增量的大小，取决于发热元件受到冷却的程度，即取决于流过空气流量传感器的空气量。当电流增大时，取样电阻上的电压就会升高，从而将空气流量的变化转化为输出给ECU的电压信号，ECU根据此信号设定基本喷油量。配气相位的错误会使气门不按规定时刻开闭，致使进入气缸内的空气量减少，同时由于窜气也使进气歧管内的温度有所升高，从而使发热元件的冷却程度降低，因而输出给ECU的电压信号就低，喷油量就会减少，容易造成发动机在怠速时运转不稳，出现抖动。

对于采用D型燃油喷射系统的车型，进气歧管绝对压力传感器将进气歧管的压力信号转化为电压信号输出给ECU，ECU发出指令使喷油器喷油。因此，进气歧管压力信号是

ECU 决定喷油量的依据。配气相位错误会使进气歧管压力信号超出标准且出现波动，引起喷油量波动，使发动机怠速不稳。

② **诊断方法**：检查气缸压力、进气歧管压力信号和正时标记，若气缸压力或进气歧管压力信号不在标准值范围内而且正时标记不正确，则可判断发生了配气相位错误。

③ **故障排除**：检查正时标记，按照标准重新调整配气相位。

5）喷油器滴漏或堵塞

① **故障分析**：喷油器滴漏或堵塞，使其无法按照 ECU 的指令进行喷油，从而造成混合气过浓或过稀，使个别气缸工作不良，导致发动机怠速不稳。喷油器堵塞引起的混合气过稀，还会使氧传感器产生低电位信号，ECU 会根据此信号发出加浓混合气的指令，在指令超出调控极限时，ECU 会误认为氧传感器存在故障，并记忆故障码。

② **诊断方法**：用听诊器检查喷油器是否发出"咔叽、咔叽"动作声或测量喷油器的喷油量。若喷油器无动作声或喷油量超出标准，则喷油器有故障。

③ **故障排除**：清洗、检查每个喷油器的喷油量并确认无堵塞、滴漏现象。

6）排气系统堵塞

① **故障分析**：当三元催化转化器内部因积炭、破碎等原因造成局部堵塞时，就会加大排气阻力，使进气管负压降低，造成发动机排气不畅、进气不充分，致使发动机工作性能变差，怠速发抖，可能还会造成 ECU 记忆关于空气流量传感器的故障码。若该故障长时间不排除，将使氧传感器长期在恶劣条件下工作，加速氧传感器的损坏，造成发动机故障指示灯亮。

② **诊断方法**：利用真空表对 ΔP_x 进行检测，若 ΔP_x 较低且加速时常常伴有发闷的声音，则可确定三元催化转化器堵塞。

③ **故障排除**：更换三元催化转化器。

7）怠速工况时 EGR 阀开启

① **故障分析**：EGR 阀只有在发动机中小负荷时才开启。EGR 的作用是一部分废气进入燃烧室，降低燃烧室内的温度，减少 NO_x 的排放。但过多的废气参与燃烧，会影响混合气的着火性能，从而影响发动机的动力性，特别是在发动机怠速、低速和小负荷等工况时（这时 ECU 控制废气不参与燃烧，避免发动机性能受影响）。若 EGR 阀在发动机怠速时开启，使废气进入燃烧室参与燃烧，燃烧就变得不稳定，有时甚至失火。

② **诊断方法**：拆下 EGR 阀，把废气再循环通道堵死，故障现象消失即为此故障。

③ **故障排除**：此故障大多是由于 EGR 阀被积炭卡死在常开位置所造成的，消除 EGR 阀上的积炭或更换 EGR 阀，故障即可排除。

案例二：赛欧发动机怠速抖动

① **故障现象**：2002 年款别克赛欧行驶里程 65000km，怠速时出现间歇性（5~6s 周期性）发动机怠速先降低至 700r/min 左右，然后升高至 1200r/min 左右，再恢复至 900r/min 的现象。

② **故障诊断与排除**：在诊断接口上连接扫描工具 TECH-2 调取故障码，发动机电控单元 ECM 内无故障码存储。重新进入发动机数据清单，查看数据流。从发动机转速一项中可直观看出，发动机转速在较大的范围内波动，周而复始地循环。怠速步进电动机（IAC）、进

气歧管绝对压力传感器（MAP）、节气门位置传感器（TPS）等主要传感器数据未发现异常。于是就试着断开IAC或MAP后，发动机转速不再高低回荡，仪表板内的发动机故障指示灯点亮。此时，发动机电控单元ECM检测到有重要传感器失去信号，ECM采取保护模式使发动机稳定在某一设定转速并点亮故障指示灯。

断开氧传感器连线后，故障间隔时间加长，但故障症状丝毫没有改变。随后工作人员进行了发动机高压跳火试验，高压火花正常，火花塞燃烧状况良好，排除了点火系统存在故障的可能性。接着又对燃油系统的油压、喷油器的喷油脉宽以及各个喷油器的喷油均匀性进行了测试，结果仍是一切正常，排除了油路系统存在故障的可能性。

电路、油路系统正常，各个主要传感器也不存在故障，到底是什么原因导致此类故障发生呢？维修人员陷入了深思。此时笔者想到，如果发动机排气系统存在问题，如排气不畅、排气背压过高且不稳定等也是导致发动机怠速抖动、工作不良的主要原因。于是维修人员又对排气歧管、三元催化转化器、消声器进行了检查，并未发现异常现象。

为了排除排气管路内部堵塞及结构不合理的现象，维修人员更换了全套新排气管并进行试验，结果症状仍然存在。

赛欧车的凸轮轴是曲轴通过正时齿形带传动的，而且此车已经行驶了6万km以上，尚未更换传动带，不可排除气门正时存在故障的可能性。于是又对该车的正时系统进行检查，正时标记正确无误，正时传动带也无损伤。此时，油路、电路、正时系统都没问题。发动机各部位传感器工作正常。

恢复原车的正时系统时，当安装到曲轴带轮时，维修人员眼前一亮！是不是曲轴带轮存在故障呢？如果它存在故障就会给ECM一个错误的曲轴位置信号，导致发动机工作不正常。于是对该车的曲轴带轮进行仔细观察，并拿来新曲轴带轮进行对比，发现该车曲轴带轮存在缺陷，以至于曲轴位置传感器发送出的信号与点火正时发生错乱，使得ECM控制的喷油及点火信号与机械正时发生错位而导致实际点火提前角发生错误，从而导致该车抖动严重。装上正常的曲轴带轮后，故障排除，发动机转速稳定在900r/min。

③ **故障分析：发动机（L01）点火控制基准点**：ECM以曲轴位置传感器（58X）信号的缺齿信号为基准点，控制点火提前角。缺齿与曲轴间必须保持确定的相对位置关系，否则发动机的实际点火提前角将与ECM的目标点火提前角（TECH-2数据中的点火提前角）出现误差，这将直接影响发动机的正常工作。58X信号与发动机机体间、缺齿与花键槽间、花键与花键槽间、花键与曲轴间的任一相对位置如出现错误，都将导致实际点火提前角的错误。注意：上述错误的实际点火提前角是无法通过查看TECH-2数据发现的，而且在一般情况下ECM中也不会设置任何相关的故障码。当发动机上所安装的曲轴带轮出现误差时，将导致发动机的实际点火提前角与ECM的目标点火提前角出现误差。

L01发动机（BOSCH发动机管理系统）**的怠速控制**：在热车怠速工况下，ECM根据发动机实际转速与设定怠速间的差值比较进行计算，通过改变点火提前角和怠速电动机旁通进气量（步进数）对发动机怠速进行闭环控制。当发动机实际转速低于设定怠速时，ECM将通过加大点火提前角和增加电动机步进数来提升发动机转速；反之亦然。注意：发动机转速对点火提前角变化的反应较快，即"转速快调"；ECM对怠速电动机开度变化的反应较慢，即"转速慢调"。在一定范围内加大点火提前角将增加发动机动力输出、提高发动机转速，但如果点火提前角过大，将导致发动机工作不稳定、转速下降。

第二节　进气控制系统

一、电控动力阀控制系统

功能：控制发动机进气道的空气流通截面大小，以适应发动机不同转速和负荷时的进气量需求，从而改善发动机的动力性。

动力阀进气控制过程：ECU 控制的动力阀控制过程示意图如图 8-18 所示。

控制进气道空气流通截面大小的动力阀安装在进气管上，动力阀的开闭由膜片真空气室控制，ECU 根据各传感器信号通过真空电磁阀（VSV 阀）控制真空罐与真空气室的真空通道。发动机小负荷运转时，进气量较少，ECU 断开真空电磁阀搭铁回路，真空罐中的真空度不能进入膜片真空气室，动力阀处于关闭位置，进气通道变小。当发动机大负荷运转时，进气量较多，ECU 接通真空电磁阀搭铁回路，真空罐中的真空度经真空电磁阀进入膜片真空气室，动力阀开启，进气通道变大。动力阀控制系统的主要控制信号有发动机转速、温度、空气流量等信号。

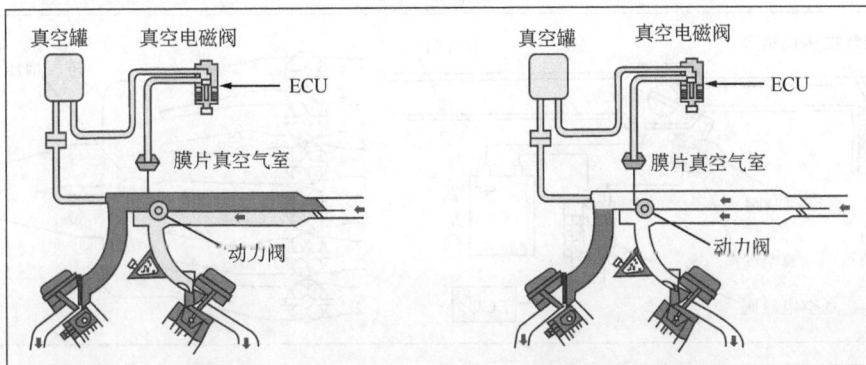

图 8-18　ECU 控制的动力阀控制过程示意图

在维修 ECU 控制的动力阀时，主要应**检查：**真空罐、真空气室和真空管路有无漏气，真空电磁阀电路有无断路或短路，真空电磁阀电阻值是否符合标准。视情况维修或更换损坏的元件。

二、电控进气惯性增压控制系统（ACIS）

进气惯性增压系统也称为谐波进气增压系统。

1. 进气惯性增压原理

进气惯性增压系统工作原理如图 8-19 所示。

当气体高速流向进气门时，如果进气门

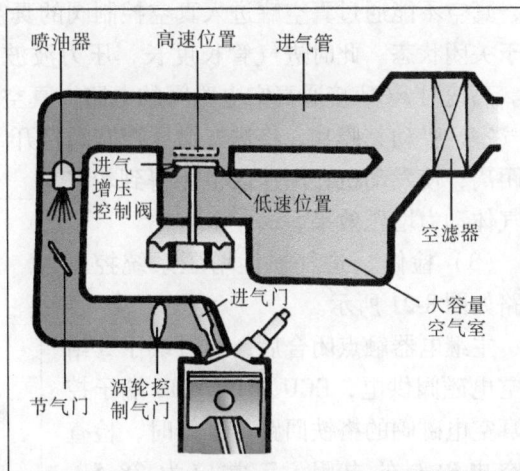

图 8-19　进气惯性增压系统工作原理图

突然关闭，进气门附近气体的流动将突然停止，但是由于惯性，后面的气体仍在进入，于是进气门附近的气体将受到压缩，压力上升。当气体的惯性效应消减后，被压缩的气体开始膨胀，向进气气流的相反方向流动，压力下降。膨胀气体的膨胀波传到进气管口时又被反射回来，于是形成了压力波。

如果上述的进气压力脉动波与进气门开闭配合好，使反射的压力波集中到要打开的进气门旁，在进气门打开时，就会形成对进气进行增压的效果。

一般而言，进气管长度长时，压力波波长长，可使发动机的中低转速区功率增大。进气管长度短时，压力波波长短，可使发动机的高速区功率增大。

2. 进气惯性增压控制

（1）系统构造　丰田皇冠轿车 2JZ-GE 发动机采用的进气惯性增压系统（可变进气系统）的组成，如图 8-19 所示。该发动机的进气管长度虽不能改变，但由于在进气管中部增设了一个大容量的空气室，实现了对压力波传播路线长度的改变，从而兼顾了低速和高速的进气增压效果。

（2）工作原理　进气惯性增压系统控制原理图如图 8-20 所示。

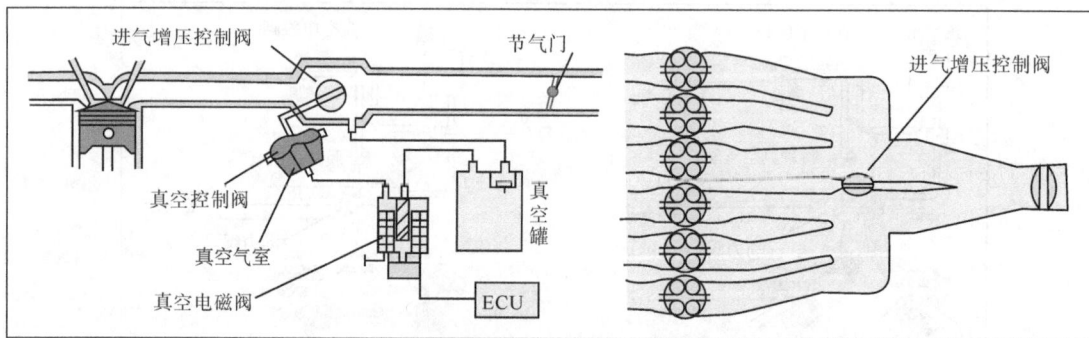

图 8-20　进气惯性增压系统控制原理图

ECU 根据转速信号控制真空电磁阀的开闭。低速时，真空电磁阀电路不通，真空阀关闭，真空不能通过真空罐进入真空控制阀的真空气室，受真空控制阀控制的进气增压控制阀处于关闭状态。此时进气管长度长，压力波波长长，以适应低速区域形成气体动力增压要求。高速时 ECU 接通真空电磁阀的电路，真空阀打开，真空罐的真空进入真空控制阀的真空气室，吸动其膜片，将进气增压控制阀打开，由于大容量空气室加入，缩短了压力波的传播距离，使发动机在高速区也能得到较好的气体动力增压效果。

（3）检修　进气惯性增压系统控制电路如图 8-21 所示。

主继电器触点闭合后，通过端子 3 给真空电磁阀供电，ECU 通过 ACIS 端子控制真空电磁阀的搭铁回路。维修时，检查真空电磁阀的电阻，正常应为 38.5 ~ 44.5Ω（皇冠 3.0 轿车）。

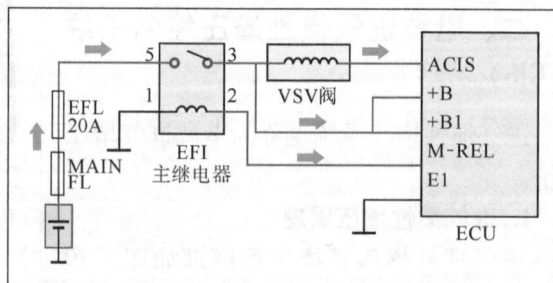

图 8-21　进气惯性增压系统控制电路

三、谐振进气系统

由于进气过程具有间歇性和周期性，所以进气歧管内产生一定幅度的压力波。此压力波以当地声速在进气系统内传播和往复反射。如果利用一定长度和直径的进气歧管与一定容积的谐振室组成谐振进气系统（图8-22、图8-23），并使其固有频率与气门的进气周期调谐，那么在特定的转速下，就会在进气门关闭之前，在进气歧管内产生大幅度的压力波，使进气歧管的压力增高，从而增加进气量。这种效应称作进气波动效应。

谐振进气系统的优点是没有运动条件，工作可靠，成本低，但只能增加特定转速下的进气量和发动机转矩。

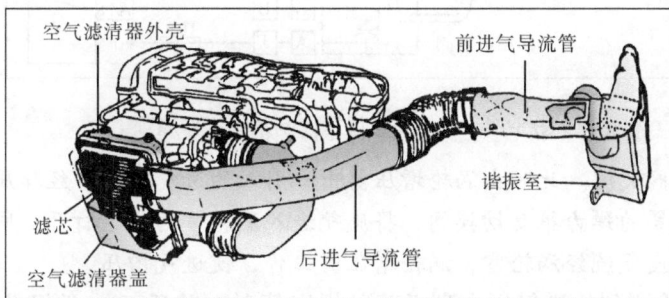

图 8-22 空气滤清器进气导流管

四、废气涡轮增压控制系统

功能：根据发动机进气压力的大小，控制增压装置的工作，以达到控制进气压力、提高发动机动力性和经济性的目的，尤其对在高原地区使用的车辆，更有意义。

1. 工作原理

目前多采用废气涡轮增压，其工作原理如图8-24所示。

电控废气涡轮增压系统是在传统增压器上增加电子控制装置，主要由电子控制单元（ECU）、进气压力传感器、控制阀和涡轮增压系统组成。其中，ECU和传感器属于发动机电控系统。

在涡轮增压器出口与驱动气室之间

图 8-23 谐振进气系统

的管路上，装有受ECU控制的释压电磁阀。释压电磁阀控制进入驱动气室的气压压力，而驱动气室又控制切换阀的动作，从而控制排放废气的流经路线。

2. 工作过程

（1）当ECU检测到的进气压力低于某一规定值时 受ECU控制的释压电磁阀的搭铁回

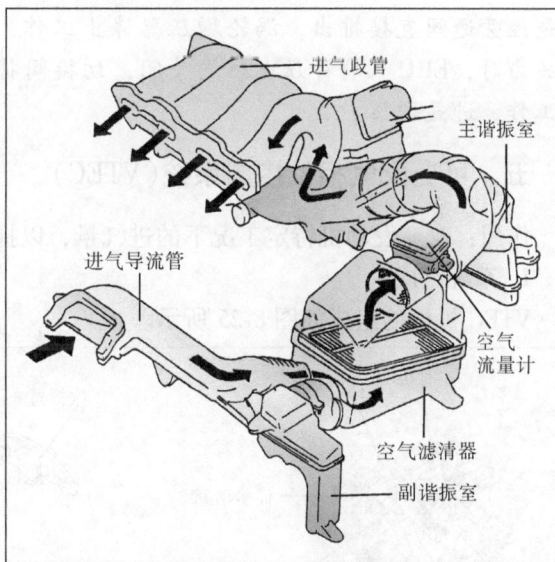

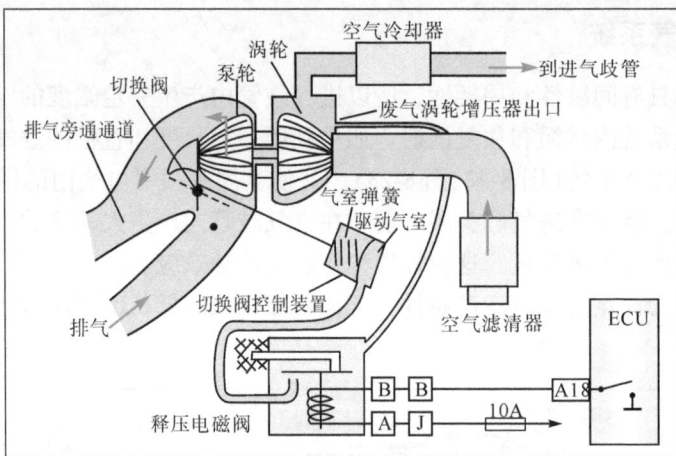

图 8-24　废气涡轮增压控制系统工作原理

路断开，释压电磁阀关闭。此时由涡轮增压器出口引入的进气压力，经释压电磁阀进入驱动气室，克服气室弹簧的弹力推动切换阀，将废气进入涡轮室的通道打开，同时将排气旁通道关闭，这样排入的废气流经涡轮室，涡轮增压器工作，使进气增压。

（2）当 ECU 检测到的进气压力高于某一规定值时，将释压电磁阀搭铁回路接通，释压电磁阀打开，通往驱动气室的压力空气被切断，驱动气室在弹簧力的作用下，驱动切换阀，关闭排气进入涡轮室的通道。同时，将排气旁通道打开，排入的废气不经涡轮室而是经旁通阀直接排出，涡轮增压器停止工作，进气压力下降。直到进气压力降到规定的压力时，ECU 又将释压电磁阀关闭，切换阀将废气进入涡轮室的通道打开，增压器开始工作，进气增压。

五、可变配气相位控制系统（VTEC）

作用：改变发动机特定工况下的进气量，以提高发动机的动力性。

1. 系统组成

VTEC 机构的组成如图 8-25 所示。

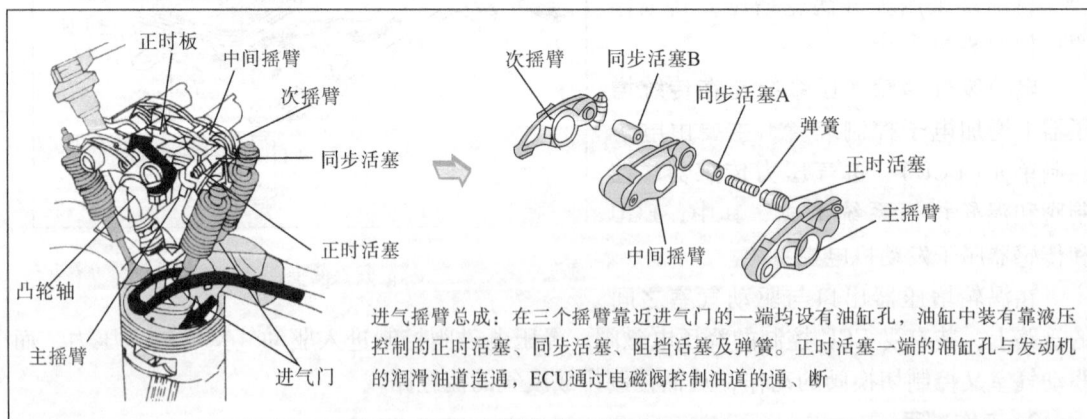

进气摇臂总成：在三个摇臂靠近进气门的一端均设有油缸孔，油缸中装有靠液压控制的正时活塞、同步活塞、阻挡活塞及弹簧。正时活塞一端的油缸孔与发动机的润滑油道连通，ECU 通过电磁阀控制油道的通、断

图 8-25　VTEC 机构的组成

2. 工作原理

VTEC 配气机构与普通配气机构相比，在结构上的主要区别是：凸轮轴上的凸轮较多，且升程不等，进气摇臂总成的结构复杂。排气门的工作情况与普通配气机构相同。

（1）低速状态　三个摇臂独立工作，主凸轮驱动的主摇臂打开的进气量大，辅助凸轮驱动辅助摇臂打开气门升程小，进气量小，此系统不工作。

（2）高速状态　发动机高速运转时，三个摇臂连接成一体，由中间凸轮来驱动，此时两个进气门打开的角度均增大，进气量增加，系统工作。

3. 控制原理

发动机的转速、负荷、车速和冷却液温度信号送入发动机 ECM 后，经运算分析，ECM 决定对 VTEC 进行有效控制，若满足控制条件，ECM 就给 VTEC 电磁阀的线圈绕阻提供一电流，使电磁阀在电磁吸力下打开，来自机油泵的油压就加在摇臂轴的同步活塞上。当 VTEC 电磁阀开启后，控制系统还可以通过 VTEC 压力开关的反馈信号给 ECM，以便对该系统的工作实现监控。

工作条件： 发动机转速达到 2300~3200r/min，冷却液温度为 10℃，车速在10km/h 以上。

4. 检修

在维修时，拆下 VTEC 电磁阀总成后，检查电磁阀滤清器，若滤清器有堵塞现象，应更换滤清器和发动机润滑油。电磁阀密封垫一经拆下，必须更换新件。拆开 VTEC 电磁阀，用手指检查阀的运动是否自如，若有发卡现象，应更换电磁阀。发动机不工作时，拆下气门室罩盖，转动曲轴分别使各缸处于压缩上止点位置，用手按压中间摇臂，应能与主摇臂和次摇臂分离单独运动。用专用堵塞堵住油道减压孔，拆下油压检查孔处的密封螺栓，通入压力为 400kPa 的压缩空气，用手推动正时片端部，使其向上移动 2~3mm。当转动曲轴使气缸内活塞处于压缩上止点位置，三个摇臂并列平行时，从三个摇臂的缝隙中观察同步活塞的结合情况，同步活塞应将三个摇臂连接为一体，用手按压中间摇臂应不能单独运动；当停止输入压缩空气时，再推动正时片使其向上移动，摇臂内的同步活塞应迅速回位。进气摇臂总成的工作情况若不符合上述要求，应分解检查摇臂总成，必要时成组更换进气摇臂。

在使用中，本田车系若有故障码 21，说明 VTEC 电磁阀或其电路有故障，应按以下步骤进行检查：

1）清除故障码，并重新起动发动机，必要时进行路试，再次调取故障码，若不再有故障码21，说明 VTEC 机构存在间歇性故障，应检查 VTEC 电磁阀连接电路是否连接不良。

2）关闭点火开关，拆开 VTEC 电磁阀线束插接器，测量电磁阀线圈电阻(1 号端子与搭铁间)，如图 8-26 所示。标准电阻应为 14~30Ω，否则应更换电磁阀。

3）若电磁阀电阻符合标准，检查 VTEC 电磁阀与电控单元之间的连接电路是否有短路或断路故障。

4）若上述检查均正常，接好 VTEC 电磁阀线束插接器，拆下电磁阀上的螺栓，将专用插接器和压力表连接到电磁阀上。然后起动发动机，当达到正常工作温度后(冷却风扇转动)，检查发动机转速分别为 1000r/min、2000r/min 和 4000r/min 时的机油压力，若机油压力均高于 49kPa，则说

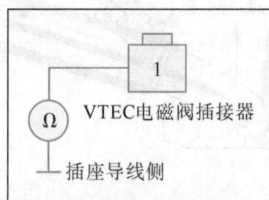

图 8-26　VTEC 电磁阀插接器

明电磁阀不能开启，必要时应更换电磁阀。

　　5）用换件法检查电控单元是否有故障，必要时更换电控单元。

六、可变进气歧管

　　为了充分利用进气波动效应和尽量缩小发动机在高、低速运转时进气速度的差别，从而达到改善发动机经济性及动力性，特别是改善中、低速和中、小负荷时的经济性和动力性的目的，要求发动机在高转速、大负荷时装备粗短的进气歧管；而在中、低转速和中、小负荷时配用细长的进气歧管。可变进气歧管就是为适应这种要求而设计的。

　　一种能根据发动机转速和负荷的变化而自动改变有效长度的进气歧管如图8-27所示。当发动机低速运转时，发动机电子控制装置指令转换阀控制机构关闭转换阀，这时空气经空气滤清器和节气门沿着弯曲而又细长的进气歧管流进气缸。细长的进气歧管提高了进气速度，增强了气流的惯性，使进气量增多。当发动机高速运转时，转换阀开启，空气经空气滤清器和节气门直接进入粗短的进气歧管。粗短的进气歧管进气阻力小，也使进气量增多。可变长度进气歧管不仅可以提高发动机的动力性，还由于它提高了发动机在中、低速运转时的进气速度而增强了气缸内的气流强度，从而改善了燃烧过程，使发动机中、低速的燃油经济性有所提高。

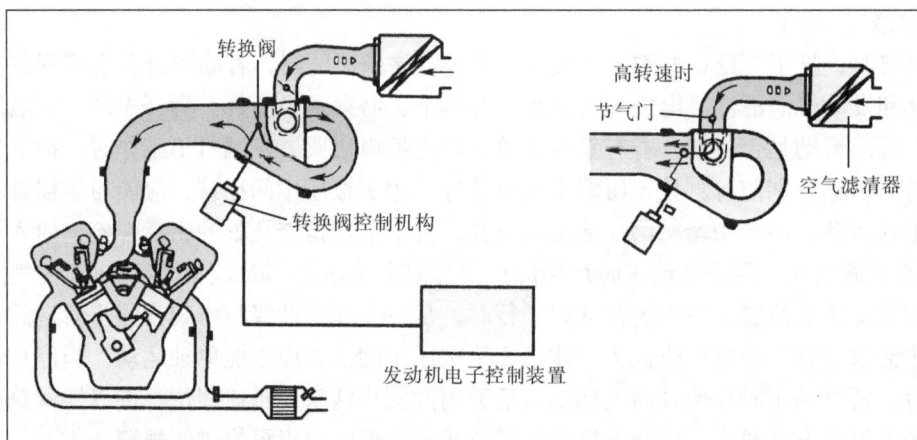

图8-27　可变长度进气歧管

　　另一种可变进气歧管如图8-28所示。其每个歧管都有两个进气通道，一长一短。根据发动机转速的高低，由旋转阀控制空气经哪一个通道流进气缸。当发动机在中、低速运转

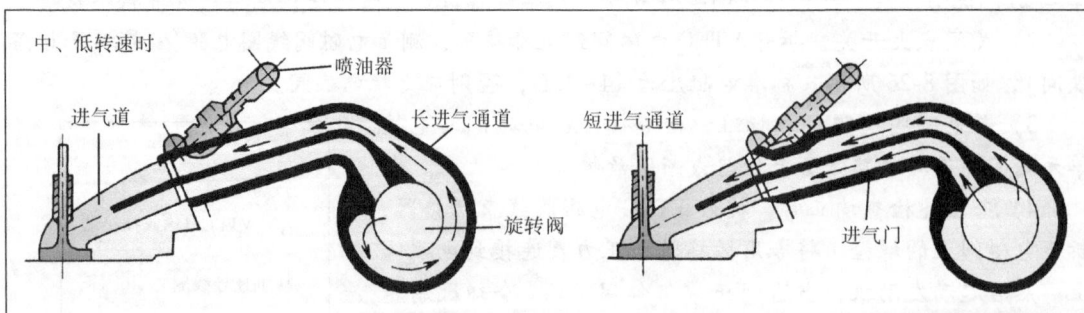

图8-28　双通道可变进气歧管

时，旋转阀将短进气通道封闭，空气沿长进气通道经进气道、进气门进入气缸。当发动机高速工作时，旋转阀使长进气通道短路，将长进气通道也变为短进气通道。这时空气同时经两个短进气通道进入气缸。

可变进气歧管在所有转速下都可以使发动机转矩平均提高8%。

第三节　排放控制系统

一、汽车排放污染的来源及控制

随着汽车工业的发展，汽车的保有量不断增加，汽车排放污染对人类环境的危害已成为一种严重的社会公害。汽车的排放污染主要来源于发动机排出的废气（占65%以上）、曲轴箱窜气（约占20%）和燃料供给系统中蒸发的燃油蒸气（占10%~20%），汽油机的主要排放污染物是一氧化碳（CO）、碳氢化合物（HC）和氮氧化合物（NO_x），柴油机的主要排放污染物是HC、NO_x和炭烟。

针对汽车污染源和各种污染物的产生机理，近年来，在汽车尤其是轿车上装用了多种排放控制系统，主要包括：曲轴箱强制通风（PCV）系统、汽油蒸气排放控制（EVAP）系统、废气再循环（EGR）系统、三元催化转化（TWC）系统、二次空气供给系统和热空气供给系统等。

二、曲轴箱强制通风（PCV）系统

PCV的结构原理如图8-29所示。

通过管道将曲轴箱内的窜缸气体引入进气管进入气缸燃烧，起到降低有害污染的作用。

工作状态：

1）停机后，PCV阀全关。

2）急速时，PCV阀在真空吸力下关闭。

3）大负荷时，真空度下降，PCV阀全开。

1. 工作原理

发动机在工作时，进气管的真空度作用到PCV阀上，此真空度还吸引新鲜空气经空气滤清器、软管、气缸盖罩上的孔道进入曲轴箱与窜缸气体进行混合，混合后在进气管真空度的作用下经气缸盖罩上的孔道、PCV阀、软管进入进气管和新鲜空气混合后进入气缸燃烧掉。

2. 检测

当PCV阀和软管堵塞时，将造成急速不稳、失速或急速过低、漏机

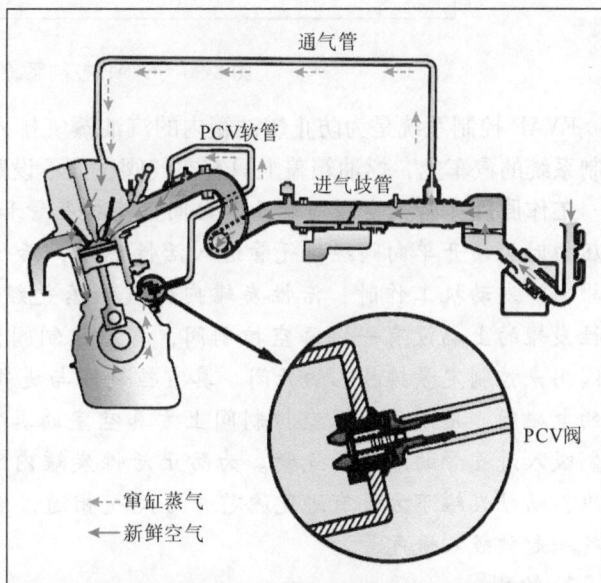

图8-29　PCV的结构原理图

油和曲轴箱及气门室罩油泥增加；当 PCV 阀和软管泄漏时，将造成怠速不稳、怠速失速和怠速过高的故障。检测方法是发动机怠速运转时拔去 PCV 阀，若此时发动机转速未提升 100r/min，则表示 PCV 阀不良或管路不良。怠速时将拇指按在 PCV 阀末端先拆下软管，应感觉到有真空，若无真空，说明有堵塞或泄漏。拆下 PCV 阀，摇动时应能听到阀内"咔嗒"声，否则应更换 PCV 阀。

用废气分析仪检测：拆下 PCV 阀，w_{CO} 减少 1% 以上，w_{O_2} 应升高；堵住 PCV 阀，w_{CO} 恢复正常，w_{O_2} 也恢复正常。

三、燃油蒸气挥发控制（EVAP）系统

将燃油箱中的汽油蒸气引入进气歧管，既降低了 HC 的排放，又起到了节约能源的作用。

1. EVAP 的组成及工作原理

EVAP 控制系统如图 8-30 所示。

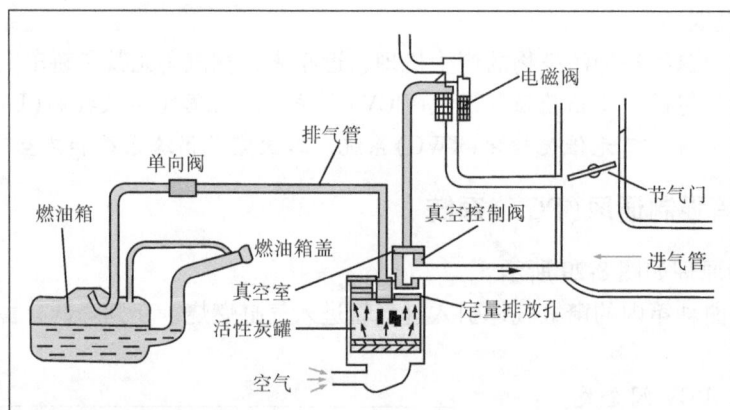

图 8-30　EVAP 控制系统示意图

EVAP 控制系统是为防止燃油箱内的汽油蒸气排入大气产生污染而设的，在装有 EVAP 控制系统的汽车上，燃油箱盖上只有空气阀，而不设蒸气放出阀。

工作原理：活性炭罐与燃油箱之间设有排气管和单向阀，燃油箱内的汽油蒸气超过一定压力时，顶开单向阀经排气管进入活性炭罐，活性炭罐内的活性炭将燃油蒸气吸附在炭罐内。发动机工作时，活性炭罐内的汽油蒸气经定量排放孔、吸气管被吸入进气管。活性炭罐的上端设有一个真空控制阀，真空控制阀为一膜片阀，膜片上方为真空室，控制阀用来控制定量排放孔的开闭。真空控制阀与进气管之间的真空管路中设有受 ECU 控制的电磁阀，用以调节真空控制阀上方真空室的真空度，改变真空控制阀的开度，从而控制吸入进气管的汽油蒸气量。为防止活性炭罐内的燃油蒸气被吸入进气管后使混合气变浓，活性炭罐下方设有进气滤芯并与大气相通，使部分清洁空气与活性炭罐内的燃油蒸气一起被吸入进气管。

2. 检测

（1）炭罐电磁阀阻值的检测　继电器供给电压为 12V 左右，如图 8-31a 所示。电磁阀的

阻值为 $20 \sim 40\Omega$，如图 8-31b 所示。

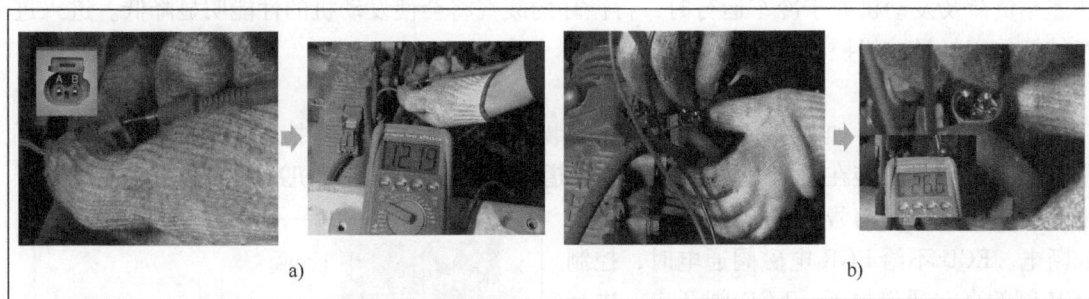

图 8-31　炭罐电磁阀的检测

a）工作电压的检测　b）工作电阻的检测

（2）炭罐电磁阀控制信号的检测

1）可使用示波器，如图 8-32 所示。

2）用发光二极管检测：发光二极管在该系统工作条件下闪烁。

3）用解码器的"测试执行元件"功能检测。

（3）检测电磁阀有无泄漏　用手动真空枪在电磁阀上施加一真空度，不通电时应保持之前的真空度，通电后应立即释放真空度。

四、电控废气再循环（EGR）系统

1. 功能

如图 8-33 所示，废气再循环技术目前被广泛应用，是旨在减少发动机氮氧化物生成量的一种较为有效的方法。它把发动机排出的一部分废气引入进气系统中，与混合气一起再进入气缸中燃烧，以抑制氮氧化物的生成。

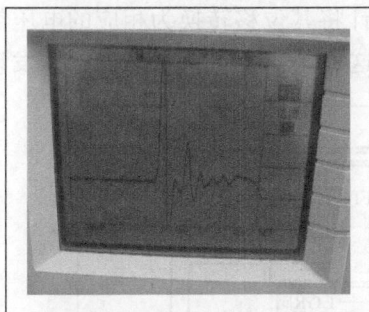

图 8-32　控制信号的检测

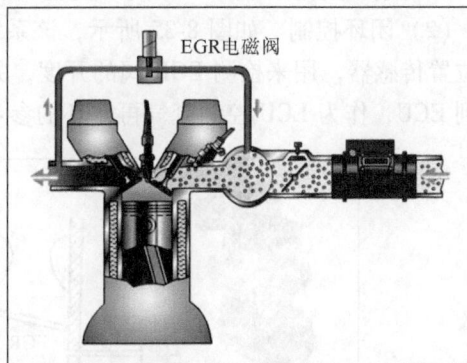

图 8-33　废气再循环（EGR）控制系统

NO_x 是在高温富氧条件下，混合气中的 N_2 和 O_2 发生化学反应的产物。一般而言，燃烧温度越高，排出的 NO_x 越多。将废气再次引入气缸，是因为废气中含有大量的二氧化碳。二氧化碳是一种惰性气体，新鲜的混合气中渗入适当比例的废气后，使得单位燃料中二氧化碳的含量明显增加。由于二氧化碳不参与燃烧，却能吸收热量，故使燃烧温度随之下降，有

利于抑制 NO_x 的生成。但过度的废气再循环会影响发动机的正常运行，特别是在怠速、低转速小负荷及发动机处于冷车运行时，再循环的废气将会使发动机的性能明显降低。进入进气歧管的废气量一般控制在 6%~15%。

2. 类型

（1）开环控制　如图 8-34 所示，EGR 安装在废气再循环通道中，用以控制废气再循环量。EGR 电磁阀安装在通向 EGR 阀的真空通道中，ECU 根据发动机冷却液温度、节气门开度、转速和起动等信号来控制电磁阀的通电或断电。ECU 不给 EGR 电磁阀通电时，控制 EGR 阀的真空通道接通，EGR 阀开启，进行废气再循环；ECU 给 EGR 电磁阀通电时，控制 EGR 阀的真空通道被切断，EGR 阀关闭，停止废气再循环。

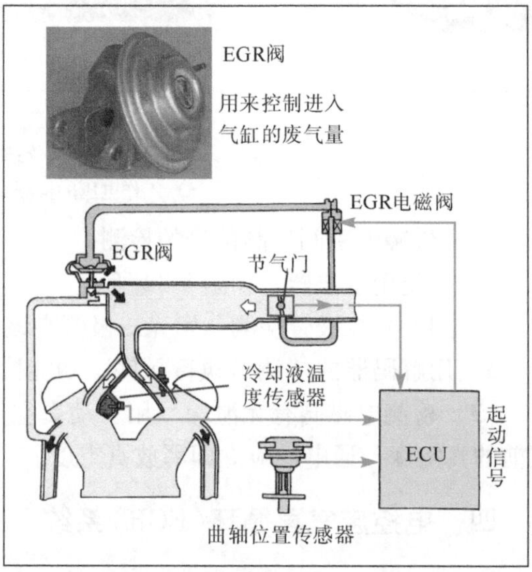

发动机 ECU 依据进气歧管压力传感器或空气流量计、节气门位置传感器、冷却液温度传感器和发动机转速、变速器扭力、锁止离合器、P/N 开关等信号来控制 EGR 阀开度的大小。通常，EGR 在发动机怠速、暖机、小负荷、大负荷、减速及高转速时不工作，废气不回送，仅在加速、中负荷到大负荷之间动作。

废气再循环量取决于 EGR 阀的开度，而 EGR 阀的开度直接由真空度控制。由于真空管口设在靠近节气门全闭位置的上方。随发动机转速和负荷（节气门开度）的增大，真空管口处的真空度增加，EGR 阀的开度增大；随发动机转速和负荷减小，EGR 阀开度也减小。

图 8-34　EGR 开环控制系统

（2）闭环控制　如图 8-35 所示，该系统在 EGR 阀上部装有一个可以检测 EGR 阀升程的位置传感器，用来检测 EGR 阀的开度，并利用电位计将其位移转换为相应的电压信号输送到 ECU，作为 ECU 控制废气再循环的参考信号。在这种 EGR 控制系统中，根据发动机的

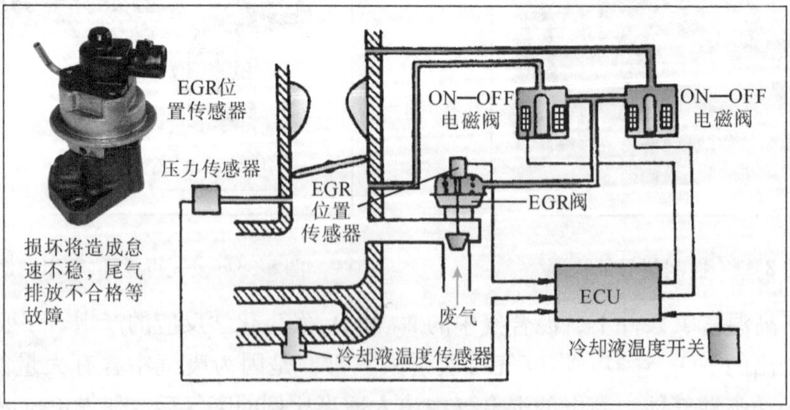

图 8-35　EGR 闭环控制系统

转速和负荷，预先设定出阀的升程位置，通过改变 ON—OFF 电磁阀的工作状态，控制膜片室的负压。工作时，将预先设定的 EGR 阀升程位置与当前的 EGR 阀升程位置(由 EGR 阀位置传感器提供)进行比较，若不相同，由 ECU 控制改变 ON—OFF 电磁阀的工作状态，将 EGR 控制阀的升程调至最佳值。在全负荷及高转速范围，利用节气门开度、发动机转速等控制参数，由 ON—OFF 电磁阀把空气导入真空室，使 EGR 阀完全关闭，停止废气再循环。

五、三元催化转化(TWC)系统

1. 功能

三元催化转化器安装在排气管中部，其功能是利用转化器中的三元催化剂，将发动机排出的废气中的有害气体转变为无害气体。

2. 构造

三元催化转化器中主要起作用的是三元催化剂，它由铂(或钯)和铑的混合物组成，它促使有害气体 HC、CO 和 NO_x 发生反应，生成无害的 CO_2、N_2 和 H_2O，损坏后将造成因堵塞不易起动和排放不合格等故障。安装位置如图 8-36 所示。

图 8-36　TWC 的安装位置

TWC 可分为颗粒型和蜂巢型两种类型，前者将催化剂沉积在颗粒状氧化铝载体表面，后者将催化剂沉积在蜂巢状氧化铝载体表面，氧化铝表面有形状复杂的表层，可增大催化剂与废气的实际接触面积。TWC 装置示意图如图 8-37 所示。

3. 工作原理

如图 8-38 所示，发动机排出的废气流经 TWC 时，三元催化剂不仅可使废气中的 HC 和

图 8-37　TWC 装置示意图

CO 有害气体进一步被氧化，生成无害气体 CO_2 和 H_2O，并能促使废气中的 NO_x 与 CO 反应生成无害气体 CO_2 和 N_2。

图 8-38　TWC 工作原理

催化转化器在工作时温度很高，作业时应特别注意排气系统周围的部件，防止烫伤。

最佳工作条件：

1）发动机工作在理论空燃比(14.7∶1)附近。

2）排气温度在 300~900℃。

4. 控制方式

如图 8-39 所示，在装有氧传感器的电控燃油喷射发动机上，电控燃油喷射(EFI)系统并不是在所有工况下都进行闭环控制，在发动机起动、怠速、暖机、加速、全负荷、减速断油等工况下，发动机不可能以理论空燃比工作，仍采用开环控制方式。此外，氧传感器温度在400℃以下、氧传感器或其电路发生故障时，也只能采用开环控制。电控燃油喷射系统进行开环控制还是进行闭环控制，由 ECU 根据相关输入信号确定。

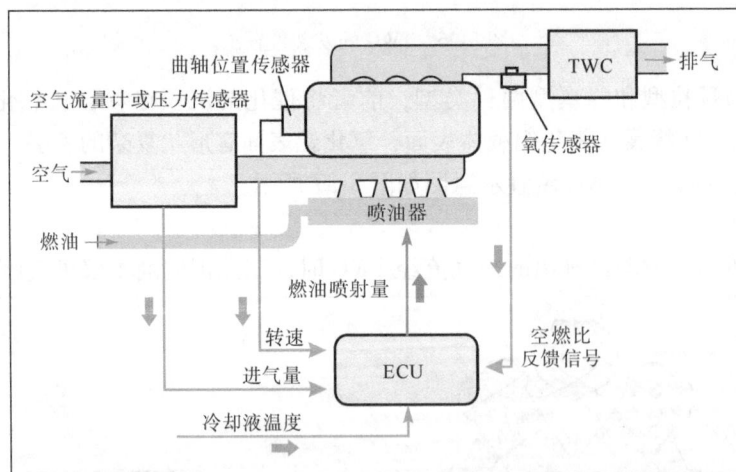

图 8-39　三元催化转化器控制原理

在装有三元催化转化器的电控汽油喷射系统中，为了最有效地利用三元催化转化器对排气的催化净化效能，必须采用氧传感器的反馈信号，对理论空燃比进行精确的反馈控制。

在反馈控制过程中，若假定开始时混合气的实际空燃比偏浓，此时氧传感器输出高电平信号。ECU 收到这一信号后，通过减小(开始骤降,然后缓降)反馈修正系数，使喷油持续时间缩短，喷油器的喷油量减少。由于喷油量减少，混合气很快变稀。当混合气浓度低于理论空燃比时，氧传感器输出低电位信号。ECU 接收到这一信号后，又使反馈修正系数增大(开始快升,然后缓升)，结果使喷油持续时间延长，喷油器的喷油增加，致使混合器又很快变浓。如此反复循环，不断地对空燃比进行反馈控制，最终使混合气的实际空燃比稳定在理论空燃比附近。

当氧传感器的温度在 300℃ 以下时，传感器不会产生电压信号，因而也不能对混合气空燃比进行正确检测，反馈控制也不会发生作用。

发动机的排气温度过高(815℃ 以上)时，TWC 的转化效率将明显下降。有些三元催化转化装置中装有排气温度报警装置，当报警装置发出报警信号时，应该停机熄火，查明排气温度过高的原因，再予以排除。

5. 检修

1）用数字式高温检测计检测三元催化转化器入口和出口的温度，温差不得小于 38℃。

2）尾气分析仪检测排气流中的有害物质是否超标，若超标，则说明三元催化转化器转化效率降低，必要时应更换。

3）检查三元催化转化器是否有破裂、破损。

4）检查三元催化转化器排气口有无被积炭脏堵(不允许使用含铅汽油)。

使用与维修注意事项：催化转化器不需要定期维护，但装有催化转化器的车辆要长久地保持良好地排放就必须做到正确使用。一般使用或维修中要注意以下几个方面。

1）因为铅能使催化剂中毒、活性下降、催化转化效率降低，所以装有三元催化转化器的汽车严禁使用含铅汽油。

2）不要在易燃路面上行驶或停车。因为催化转化器表面温度很高，如有干草、酒精或其他有机溶剂等易燃物附在催化转化器上时，有可能因其过热造成燃烧。

3）在崎岖不平的道路上行驶时一定要多加注意。因为催化转化器装在汽车底部，路况不好时很容易造成托底，损坏催化转化器。

4）对发动机起动困难的故障一定要及时维修。因为发动机起动时，喷油器可能一直在喷油，但如果燃油没有燃烧，就会积聚在催化转化器中。当发动机运行温度上升时，这些燃油的燃烧会使转化器温度过高而损坏。

5）在维修中尽量不要用拔下高压线的方法试火或断缸试验，因为这种情况下火花塞不点火，而喷油器还在喷油，没有燃烧的燃油会积聚在催化转化器中燃烧，造成转化器温度过高而损坏。

六、二次空气供给系统

1. 功能

在一定工况下，将新鲜空气送入排气管，促使废气中的一氧化碳和碳氢化合物进一步氧化，从而降低一氧化碳和碳氢化合物的排放量，同时加快三元催化转化器的升温。

2. 组成与工作原理

二次空气供给系统的组成如图 8-40 所示。

点火开关接通后，蓄电池即向二次空气电磁阀供电，ECU控制电磁阀搭铁回路。电磁阀不通电时，关闭通向膜片阀真空室的真空通道，膜片阀弹簧推动膜片下移，关闭二次空气供给通道，不允许向排气管内提供二次空气。ECU给电磁阀通电，电磁阀开启膜片阀真空室的真空通道，进气管真空度将膜片阀吸起，排气管内的脉动真空即可吸开舌簧阀，使二次空气进入排气管。有些发动机和二次空气供给系统，利用空气泵将新鲜空气强制送入排气管。

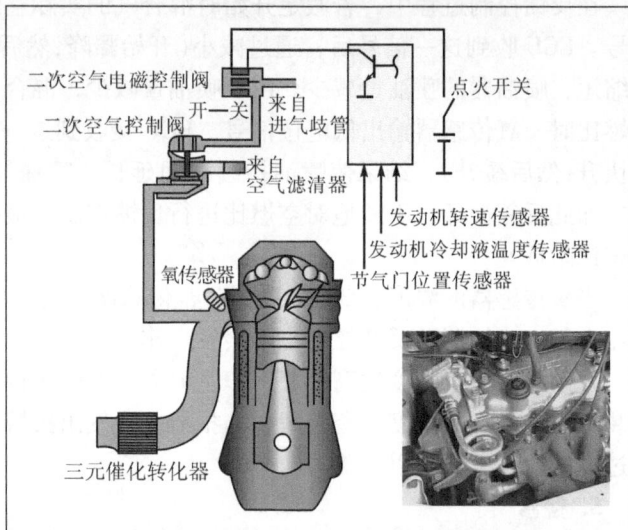

图8-40 二次空气供给系统的组成

3. 检修

（1）发动机低温起动 当发动机低温起动时，拆下空气滤清器盖应能听到舌簧阀发出的"嗡、嗡"声。

（2）从空气滤清器上拆下二次空气供给软管 用手指盖住软管口检查，应符合下列要求：发动机温度在18~63℃范围内急速运转时，有真空吸力；发动机温度在63℃以上，起动后70s内应有真空吸力，起动70s后应无真空吸力；发动机转速从4000r/min急减速时，应有真空吸力。

（3）拆下二次空气控制阀 从空气滤清器侧软管接头吹入空气应不漏气；用手动真空泵从真空管接头施加20kPa真空度，从空气滤清器侧软管接头吹入空气应通畅；若不符合上述要求，说明膜片阀工作不良，应检修或更换。用手动真空泵从真空管接头施加20kPa真空度，从排气管接头吹入空气应不漏气，否则说明舌簧密封不良，应更换。

（4）二次空气电磁阀的检查 测量电磁阀电阻，一般应为36~44Ω；拆开二次空气电磁阀上的软管，电磁阀不通电时，从进气管侧软管接头吹入空气应不通，从通大气的滤网处吹入空气应畅通。当给电磁阀接通蓄电池电源电压时，吹气通畅情况应与上述相反。若不符合上述要求，应更换电磁阀。

案例：长城GW2.8TC发动机加速无力冒黑烟

1）**故障现象：**发动机加速无力，排气冒黑色烟。

2）**故障诊断与排除：**

① 由于排气冒黑烟，初步诊断故障为发动机混合气燃烧不正常，其原因主要有以下两点。

a. 进气系统：进气不畅、空气流量计信号不准及EGR阀故障。

b. 燃油供给系统：燃油品质有问题。

② 首先使用诊断仪连接诊断接口读取发动机故障码，发现无故障码。

③ 起动发动机并读取数据流及波形，起动时，正常情况下EGR占空比应为0~5%，进

气量应为 32~38kg/h；发动机正常工作后，EGR 占空比应为 95%~100%，进气量应为55~61kg/h，通过图 8-41、图 8-42 所示的数据流及波形可以看出，发动机正常工作后的进气量数据偏低，这是不正常的，故障在进气系统。

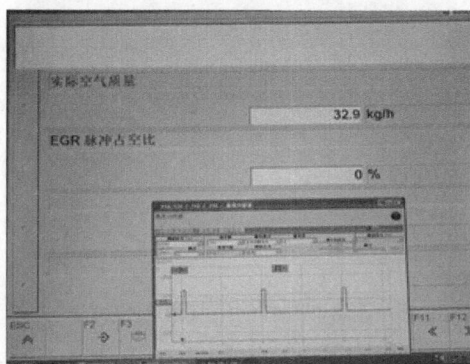

图 8-41　故障车起动时进气量和 EGR 占空比

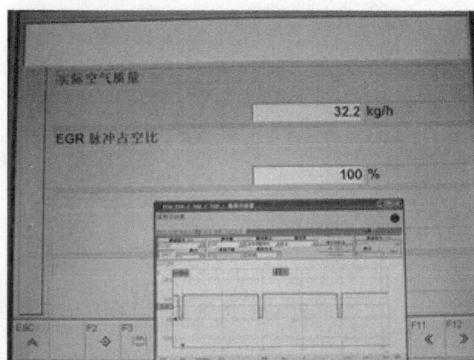

图 8-42　故障车正常工作时进气量和 EGR 占空比

④ 检查空气滤清器和空气流量计，都正常。故障可能由 EGR 故障引起。

⑤ 长城 GW2.8TC 发动机的 EGR 阀是由真空调节阀控制的。如图 8-43 所示，真空调节阀安装在发动机左后侧，位于机油尺旁边，燃油滤清器上方。而真空泵安装在发电机后端，向真空调节阀提供真空吸力。

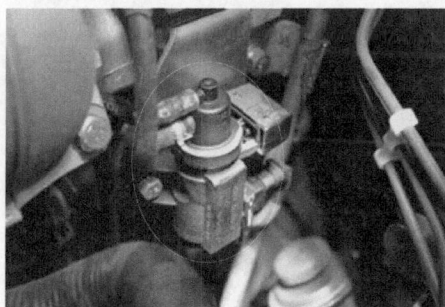

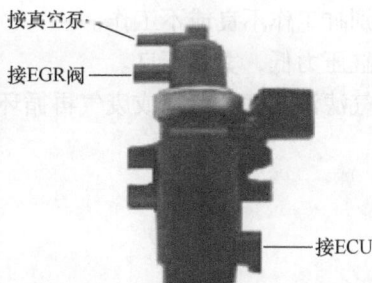

接真空泵

接EGR阀

接ECU

图 8-43　GW 2.8TC 发动机真空调节阀

⑥ 检查真空调节阀和真空管的连接情况，连接良好；测量其绕组阻值为 17.4Ω，正常；检查真空调节阀的工作情况，能够明显感觉到真空调节阀工作时的振动，结合上述波形可知，真空调节阀内部电磁绕组正常。

⑦ 检查真空调节阀导通情况，给电磁绕组供 12V 电源，发现真空调节阀处于长通状态。检查至此，判断故障是由真空调节阀常开，导致 EGR 阀常开，引起混合气中氧含量过低。

⑧ 更换真空调节阀后试车，起动发动机，故障现象消失。再次读取发动机数据流和波形（图 8-44、图 8-45），都恢复正常。

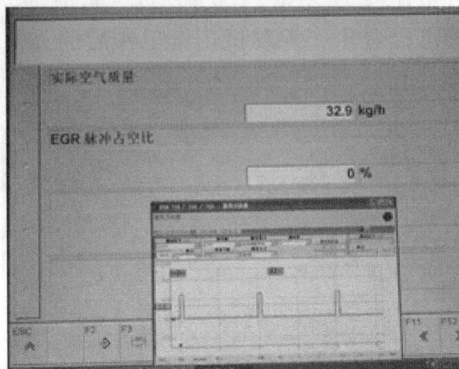

图 8-44 正常车起动时进气量和 EGR 占空比

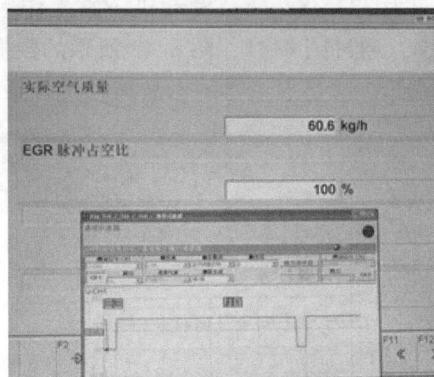

图 8-45 正常车工作时进气量和 EGR 占空比

3) **故障总结**：维修中发现排气管有黑烟，多半是燃烧不完全所致。在故障诊断中要能够分析故障现象，理清诊断思路，找到故障原因。

柴油发动机冒黑烟的故障原因如下：

① 喷油提前角过大。

② 冒烟限制器失效，发动机急加速时冒黑烟。

③ 喷油泵油量调整过大。

④ 喷油器雾化不良，针阀密封性变差，发生滴油现象。

⑤ 喷油压力低。

⑥ 个别缸工作不良或不工作。

⑦ 气缸压力低，雾化不良。

⑧ 空气滤清器滤芯堵塞或废气再循环系统故障，导致进入气缸的空气量减少。

第九章

电控发动机故障诊断、分析

第一节　故障自诊断系统

一、组成和功能

现代汽车电子控制系统中，一般都设有故障自诊断系统。故障自诊断系统主要由 ECU 中的部分软件和"故障指示灯"等组成，不需要专门的传感器。电控系统工作时，自诊断系统对电控系统各种输入、输出信号进行监测，并运用程序进行推理、判断，将结果迅速反馈到主控系统，改变控制状态；此外，还根据自诊断结果控制"故障指示灯"工作。

二、工作原理

执行元件故障自诊断原理如图 9-1 所示。

传感器是向 ECU 输送信号的电控系统元件，不需专门的电路，自诊断系统即可对各种传感器进行故障自诊断。若某传感器输入 ECU 的信号超出正常范围，或在一定时间内 ECU 收不到该传感器信号，或该传感器输入 ECU 的信号在一定时间内不发生变化，自诊断系统均判定为"故障信号"。若故障信号持续出现超过一定时间或多次出现，自诊断系统即判定有故障，并将此故障以故障码的形式输入 ECU 的存储器中，同时接通故障指示灯电路警告驾驶员。此外，自诊断系统还会根据故障性质，自动启动失效保护系统或应急备用系统等。

电控系统的执行元件一般只接收 ECU 的指令信号，所以在没有反馈信号的开环控制系统中，执行

图 9-1　执行元件故障自诊断原理

元件或其电路是否有故障，自诊断系统只能根据 ECU 输出的指令信号来判断，其自诊断原理与传感器类似。

带有反馈信号的闭环控制系统，如点火控制系统、爆燃控制系统等工作时，自诊断系统还可根据反馈信号判别故障。这类系统出现故障，有些会导致电控系统停止工作。

例如： 电控点火系统在正常工作时，ECU 对点火进行控制，并在每次点火后根据点火

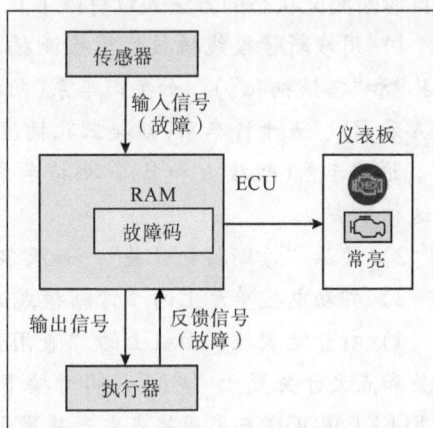

器发回的反馈信号确认是否点火；如果点火器或其他元件出现故障，导致ECU连续3~5次收不到反馈信号，自诊断系统便判定电控点火系统有故障，为避免燃油浪费，造成排放污染，将强行停止电控燃油喷射系统的喷油，致使发动机熄火。

三、故障码、故障与故障症状之间的关系

故障码、故障与故障症状之间的关系见表9-1。

表9-1　故障码、故障与故障症状之间的关系

故　障　码	故　障	故障症状	备　注
有	有	明显或不明显	发动机ECU存储的故障码有两种：一种是当前故障码，即当前控制系统中存在着故障；另一种是历史故障码，过去曾经存在故障，但当前不存在该故障。所以，对故障部位进行维修后，记录在电脑中的故障码必须清除，如果不清除故障码，虽然不会影响发动机的运行，但在电脑中会一直保留，下次再出现故障时，保留的故障码会与新的故障码一起出现，造成识别故障码的错觉
有	没有	没有	
没有	有	不明显或明显	

四、故障自诊断系统的使用

1. 人工识码、清码

在不具备电脑故障检测仪或解码器时，可用人工方法读取故障码。不同车型发动机用人工读取故障码的方法有所不同。

在对发动机电脑控制系统进行故障自诊断时，首先要进入故障自诊断测试状态。进入故障自诊断测试状态的方法大致有以下几种。

1）用诊断跨接线短接故障检测插座（CHECK CONNECTOR）中的相应插孔（"诊断输入插孔"和"搭铁插孔"）。如丰田车系（短接TE1和E1）、三菱车系、本田车系、大宇车系（短接A和B）、五十铃车系（短接三孔插座的1和3、12孔插座的A和B）、大发车系（短接T和E）、通用车系（短接A和B）、福特车系（短接单孔插座与6孔插座中的插孔2）等，均采用了这种方法。

2）按压"诊断按钮开关"。如沃尔沃车系采用了这种方法。

3）拧动电控单元上的"诊断模式选择开关"，如日产车系采用了这种方法。

4）打开空调控制面板上的"兼用开关"，如通用公司凯迪拉克轿车为将巡航控制电源开关和点火开关置于"ON"，同时按下空调控制面板上的"OFF"和"WARMER"键。通用FLEET WOOD车采用将点火开关置于"ON"或起动发动机，同时按下空调控制面板上的"TEMP▲"和"OFF"键等的方法。

5）在故障检测插座相应插孔间跨接自制的串联330Q的发光二极管，如马自达车系、奔驰车系、福特车系、三菱车系、现代车系等。

6）点火开关在5s内连续开关3次（ON→OFF→ON→OFF→ON），如克莱斯勒车系和北京切诺基汽车等采用此法。

7）点火开关置于"ON"，在规定时间内将加速踏板踩下5次，如宝马3系、5系、7系、8系和M5系列车型采用此法。

案例一：丰田轿车的自诊断

丰田轿车的自诊断如图 9-2 所示。

通过故障灯闪烁读取故障码　　短接TE1与E1　　故障灯输出故障码示意图

图 9-2　丰田轿车的自诊断

图 9-3 所示为丰田车系的三种自诊断插座外形图，图 9-3a 和图 9-3b 一般设置在发动室内，图 9-3c 则通常设置在驾驶室内仪表板下方。

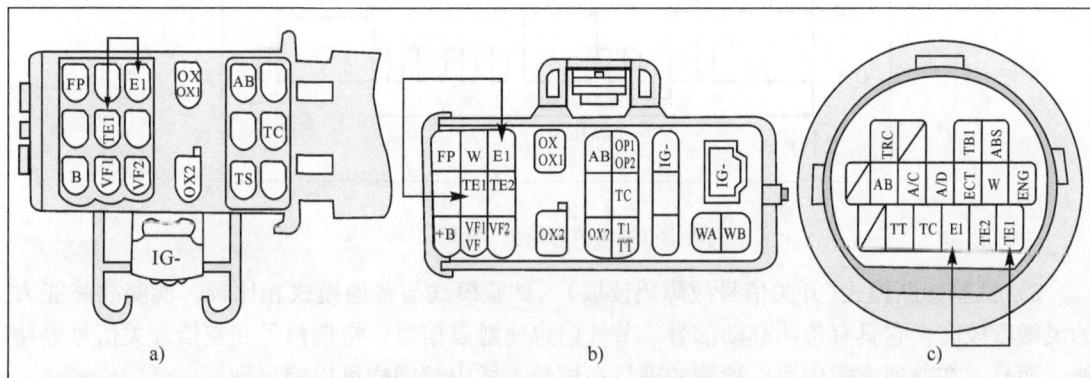

图 9-3　丰田汽车故障检测插座

丰田车系发动机故障诊断模式有四种：正常诊断模式（发动机故障码读取）、试验诊断模式（开关信号故障码读取）、空燃比（A/F）修正模式（混合比浓稀）和氧传感器输出信号检测模式。

1) 正常诊断模式（发动机故障码读取）。

① 检查发动机故障指示灯程序：

a. 将点火开关置于"ON"位置，发动机不转动，"CHECK ENGINE"指示灯将点亮，如果"CHECK ENGINE"指示灯不亮，检查指示灯灯泡及电路是否良好。

b. 起动发动机后，"CHECK ENGINE"指示灯应熄灭。如果灯继续亮，说明 ECU 系统有故障。

② 故障码读取程序及条件：

a. 蓄电池电压在 11V 以上。

b. 节气门处于全关闭状态，怠速触点接点 IDL 接通，在"ON"位置。

c. 变速杆置空档位置（P 位或 N 位）。

d. 切断全部用电设备。

e. 跨接诊断座中端子TE1(T)与E1。

f. 点火开关置于"ON"，但发动机不起动。

当上述条件满足时，组合仪表上的"CHECK ENGINE"指示灯闪烁，如果没有故障，"CHECK ENGINE"指示灯将以每秒闪烁两次的频率闪烁，如图9-4所示。

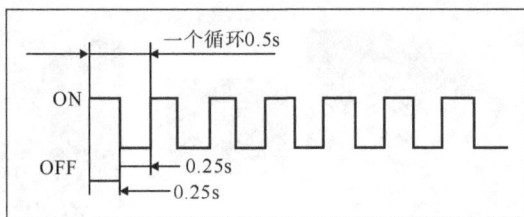

当有故障时，"CHECK ENGINE"灯闪烁频率发现变化，以0.5s的频率闪烁。闪烁的第一个数字是两位故障码的第一位数，间歇1.5s后，闪烁的第二个数字为第二位

图9-4　正常码显示

数。如果有两个以上故障码，每个故障码之间间隔2.5s。全部故障码显示完毕间隔4.5s，再重复显示全部码，如图9-5所示。

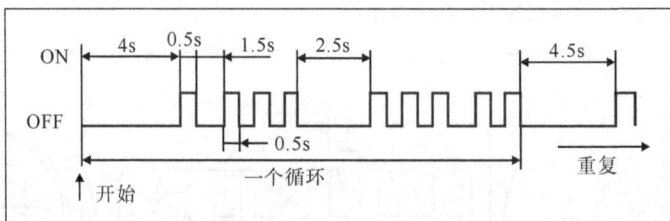

图9-5　故障码13和32

2) 试验诊断模式(开关信号故障码读取)。试验模式与普通模式相比较，检测故障能力的灵敏度较高。它具有检测起动信号、节气门怠速触点信号、空调信号和空档开关信号等功能。而且，在普通方式中可以检测的项目在试验方式中都同样可以检测到。

试验模式是在汽车运行状态下读取故障码，其程序如下。

① 读取故障码时应满足下述条件:

a. 电源电压在11V以上。

b. 触点接点IDL在"ON"位置(节气门完全关闭)。

c. 变速杆置于P位或N位。

d. A/C开关置于"OFF"位置。

e. 如图9-3所示，跨接诊断座中TE2和E1端子，然后将点火开关置于"ON"位置，试验模式开始诊断。如果组合仪表上的"CHECK ENGINE"灯以0.13s的间隔闪烁，证明试验模式工作正常。

试验模式是在汽车运行状态下进行的，满足上述初始条件后可以路试。

② 试验步骤:

a. 起动发动机，在正常温度下运转，"CHECK ENGINE"灯正常闪烁，如果不闪烁，检查端子TE2电路。

b. 驾驶车辆在路上以10km/h车速行驶，此时端子TE2与E1仍然跨接，模拟用户讲述的故障状态。

c. 路试结束后，停车。跨接诊断座中端子 TE1 与 E1，而 TE2 与 E1 仍然接通。此时，如果系统正常，组合仪表上的"CHECK ENGINE"灯闪烁两次。如果有故障，由"CHECK ENGINE"灯读出故障码。

d. 完成检查后，拆下跨接线。

③ 注意事项：

a. 如果是在接通点火开关的情况下，跨接端子 TE2 和 E1，那么试验模式的测试将不开始。

b. 车速低于 5km/h，出现故障码"42"（车速信号），这是正常的。

c. 当发动机未起动时，出现故障码"43"（起动信号），这也是正常的。

d. 当自动变速器变速杆处在 D 位、2 位、L 位或 R 位时，或空调器开着，或加速踏板被踩下时，将显示故障码"51"（开关状态信号），但这并非不正常。

④ 故障码的清除。对故障部位进行修理后，记录在 ECU 中的故障码必须被清除。

清除方法：点火开关置于"OFF"位置，从熔丝盒中拆下 EFI 熔丝（20A）10s 以上即可。拆除蓄电池负极线也可清除故障码，但这种方法将使时钟和音响等装置中存储的信息也被清除。

3）空燃比（A/F）修正模式。空燃比（A/F）修正模式的作用是检测混合气浓稀，也就是进行 CO 和 HC 浓度的检测。

检测步骤：

① 首先清除 ECU 中存储的故障码。

② 点火开关置于"OFF"位置时，跨接诊断座中的端子 TE1 和 E1。

③ 将电压表的正、负表笔或发光二极管试灯跨接在诊断座中端子 VF（VF1）和 E1 之间。

④ 起动发动机，在 2500r/min 转速下运转 2min，预热氧传感器。

进行下述观察：

① 观察 LED（发光二极管）在 10s 内闪亮 8 次或电压表在 0~5V 摆动 8 次以上。此时表示空燃比（A/F）正常。

② LED 一直亮或电压表在 5V 处不动，则表示 A/F 过小，混合气过浓。

③ LED 不亮或电压表指示 0V，表示 A/F 过大，混合气过稀。

4）氧传感器输出信号检测模式。通过检测氧传感器输出信号来判断混合气浓稀，检测步骤如下：

① 将电压表的正、负表笔跨接在诊断座中端子 OX（OX1）或 OX2 与 E1 之间。

② 起动发动机，预热达到正常温度。

③ 在 2500r/min 下运转 2min 以上，观察电压表指示：

a. 氧传感器输出电压应在 0.1~0.9V 变化。

b. 若电压在 0.45V 以下，表示混合气过稀；若输出电压在 0.45~0.9V，则表示混合气过浓。0.45V 是标准值，此时混合比最佳。

案例二：广州本田雅阁轿车故障自诊断

广州本田雅阁轿车 PCM-FI 系统的故障自诊断是通过 ECM/PCM 时刻检测各电路信号电压来实现的。当发动机各控制电路正常时，ECM/PCM 的输入与输出信号电压将在规定范围内变化。而当某电路出现超过规定范围的信号电压时，PCM-FI 故障自诊断系统便由 ECM/

PCM判定该电路信号出现故障，于是立即点亮仪表板上的故障指示灯(MIL)，并同时将故障信息以诊断故障码(DTC)的形式存储于存储器中，以便维修时通过一定的方法读取。

1）读取故障码：

① 将点火开关置于"OFF"位置。

② 如图9-6所示，将SCS(07PAZ—0010100)短路插接器与位于驾驶席侧仪表板下的维修检查插接器(2芯)相连接。

③ 将点火开关置于"ON"位置。

④ 故障指示灯将通过闪烁时间的长短和次数来显示故障码，如图9-7所示。如果有多重故障信息，故障指示灯将按由小到大的顺序依次显示。

故障码最多由两位数构成。故障码1~9通过单纯的短闪烁来显示。故障码10~41通过一系列的长、短闪烁综合来显示。长闪烁的次数代表十位数，短闪烁的次数代表个位数。如长闪烁2次，短闪烁1次，则表示故障码为21。

图9-6 SCS短接插接器

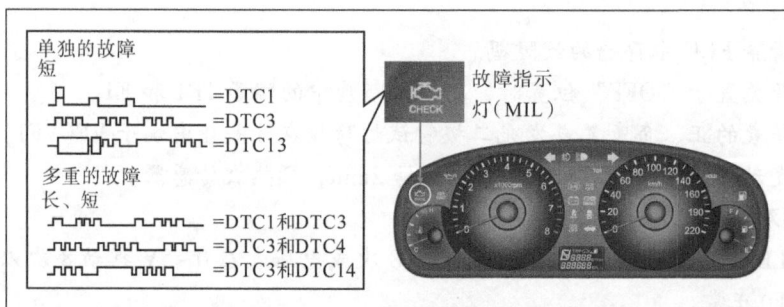

图9-7 故障指示灯与故障码的显示

故障码显示一般难以一次读准，因此至少要通过两次或两次以上的读取加以验证。

2）故障码内容：通过上述方法读取故障码后，可根据表9-2查寻其相应的故障内容。

表9-2 故障码内容

故 障 码	故 障 内 容	故 障 原 因
灯一直亮	ECM/PCM 工作不良	ECM/PCM 损坏
1	HO$_2$S(加热型氧传感器)工作不良	HO$_2$S 故障；HO$_2$S 配线不良；ECM/PCM 故障
3	MAP(进气歧管绝对压力)传感器信号不良	MAP 传感器故障；MAP 传感器配线不良；ECM/PCM 故障
4	CKP(曲轴位置)传感器信号不良	CKP 传感器故障；CKP 传感器配线不良；ECM/PCM 故障
6	ECT(发动机冷却液温度)传感器信号不良	ECT 传感器故障；ECT 传感器配线不良；ECM/PCM 故障

（续）

故障码	故障内容	故障原因
7	TP(节气门位置)传感器信号不良	TP 传感器故障；TP 传感器配线不良；ECM/PCM 故障
8	TDC(上止点位置)传感器信号不良	TDC 传感器故障；TDC 传感器配线不良
9	第 1 缸 CYP(缸位)传感器信号不良	第 1 缸 CYP 传感器故障；第 1 缸 CYP 传感器配线不良；ECM/PCM 故障
10	IAT(进气温度)传感器信号不良	IAT 传感器故障；IAT 传感器配线不良；ECM/PCM 故障
13	BARO(大气压力)传感器信号不良	BARO 传感器故障；BARO 传感器配线不良；ECM/PCM 故障
14	IAC(急速空气控制)阀工作不良	IAC 阀故障；IAC 阀配线不良；ECM/PCM 故障
15	点火输出信号不良	点火线圈故障；点火控制模块故障；点火输出信号线不良；ECM/PCM 故障
21	VTEC 电磁阀工作不良	VTEC 电磁阀故障；VTEC 电磁阀配线不良；ECM/PCM 故障
23	KS(爆燃传感器)信号不良	KS 故障；KS 配线故障；ECM/PCM 故障
41	HO$_2$S(加热型氧传感器)加热器工作不良	HO$_2$S 加热器故障；HO$_2$S 加热器配线不良；ECM/PCM 故障

注：1. 如果通过故障指示灯读取的故障码与表中所列的不同，则应再次读取验证故障码。如果故障指示灯所显示的故障码确实与表 9-2 所列的不同，则应更换 ECM/PCM。

2. 当读取的故障码为 7(节气门位置传感器信号不良)时，故障指示灯和仪表板上的 D4 档位指示灯可能同时点亮。此时应根据后述故障分析先检查 PCM-FI 系统，然后再检查 D4 档位指示灯，并观察检查自动变速器。

3. 故障码的读取也可以利用本田 PCM 专用检测仪与数据传输插接器(3 芯)相插接来完成。

3）清除故障码：

① 在排除了任何与 PCM-FI 系统有关的故障后，都必须对 ECM/PCM 进行重新设置，以清除存储在存储器中的故障码，防止新旧故障信息混杂。

② 确认故障已排除。

③ 拆开 SCS 短路插接器。如果 SCS 短路插接器没有被拆开，即使 ECM/PCM 中没有故障信息，接通点火开关后，故障指示灯也将出现一直亮的现象。

④ 点火开关置于"OFF"位置。

⑤ 记录下无线电台预设的频率。从前乘客席侧仪表下熔断器/继电器盒取下 13 号(7.5A)备用时钟熔丝，熔丝的位置如图 9-8 所示，10s 以后 ECM/PCM 将完成它的重新设置(即故障码已清除)。

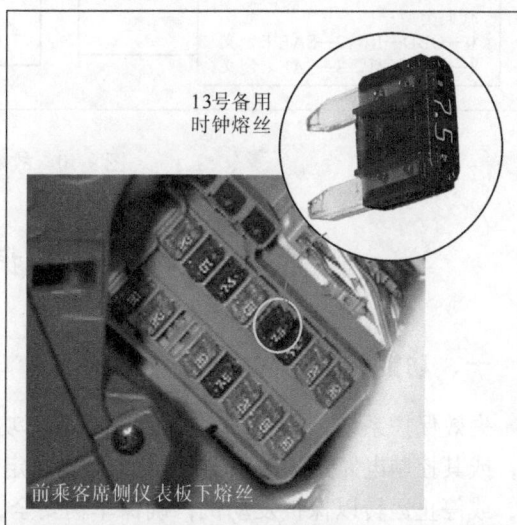

13号备用时钟熔丝

前乘客席侧仪表板下熔丝

图 9-8　熔丝的位置

2. OBD-Ⅱ诊断系统的功能

1996年起汽车生产厂商全面推广 OBD-Ⅱ型诊断插接器，统一为16端子，统一在仪表板下方或驾驶室内横装或竖装，统一代码和含义，统一诊断模式。

（1）OBD-Ⅱ标准　诊断插接器如图9-9所示，各功能见表9-3。

（2）OBD-Ⅱ故障码的定义　OBD-Ⅱ故障码由5个数字组成，每个数字都代表了不同的含义，如图9-10所示。

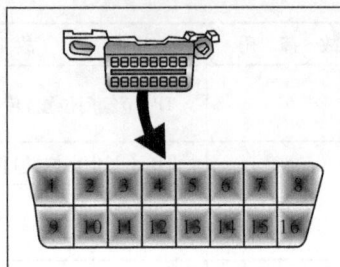

图9-9　诊断插接器

表9-3　OBD-Ⅱ诊断插接器端子功能表

端　子	功　能	端　子	功　能
1	生产厂家自行设定	8	生产厂家自行设定
2	总线正极（BUS+），SAE J1850	9	生产厂家自行设定
3	生产厂家自动设定	10	总线负极（BUS-），SAE J1850
4	底盘搭铁	11~14	生产厂家自动设定
5	信号搭铁（信号回流）	15	L线，ISO 9141
6	生产厂家自行设定	16	蓄电池正极
7	K线，ISO 9141		

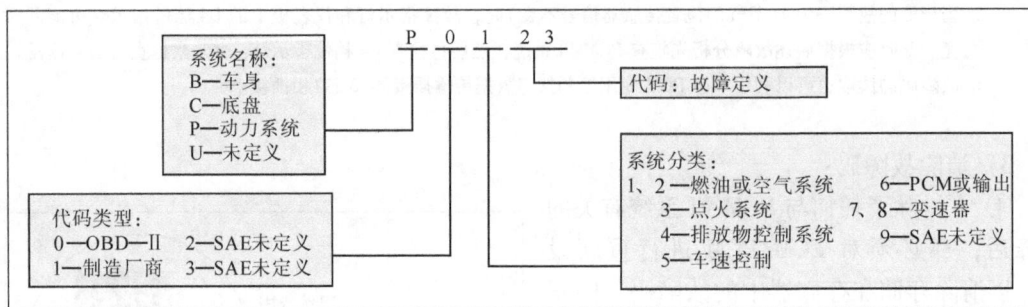

图9-10　故障码的组成

第二节　失效保护和应急备用系统

一、功能

失效保护系统依靠 ECU 内的软件完成其功能。在电控系统工作时，当检测到某传感器内，或其控制电路出现故障时，ECU 将按设定的标准信号替代故障信号控制发动机继续运转，或停止运转以保护发动机，确保车辆安全，这便是失效保护。

而当发动机 ECU 内微处理器或少数重要传感器出现故障时，ECU 按预存的程序控制燃油喷射系统和点火正时，使电控系统维持最基本的控制功能，使发动机维持运转，汽车能维

持基本行驶。这就是应急备用功能，它由 ECU 的备用 IC(集成电路)来完成。

二、失效应急设定的标准信号

失效应急设定的标准信号见表 9-4。

表 9-4　失效应急设定的标准信号

传感器或其电路故障	失效应急系统提供 ECU 的标准信号
冷却液温度信号(THW) 超过正常范围：<-30℃或>120℃	按冷却液温度为 80℃控制发动机工作，防止混合气过浓或过稀
进气温度信号(THA) 超过正常范围：<-30℃或>120℃	按进气温度为 20℃控制发动机，防止混合气过浓或过稀
节气门位置传感器信号 只有全开或全关两种状态信号，无法提供实际开度信号	通常按节气门开度为 0°或 25°设定标准的节气门位置传感器信号
爆燃传感器信号 无论是否产生爆燃，ECU 都无法通过该信号反馈控制点火提前角，导致发动机无法正常工作	使 ECU 将点火提前角固定在一个适当值
点火确认信号 点火系统发生故障造成不能点火，ECU 收不到点火器反馈的点火确认信号	此时，失效保护系统使 ECU 立即切断燃油喷射，供发动机停止运转
凸轮轴位置传感器信号 不能提供 ECU 对气缸的识别和确定曲轴转角基准，导致发动机失速或不能起动	若 G1 和 G2 两个信号不能输给 ECU，则只能利用应急备用系统维持发动机运转
空气流量计信号 ECU 无法按进气量计算基本喷油时间，将引起发动机失速或不能起动	使 ECU 根据起动信号和节气门位置传感器信号按固定的喷射时间控制发动机工作
进气歧管绝对压力传感器信号 在 D 型电控燃油喷射系统中，ECU 收不到该信号，无法计算基本喷油时间，将引起发动机失速或不能起动	失效保护系统使 ECU 按设定的固定值控制喷油量，或启动应急备用系统维持发动机运转

三、应急备用系统工作原理

当自诊断系统判定发生下列故障之一时，在接通"故障指示灯"搭铁回路的同时，将自动起动应急备用系统。

1) ECU 中的中央微处理器(CPU)、输入/输出(I/O)接口和存储器发生故障。

2) 凸轮轴位置传感器或其电路发生故障，ECU 收不到 G1 和 G2 信号。

3) 在 D 型电控燃油喷射系统中，进气歧管绝对压力传感器或其电路发生故障。

应急备用系统工作原理如图 9-11 所示。

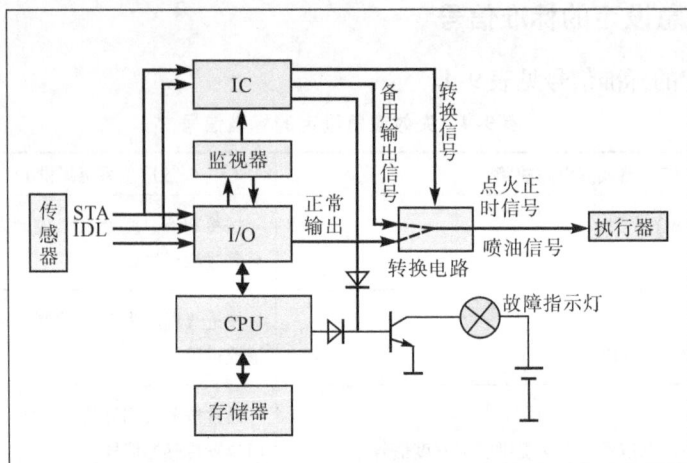

图9-11 应急备用系统工作原理

工作原理：当起动备用系统工作后，备用IC根据控制所需的几个基本传感器信号，按照固定的程序对执行元件进行简单的控制。应急备用系统工作时，只能根据起动开关信号(STA)和急速触点信号(IDL)将发动机的工况简单地分为起动、急速和非急速三种，并按预先设定的固定数值输出喷油控制信号和点火控制信号。

因此，应急备用系统只能简易控制，维持车辆继续行驶，而不能保持正常运行时的最佳性能，故不宜长期在此状态下行驶，应尽快对汽车进行检修。

第三节　电控发动机综合诊断流程

一、电控汽油喷射系统发动机诊断流程

电控汽油喷射系统发动机诊断的基本流程如图9-12所示。

二、电控燃油喷射系统常见故障的诊断与排除

在诊断电控发动机故障时，可根据故障现象，按规定顺序和步骤进行排查，这样较容易查出故障部位。

1. 不能起动

不能起动的原因很多，一般可以按图9-13所示的顺序进行检查。

2. 急速不稳

急速不稳时，可根据图9-14所示的诊断程序进行诊断。

3. 发动机动力不足

发动机动力不足，加速不良时，可根据图9-15所示的诊断程序进行诊断。

```
┌─────────────────────────────────────────────────────────────────────┐
│         向用户询问：故障现象、条件、如何发生、是否检修过、检修过哪些部位         │
└─────────────────────────────────────────────────────────────────────┘
                                    │
┌─────────────────────────────────────────────────────────────────────┐
│   直观检查：接插件是否未接、松动；导线是否断路；真空管有无接错；高压线导线是否接好，  │
│   分缸高压线有无插错；蓄电池极桩是否松动；燃油表指标值                          │
└─────────────────────────────────────────────────────────────────────┘
                                    │
                        ╱─────────────────────╲
                       ╱   起动后"检查发动机"      ╲
                       ╲   警告灯是否常亮          ╱
                        ╲─────────────────────╱
```

是
读取故障码 → 根据故障码内容检查排除故障

起动后"检查发动机"警告灯是否仍常亮

是：故障未排除
否：故障现象是否消失

是：清除故障码 → 结束
否：检查故障原因

否
用诊断仪、示波器、万用表读取有关发动机数据，进行数值、波形分析 → 检查有关部件，维修或更换

故障现象是否消失
是：结束
否：用模拟试验方法检查故障原因

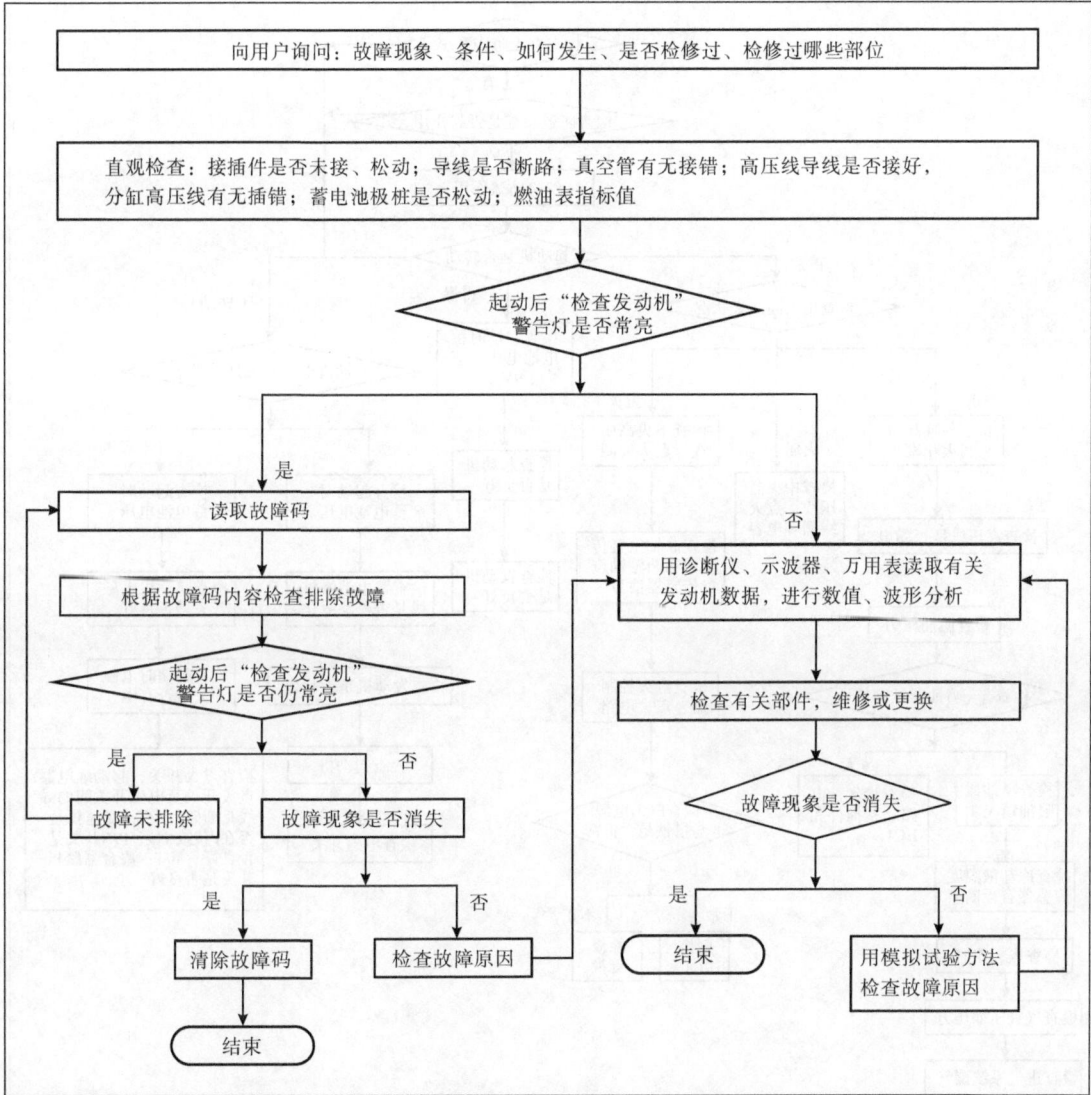

图 9-12 电控汽油喷射系统发动机诊断基本流程

检查有无防盗系统 →无

有

检查防盗系统是否起作用 →否

是

解除防盗作用

起动机是否转动

正常　　　转得慢　　　不转动

检查中央高压火状况

检查起动时蓄电池电压，应大于9V

起动机电磁开关是否吸动

正常　　　　无火

吸　　　　不吸

检查各缸高压火和火花塞

火弱

检查中央高压线，点火线圈

检查起动机是否良好

检查起动时蓄电池电压

检查起动时蓄电池电压

检查中央高压线、点火线圈和电容

检查高压线是否漏电

检查曲轴位置传感器和凸轮轴位置传感器信号

检查发动机是否良好

检查蓄电池极桩线是否松动氧化

检查起动机电磁开关是否良好

检查燃油压力

检查有无喷油器控制信号

有　　　　无

检查点火控制器、点火电路

检查发动机是否咬死

检查起动时电磁开关是否有电

检查喷油器喷油情况

检查熔丝、电路、接插件和ECU

检查起动机

检查点火开关；起动继电器；点火开关至电磁开关间的导线是断路；A/T：变速杆是否在P位或N位；P/N开关是否良好；M/T：离合器踏板开关是否良好

检查冷却液温度传感器有无断路

检查ECU电源与搭铁是否正常

检查电磁开关

检查点火正时

正常　　　不正常

检查气缸压缩压力

更换ECU

检修更换

检查进气系统漏气

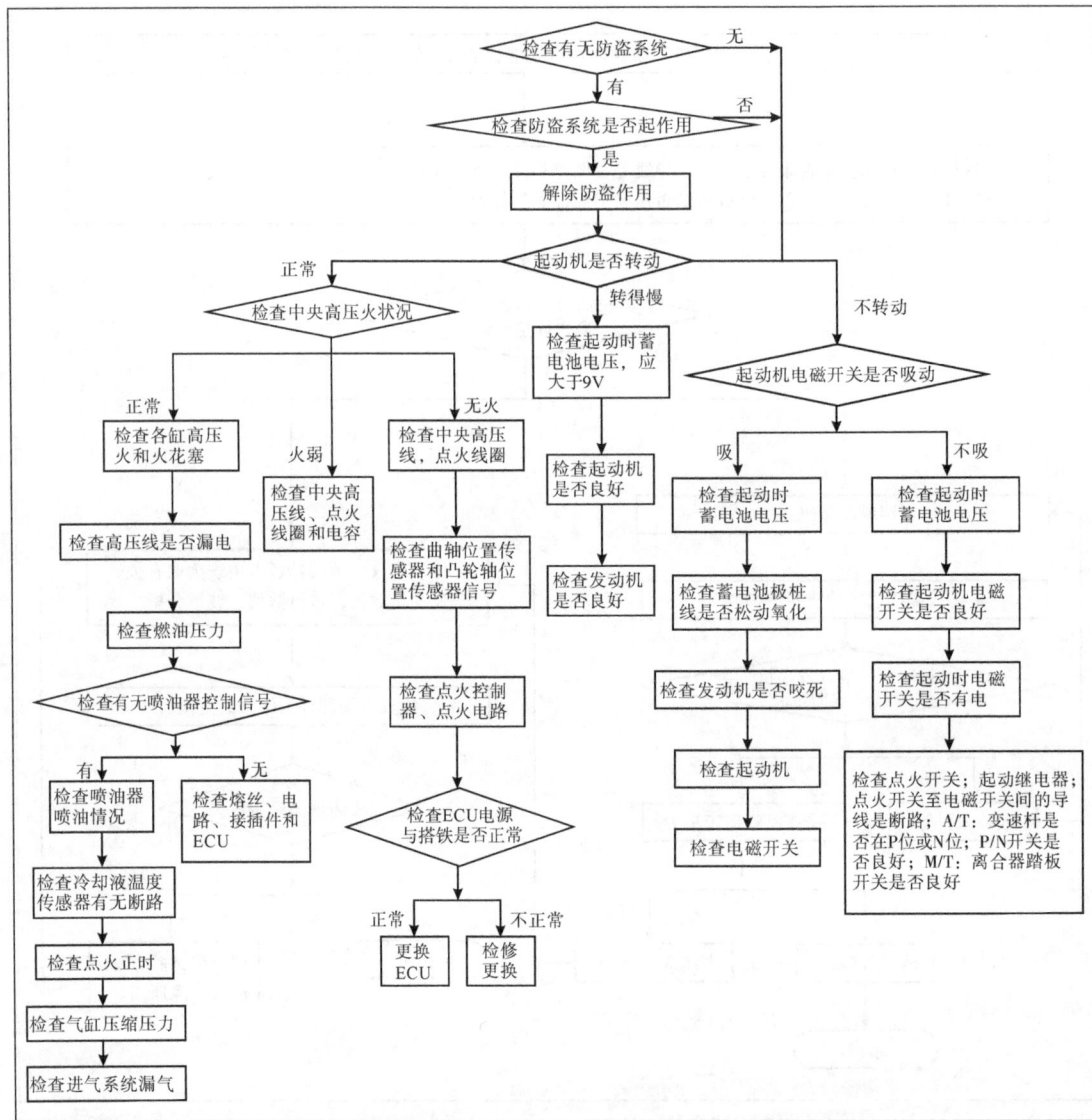

图9-13　不能起动的诊断程序

156

起动后"检查发动机"警告灯是否熄灭

　不熄灭　　　　　　　　　　　熄灭

根据故障码检查故障原因和部位　　　　根据情况确定怠速匹配设定

检查是否缺缸，分缸线是否插错，各接插件是否接好

检查怠速控制阀与怠速空气旁通道是否畅通

进行废气分析检测

检测氧传感器信号电压

判断混合气过浓还是过稀

　稀　　　　　　　　　　　　浓

检查各缸高压火、火花塞、中央高压线分火头、分缸高压线　　　　　检测系统油压

检测系统油压　　　　检查冷却液温度传感器、空气流量计（进气压力传感器）、节气门位置传感器、曲轴位置传感器和凸轮轴位置传感器信号及开关信号

检测真空是否漏气

检查冷却液温度传感器、空气流量计（进气压力传感器）、节气门位置传感器、曲轴位置传感器和凸轮轴位置传感器信号及开关信号　　　　检测判断氧传感器是否良好

检测判断传感器是否良好　　　　检测喷油器喷油情况和各喷油器平衡

检查喷油器是否堵塞

检查EGR阀是否常开　　　　检查活性炭罐

检查气缸压缩压力　　　　检查点火正时

检查发动机支架与缓冲橡胶垫等

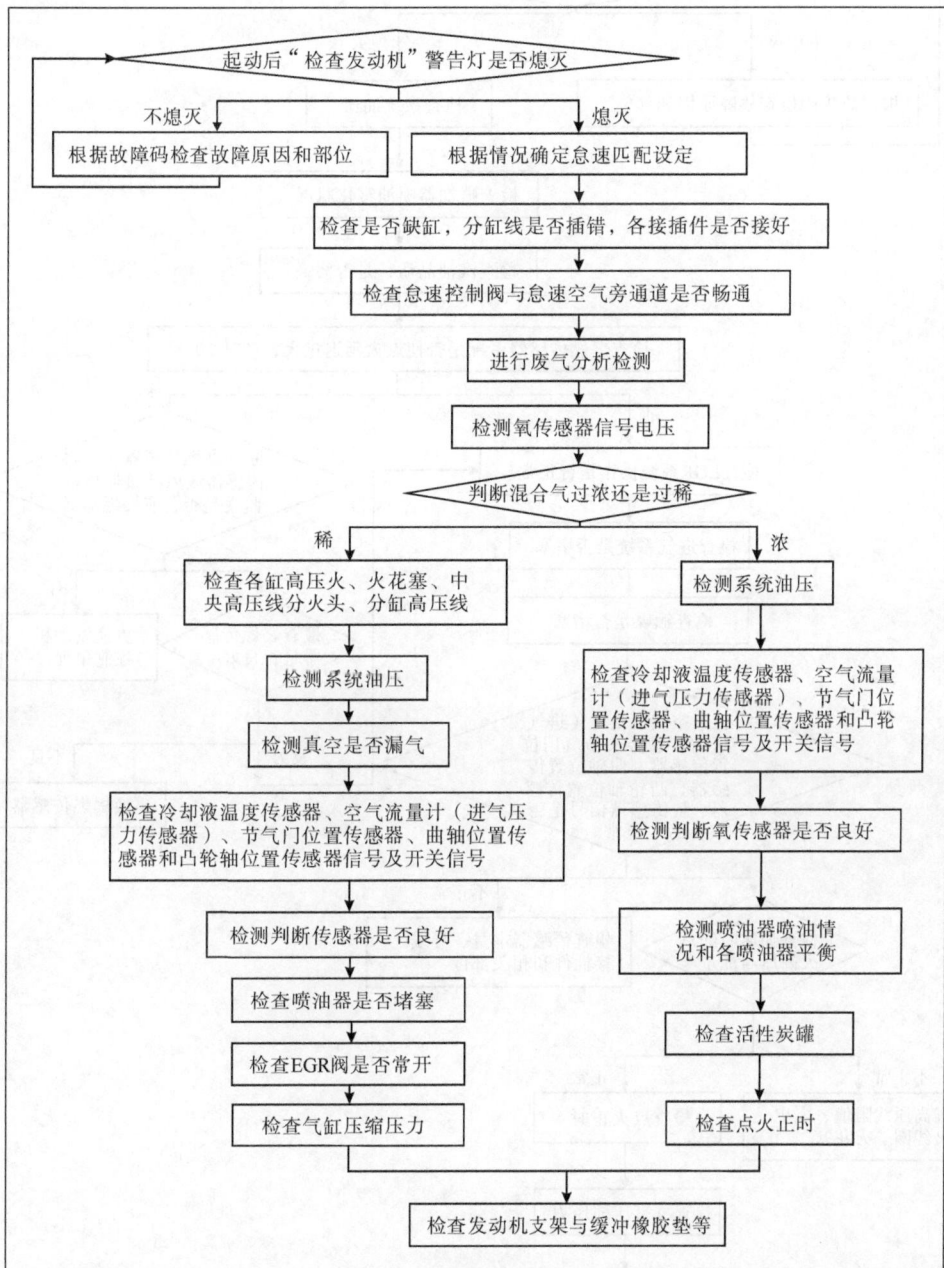

图 9-14　怠速不稳的诊断程序

```
                    起动后"检查发动机"警告灯是否熄灭

        不熄灭                                    熄灭

   根据故障码检查故障原因和部位            检查系统油压

                                          检查喷油器喷油雾化状况

                                          检查汽油品质,是否污染

                          检查爆燃传感器系统是否使点火延迟过大,超过20°

              否                                              是

                                              断开爆燃传感器,并将
        检查EGR系统操作是否正常              传感器线束插接器搭铁,
                                            监视是否仍有爆燃滞后

        检查进气系统是否堵塞                  无                    有

        检查触媒是否堵塞              检查爆燃传感          更换发动机
                                      器是否良好            控制单元

        检查空气流量计(进气
        压力传感器)、节气门位
        置传感器、曲轴位置传        良好                    不良
        感器、凸轮轴位置传感
        器、氧传感器信号是否                        更换爆燃传感器
        正常

      正常              不正常

   检查加速时的点        检查传感器本身、导线、
   火高压与能量          接插件和相关部位

   不正常              正常

检查高压线阻值、漏电、    检查点火正时
点火线圈、火花塞

                         检查气缸压缩压力

                检查凸轮轴、缸盖和活塞等发动机机械部件
```

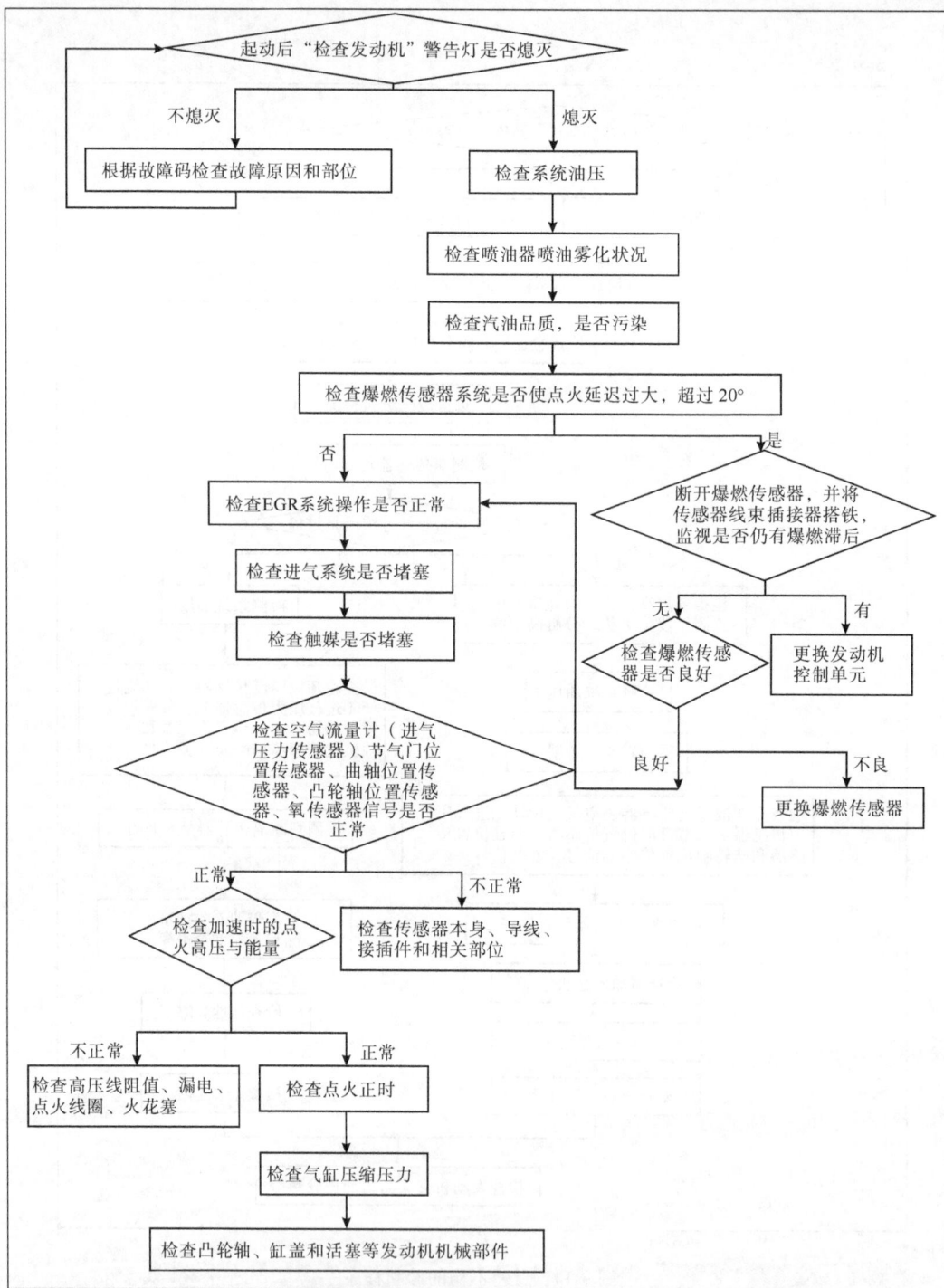

图 9-15　发动机动力不足,加速不良的诊断程序

读者沟通卡

一、申请课件

本书附赠教学课件供任课教师采用，可在机械工业出版社教育服务网（www.cmpedu.com）注册后免费下载；也可扫描二维码关注"爱车邦"微信订阅号获取课件。

 爱车邦	免费下载　教学课件、学习视频、海量学习资料 ➤ 扫描二维码，关注"爱车邦" ➤ 点击"粉丝互动"→"视频课件"

二、机工汽车教师服务群

任课教师可加入"机工汽车教师服务群"，与教材主编、编辑直接沟通交流。"机工汽车教师服务群"提供最新教材信息、教材特色介绍、专业教材推荐、样书申请、出版合作等服务。

QQ 群号码：633529383，本群实行实名制，请以"院校名称+姓名"的方式申请加入。

三、意见反馈和编写合作

联　系　人：谢　元
电　　　话：010-88379349
电子信箱：22625793@qq.com
地　　　址：北京市西城区百万庄大街 22 号汽车分社
邮　　　编：100037